丛书主编：缪树权

刑法常见罪名立案追诉标准
与疑难指导
丛书

贪污贿赂罪
立案追诉标准
与疑难指导

国家检察官学院职务犯罪研究所
编
缪树权 著

中国法制出版社
CHINA LEGAL PUBLISHING HOUSE

“刑法常见罪名立案追诉标准与疑难指导”丛书

总　序

2020年11月16日至17日，中央全面依法治国工作会议在北京召开。这次会议的一个重要成果，就是首次提出了习近平法治思想。习近平法治思想内涵丰富、论述深刻、逻辑严密、系统完备，深刻回答了新时代为什么实行全面依法治国、怎样实行全面依法治国等一系列重大问题，是全面依法治国的根本遵循和行动指南。当前，国际形势发生了复杂深刻的变化，我国经济发展进入新常态，社会结构发生新变化，违法犯罪也表现出一些新形式、新特点，政法工作面临许多前所未有的新情况、新问题，给政法队伍提出新的时代课题、赋予新的历史使命。面对形势任务新变化、党和人民新要求，政法队伍建设面临许多亟待解决的问题。习近平总书记强调，全面推进依法治国，建设一支德才兼备的高素质法治队伍至关重要。[①] 坚持建设德才兼备的高素质法治队伍是习近平法治思想的重要内容。为深入学习贯彻习近平法治思想、引导司法实务人员正确理解《中华人民共和国刑法》（以下简称刑法）和相关规定的真实内涵、分析解答司法实务人员在适用刑法当中遇到的疑难问题、提升司法实务人员办案的能力和素质，同时为了激发专家学者及司法实务人员对刑法理论和实务的研究热情、为广大读者提供学习参考，我们组织了相关领域兼具理论造诣和实践经验的专家和学者编写了这套“刑法常见罪名立案追诉标准与疑难指导”丛书。

本套丛书的设计和撰写着力体现三个特点：

一是聚焦刑法常见罪名，重点解决疑难问题。根据司法办案实际，本丛书重

---

① 习近平：《加快建设社会主义法治国家》，载《求是》2015年第1期。

点选择了近些年来司法实践中多发、高发、新增的罪名为研究对象，使丛书的研究更具针对性和实用性。同时，丛书坚持以问题为导向，全面梳理刑事案件在司法认定中常见的争议和疑难问题，分析观点要义、解读办案依据、提出解决方案或倾向性意见，切实提升司法实务人员办理疑难案件的能力和水平、开拓刑法学理论研究的深度和广度。

二是反映刑事立法的新发展，全面梳理各罪办案依据。丛书紧跟新时代刑事立法和司法工作的发展，结合新颁布的刑法修正案、司法解释、最高人民法院指导性案例、最高人民检察院指导性案例和其他司法文件编写，并将这些办案依据按罪名进行了全面、集中的梳理和列举，方便司法实务人员和法学研究人员查询参考，是很实用的桌边工具书。

三是注重理论实践密切结合，呈现刑法研究新成果。本丛书既不同于一般的教材讲义，也不同于法律法规汇编。丛书在阐明各罪一般理论、梳理办案依据的同时，将解决司法疑难问题作为写作的重点和亮点；在强调解决司法实务问题的同时，又着力进行刑事政策、刑法理论的分析解读，从而全面提升办案人员的政治素养、理论素养、业务能力，也使刑法研究更加贴近实务、有的放矢。

我们希望通过编写、出版本丛书，与广大司法实务人员和法学研究人员一道，促进对习近平法治思想的学习理解和贯彻落实，不断提升办案和研究能力，助力高素质法治队伍的建设，切实履行好维护国家安全、社会安定、人民安宁的重大责任，让人民群众切实感受到公平正义就在身边，为建设更高水平的平安中国、法治中国做出积极贡献。

缪树权

2022年7月

目 录

Contents

第一章　贪污罪

【立案追诉标准】

贪污案件（刑法[①]第 382 条、第 383 条、第 394 条、第 271 条第 2 款、第 183 条第 2 款、第 287 条）

一、贪污数额在三万元以上不满二十万元的，属于刑法的“数额较大”，应予立案。

二、贪污数额在一万元以上不满三万元，具有下列情形之一的，属于刑法规定的“其他较重情节”，应予立案：

（一）贪污救灾、抢险、防汛、优抚、扶贫、移民、救济、防疫、社会捐助等特定款物的；

（二）曾因贪污、受贿、挪用公款受过党纪、行政处分的；

（三）曾因故意犯罪受过刑事追究的；

（四）赃款赃物用于非法活动的；

（五）拒不交待赃款赃物去向或者拒不配合追缴工作，致使无法追缴的；

（六）造成恶劣影响或者其他严重后果的。

《最高人民法院、最高人民检察院关于办理贪污贿赂刑事案件适用法律若干问题的解释》（2016 年 4 月 18 日）[②]

① 《中华人民共和国刑法》以下简称刑法。

② 此处列明作者梳理立案追诉标准的主要依据，所涉条文参见“办案依据”部分，下同。

【犯罪构成及刑事责任】

贪污罪，是指国家工作人员和受国家机关、国有公司、企业、事业单位、人民团体委托管理、经营国有财产的人员，利用职务上的便利，侵吞、窃取、骗取或者以其他手段非法占有公共财物的行为。构成本罪需要具备以下四个要件。

1. 客体要件。本罪侵犯的客体是复杂客体，既侵犯了国家工作人员职务行为的廉洁性，也侵犯了公共财产的所有权。其中前者是本罪的主要客体。本罪的犯罪对象是公共财物，此外还包括应当交公的礼物、非国有保险公司的保险金、公司、企业或者其他单位的财物和单位的债权等。

2. 客观要件。本罪在客观方面表现为行为人利用职务上的便利，侵吞、窃取、骗取或者以其他手段非法占有公共财物的行为。这里利用职务上的便利和非法占有公共财物二者缺一不可。所谓利用职务上的便利，是指行为人利用自己职务范围内主管、管理、经手公共场所财物或者受托经营、管理国有财产所形成的便利条件。包括两种情况：一是利用自己职务范围内主管、管理、经手公共财物所形成的便利条件；二是利用自己受托管理、经营国有财产的职务所形成的便利条件。如果只是因工作关系或主体身份带来的某些方便条件，如因工作关系而熟悉作案环境，凭借工作人员身份进出某些机关、单位的方便等，则不属于利用职务之便。这里所谓的主管，是指具有调拨、转移、使用或者以其他方式支配公共财产的职权，如厂长、经理等具有的一定范围内支配企业内部公共财产的权力；所谓经手，是指具有领取、支出等经办公共财物流转事务的权限；所谓管理，是指具有监守或保管公共财物的职权，如会计员、出纳员、保管员等具有的监守和保管公共财物的职权。

行为人非法占有公共财物的方式是多种多样的，法律上将其概括为侵吞、窃取、骗取或者其他手段。所谓侵吞，是指行为人利用职务上的便利，将暂由自己合法管理、经营、使用的公共财物直接非法占有。如公共财物应交而隐匿不交，应支付而不支付，应入账而不入账，直接加以扣留，从而占为己有。所谓窃取，是指行为人利用职务上的便利，采用秘密的方法监守自盗，将公共财物非法占有。如保管员将自己管理的公共财物秘密拿回家中占为己有。所谓骗取，是指行为人利用职务上的便利，采用虚构事实或者隐瞒真相的方法，非法占有公共财物，如工程项目负责人伪造工资表，冒领不存在的工人工资。刑法第 183 条第 2 款规定，国有保险公司的工作人员和国有保险公司委派到非国有保险公司从事公务的人员利用职务上的便利，故意编造未曾发生的保险事故进行虚假理赔，骗取保险金归自己所有的，应当以本罪论处。所谓其他手段，是指采取除侵吞、窃取、骗取三种手段以外的方式，将公共财物非法占有。如内外勾结，将自己管理、经营的公共（国有）财物以合法形式，转给与其勾结的外部人员，然后再迂回取回，据为己有；在与他人签订经济合同时，双方恶意串通，提高合同标的价格，然后将抬高的差价私分等。另外，根据刑法第 394 条的规定，国家工作人员在国内公务活动或者在对外交往中接受礼物，依照国家规定应当交公而不交公，数额较大的，以贪污罪定罪处罚。

根据《最高人民法院、最高人民检察院关于办理国家出资企业中职务犯罪案件具体应用法律若干问题的意见》（2010 年 11 月 26 日，以下简称《意见》）第 5 条的规定，国家工作人员利用职务上的便利，在国家出资企业改制过程中隐匿公司、企业财产，在其不再具有国家工作人员身份后将所隐匿财产据为己有的，依照刑法第 382 条、第 383 条的规定，以贪污罪定罪处罚。[①]

3. 主体要件。本罪的犯罪主体是特殊主体，具体包括两类人员：

一类是国家工作人员。根据刑法第 93 条的规定，国家工作人员包括四类：

（1）国家机关中从事公务的人员，即各级国家权力机关、行政机关、审判机关、检察机关和军事机关中从事公务的人员。

（2）国有公司、企业、事业单位、人民团体中从事公务的人员。其中国有公司指财产属于国家所有的公司；国有企业指财产属于国家所有的从事生产、经营活动的企业；国有事业单位指国家投资兴办管理的单位，如国家兴办的学校、医院、研究机构等；人民团体指各民主党派、各级工会、共青团、妇联等群众性组织。

---

① 刘为波：《〈关于办理国家出资企业中职务犯罪案件具体应用法律若干问题的意见〉的理解与适用》，载中华人民共和国最高人民法院刑事审判第一、二、三、四、五庭主办：《刑事审判参考》（总第 77 集），法律出版社 2010 年版，第 113 页。

（3）国家机关、国有公司、企业、事业单位委派到非国有公司、企业、事业单位、社会团体从事公务的人员。至于被委派前是工人、农民、待业人员等在所不问，只要被上述国有单位委派到非国有公司、企业、事业单位、社会团体中从事公务，即为国家工作人员。根据有关规定，所谓委派，即委任、派遣，其形式多种多样，如任命、指派、提名、批准等。不论被委派的人身份如何，只要是接受国家机关、国有公司、企业、事业单位委派，代表国家机关、国有公司、企业、事业单位在非国有公司、企业、事业单位、社会团体中从事组织、领导、监督、管理等工作，都可以认定为国家机关、国有公司、企业、事业单位委派到非国有公司、企业、事业单位、社会团体从事公务的人员。如国家机关、国有公司、企业、事业单位委派在国有控股或者参股的股份有限公司从事组织、领导、监督、管理等工作的人员，应当以国家工作人员论。国有公司、企业改制为股份有限公司后，原国有公司、企业的工作人员和股份有限公司新任命的人员中，除代表国有投资主体行使监督、管理职权的人外，不以国家工作人员论。

根据《意见》第6条的规定，经国家机关、国有公司、企业、事业单位提名、推荐、任命、批准等，在国有控股、参股公司及其分支机构中从事公务的人员，应当认定为国家工作人员。具体的任命机构和程序，不影响国家工作人员的认定。经国家出资企业中负有管理、监督国有资产职责的组织批准或者研究决定，代表其在国有控股、参股公司及其分支机构中从事组织、领导、监督、经营、管理工作的人员，应当认定为国家工作人员。国家出资企业中的国家工作人员，在国家出资企业中持有个人股份或者同时接受非国有股东委托的，不影响其国家工作人员身份的认定。该规定在一定程度上解决了司法实践中存在的“二次委派”或“转委派”的问题。①

（4）其他依照法律从事公务的人员。即依照法律规定选举或者任命产生，从事某项公共事务管理的人员，如人民陪审员、人大代表等。根据2009年8月27日全国人民代表大会常务委员会《关于〈中华人民共和国刑法〉第九十三条第二款

---

① 刘为波：《〈关于办理国家出资企业中职务犯罪案件具体应用法律若干问题的意见〉的理解与适用》，载中华人民共和国最高人民法院刑事审判第一、二、三、四、五庭主办：《刑事审判参考》（总第77集），法律出版社2010年版，第113页。

的解释》规定，村民委员会等村基层组织的人员协助人民政府从事下列行政管理工作，属于刑法第 93 条第 2 款规定的“其他依照法律从事公务的人员”：救灾、抢险、防汛、优抚、扶贫、移民、救济款物的管理；社会捐助公益事业款物的管理；国有土地的经营和管理；土地征用补偿费用的管理；代征、代缴税款；有关计划生育、户籍、征兵工作；协助人民政府从事的其他行政管理工作。村民委员会等村基层组织的人员从事上述公务，利用职务上的便利，非法占有公共财物的，应以贪污罪论处。

以上四类人员中，除国家机关工作人员外，其余均“以国家工作人员论”，理论上称为“准国家工作人员”。

另一类是受国家机关、国有公司、企业、事业单位、人民团体委托管理、经营国有资产的人员。主要是指以承包、租赁等方式，管理、经营其承包、租赁的国有单位或者其中的一个部门的国有财产的人员。这部分人员在接受委托，以承包、租赁等方式管理、经营国有财产之前，可以是工人、农民或者是从事其他职业甚至待业的人员。接受委托之后，也仍然不是国家工作人员。但是，由于他们的身份具有特殊性，即与国有单位存在委托关系，而且管理、经营的是国有财产。因此，这部分人利用其受托管理、经营国有财产的职务之便，侵吞、窃取、骗取或者以其他手段非法占有国有财产的，以贪污罪论。

4. 主观要件。本罪在主观方面必须出自直接故意，并具有非法占有公共财物的目的。过失不构成本罪。对于受委托管理、经营国有财产的人来说，不要求其必须明知是国有财产而非法占有，只要行为人知道非法占有的是单位的公物，即可构成本罪。另外，贪污罪不以特定的犯罪动机为其主观方面的必备要素，只要行为人故意实施了利用职务之便非法占有公共（国有）财物或非国有单位财物的行为，无论出于何种动机，均可构成贪污罪。

《刑法修正案（九）》第 44 条规定：“对犯贪污罪的，根据情节轻重，分别依照下列规定处罚：（一）贪污数额较大或者有其他较重情节的，处三年以下有期徒刑或者拘役，并处罚金。（二）贪污数额巨大或者有其他严重情节的，处三年以上十年以下有期徒刑，并处罚金或者没收财产。（三）贪污数额特别巨大或者有其他特别严重情节的，处十年以上有期徒刑或者无期徒刑，并处罚金或者没收财产；

数额特别巨大，并使国家和人民利益遭受特别重大损失的，处无期徒刑或者死刑，并处没收财产。对多次贪污未经处理的，按照累计贪污数额处罚。犯第一款罪，在提起公诉前如实供述自己罪行、真诚悔罪、积极退赃，避免、减少损害结果的发生，有第一项规定情形的，可以从轻、减轻或者免除处罚；有第二项、第三项规定情形的，可以从轻处罚。犯第一款罪，有第三项规定情形被判处死刑缓期执行的，人民法院根据犯罪情节等情况可以同时决定在其死刑缓期执行二年期满依法减为无期徒刑后，终身监禁，不得减刑、假释。”

具体数额和情节标准请参照2016年4月18日《最高人民法院、最高人民检察院关于办理贪污贿赂刑事案件适用法律若干问题的解释》（以下简称《贪污贿赂解释》）。（详见本罪立案追诉标准）

【疑难指导】

一、关于贪污罪的主体认定问题

贪污罪的主体认定问题，在贪污罪中较为复杂问题。时至今日，办案人员在办理个别贪污案件时，在主体认定上存在的种种困惑仍未消除。其实，关于主体认定上的争议绝不仅在贪污罪的认定中经常遇到，在整个职务犯罪（包括渎职罪）的认定中也会遇到。笔者认为造成这种现象的原因是多方面的，但是其中最重要的原因是新的经济形式不断涌现，事业单位的改革不断深入……必然会带来职务犯罪的主体（即国家工作人员和国家机关工作人员）范围的变化。为了适应这一变化，国家立法和司法机关先后出台了多个立法、司法解释，试图阐明其主体范围，但其背后涉及的问题却极为复杂，包括“国家工作人员”的认定标准是什么；什么是从事公务，其本质特征是什么；获取从事公务的途径有哪些；等等，值得深入研究。

（一）“国家工作人员”认定标准的争论

关于“国家工作人员”认定标准的争论可谓由来已久，可以追溯到1997年刑法颁布之前。对此主要有三种观点：第一种观点认为，国家工作人员犯罪是一种职务性犯罪，所以国家工作人员应当具有国家工作人员或以国家工作人员论者的资格身份，这是其从事公务的前提，故主张在界定国家工作人员范围时，应以行为人是否具有上述资格身份来确定。这是典型的“身份论”。第二种观点认为，从事公务是国家工作人员的本质特征，主张在确定行为人是否是国家工作人员时，应以其是否从事公务来界定，无论行为人是否具有国家工作人员的身份，只要是依法从事公务者，即应视为国家工作人员。这是具有代表性的“公务论”。第三种观点认为，无论从理论上讲，还是从司法实践中的情况来看，片面地强调“身份”或“公务”，都难免失之偏颇。因为事实上，“身份”和“公务”是构成国家工作人员或以国家工作人员论者的两大要素，二者是难以截然分开的有机整体。换句话讲，“身份”是从事公务的资格，没有国家工作人员或以国家工作人员论者的身份，便没有资格从事公务。而“从事公务”则是国家工作人员的本质属性，如果抽去这一实质性问题，国家工作人员或以国家工作人员论者，亦不复存在。可见，在国家工作人员问题上，“身份”和“公务”是相辅相成，密不可分的有机整体。①

由于“国家工作人员”范围的认定标准是职务犯罪主体认定的基础性问题，因此上述争论受到广泛关注。从目前的情况看，这个问题仍尚未形成统一的意见，但是似乎更多的专家学者倾向于第三种观点。笔者持第二种观点，并且认为第二种观点和第三种观点没有实质性的区别。第三种观点所谓“身份”与第一种观点所谓“身份”已不是同一概念。正如持第三种观点的人所言，“这种资格身份，在我国大力推进人事制度和用人制度改革的今天，不能片面地理解或强调为仅是指具有国家工作人员身份，它还应包括依法取得从事公务的一种资格。而这种资格身份尽管有长期性的，也有临时性的，其取得的方式也各异，如通过任命、聘任、委任、派出或者依据法律规定被选举、被任命或根据法律的规定而取得等，但都有一个客观存在和依法取得的问题”。② 笔者认为，与其说该观点所说的“身份”是获得“国家工作人员”的身份，不如说是取得“从事公务”的途径、方式。不论行为人是否正式办理了国家干部审批手续、是否是在编在册的干部身份，只要通过正当的途径或方式获得“从事公务”的资格便属于国家工作人员。而正常情况“从事公务”也只能通过正当的途径或方式（如通过任命、聘任、委任、派出

① 江礼华：《论国家工作人员范围的界定》，载《国家检察官学院学报》1998年第4期。

② 江礼华：《论国家工作人员范围的界定》，载《国家检察官学院学报》1998年第4期。

或者依据法律规定被选举、被任命或根据法律的规定而取得）才能取得，因此“从事公务”是判断是否为国家工作人员最重要的标准。近年来，立法机关也开始接纳这种主张，如2009年8月27日全国人民代表大会常务委员会《关于〈中华人民共和国刑法〉第九十三条第二款的解释》规定：“村民委员会等村基层组织人员协助人民政府从事下列行政管理工作时，属于刑法第九十三条第二款规定的‘其他依照法律从事公务的人员’：（一）救灾、抢险、防汛、优抚、移民、救济款物的管理；（二）社会捐助公益事业款物的管理；（三）国有土地的经营和管理；（四）土地征收、征用补偿费用的管理；（五）代征、代缴税款；（六）有关计划生育、户籍、征兵工作；（七）协助人民政府从事的其他行政管理工作。村民委员会等村基层组织人员从事前款规定的公务，利用职务上的便利，非法占有公共财物、挪用公款、索取他人财物或者非法收受他人财物，构成犯罪的，适用刑法第三百八十二条和第三百八十三条贪污罪、第三百八十四条挪用公款罪、第三百八十五条和第三百八十六条受贿罪的规定。”该规定采用了典型“公务说”的观点。

（二）“从事公务”的理解和认定

既然“从事公务”是国家机关工作人员的本质特征，也是界定是否为国家机关工作人员的最重要的标准，那么对“从事公务”含义的理解和认定就具有决定性的意义。但是目前对于国家工作人员“从事公务”的含义，理论上存在下述不同的理解：其一，认为“从事公务”是指“依法履行职责的职务行为以及其他办理国家事务的行为”。[①] 其二，认为“从事公务”是指“依法所进行的管理国家、社会或集体事务的职能活动”。[②] 其三，认为所谓从事公务，是指“在国家机关、国有公司、企业、事业单位、人民团体等单位中履行组织、领导、监督、管理等职责”。

笔者认为，上述几种对于“从事公务”的理解，虽然均具有一定的合理性，但如果适用于司法实践，则仍然显得不易把握，可操作性不强。1979年版《现代汉语词典》对“公务”一词的解释是：“关于国家或集体的事务”。[③] 1989年版

① 张穹主编：《修订刑法条文实用概说》，中国检察出版社1997年版，第111页。

② 刘家琛主编：《新刑法条文释义》，人民法院出版社1997年版，第1660页。

③ 中国社会科学院语言研究所词典编辑室编：《现代汉语词典》，商务印书馆1979年版。

《辞海》对“公务”一词的解释是：“公事”。[①] 笔者认为，这里的公务是指公共事务，它包括国家事务和集体事务两个方面。对国家工作人员从事的公务包括国家事务，理论界和司法界并无疑义，问题的焦点是应否把集体事务包括在刑法中的公务范围之内。笔者认为，无论从刑法的立法沿革上看，还是从1997年刑法有关规定看，都不应将集体事务包括在刑法中的公务之内。显而易见，作为在国家机关中从事公务的国家机关工作人员，其所从事的“公务”更应严格地限定在国家事务的范畴中。具体来讲，这里所说的公务，是指对国家事务所进行的管理、组织、领导、监督等活动。它具有如下四个特征：

1. 管理性，即对国家事务进行管理。它范围很广，涉及国家对政治、经济、文化、军事、文体、卫生、科技以及与社会秩序有关的各种事务的管理。这种管理，是从事组织、领导、监督、实施等管理性的职务活动，处于管理主体地位，它不同于直接从事具体的物质生产或社会服务性的劳务活动。

2. 国家代表性，从事公务必须以国家机关的名义进行。国家机关工作人员从事的公务活动当然具有国家代表性，但在具体表现形式上，它是以国家机关名义进行的。如果某种行为是以个人名义实施的，即使行为人具有国家机关工作人员的身份，也不能成为公务活动，也就不可能构成职务犯罪。

3. 人员特定性，即公务活动必须是具有一定职务身份的人员所进行的职务活动。公务活动是国家对政治、经济、文化等各项事业的管理活动，从事公务的人员为了更好地进行自己的工作，就需要享有一定的管理权限。因此，国家依一定程序赋予这些人员一定的职务身份，使他们在职务范围内具有一定的权力，以利于他们从事活动。

4. 合法性，即公务活动必须在国家赋予的管理权限内（即法律规定的权限内）行使，超出权限范围进行活动就不是从事公务。

其中，管理性是“从事公务”的本质特征。可以说把握住这一特征就把握住了“从事公务”的实质。有关司法解释也佐证了这一观点。如2009年8月27日全国人民代表大会常务委员会《关于〈中华人民共和国刑法〉第九十三条第二款

① 夏征农编：《辞海》，上海辞书出版社1989年版。

的解释》以立法解释的形式对刑法规范中“其他依照法律从事公务”的含义进一步明确界限，规定了农村基层组织人员协助人民政府从事七种行政管理工作，属于刑法第93条第2款规定的“其他依照法律从事公务的人员”。司法实践中很多案件，就是由于对这一特征把握不清导致定性不准的。例如，上面提到的公立医院的收银员利用职务上的便利非法占有药费或者诊疗费的行为，很多办案人员认为构成了贪污罪，但事实上，由于收银员只是对公共财物具有临时的保管义务，不具有行政管理的属性，因此不属于“从事公务”，也就不能构成贪污罪，只能以职务侵占罪认定。同样，医生利用开处方的职务便利，收受药商回扣的案件，由于医生利用的是医学知识和专业技术、技能，不具有行政管理的性质，因此也不属于“从事公务”，只能按照非国家工作人员受贿罪认定。而医院专门负责采购的采购员或者其主管领导，利用采购的职责，收受医药器材或者药品销售厂家回扣的，则构成受贿罪，因为采购员的采购行为具有行政管理的性质。

在理论上和司法实践当中，正确理解“从事公务”这一特征，需要分清“公务”与“职务”“劳务”“私务”的区别。所谓职务，在一般意义上，是指“职位所规定应该担任的工作”。[①] 而在法律意义上，职务则意味着获得一定的法定身份，代表国家、集体或者社会团体执行一定的具有管理性质的事务。职务与公务是有区别的，职务的范围比较广泛，妨碍职务行为，破坏职务应承担的责任并不一定会破坏到国家管理职能。但是公务行为则不同，它的范围有一定的限制，即它不仅如职务一样需要一定的法定权力和身份，而且这种行为还必须是一种国家管理行为或者由国家管理行为所派生出的行为，所以在该种行为中的一些非正常现象（如渎职、主体廉洁性遭破坏等），就会破坏国家的管理职能。可见，公务带有国家管理的性质，而职务则含有社会管理的性质，公务的范围要比职务狭窄。[②]

公务的上述特征决定了它不同于劳务和私务。何谓“劳务”，当前众说纷纭。有人说，“劳务”是指直接从事物质资料生产的体力性活动；而有的人则认为，“劳务”是指以劳动提供的服务性活动等。笔者认为，所谓劳务不单是指直接从事

① 中国社会科学院语言研究所词典编辑室编：《现代汉语词典》（修订本），商务印书馆1996年版，第1616页。

② 孙谦、尹伊君：《国家工作人员职务犯罪论》，载《法学研究》1998年第4期。

物质资料生产的体力性活动，它泛指一切以劳力为主从事生产性、经营性、社会服务性的活动。公务与劳务的区别表现在：（1）公务只能存在于国家机关、国有公司、企业、事业单位、人民团体中，而劳务既可以存在于国家机关、国有公司、企业、事业单位、人民团体中，也可以存在于非国有单位中；（2）公务是在国家机关、国有公司、企业、事业单位、人民团体的各种职能部门中，从事组织、领导、监督、管理等职务活动，它与一定的管理职权、履行一定的职务密切相关，一般不直接从事物质生产活动，而劳务主要是从事物质生产活动或服务性劳动；（3）从事公务的人员一般按其职务享有处理一定国家事务的权力，而从事劳务的人，一般都接受从事公务人员的管理，在其管理之下进行活动，不具有处理国家事务的权力。公务与私务的区别表现在：（1）公务代表国家，以国家名义进行的活动，而私务代表个人，以个人名义进行的活动；（2）公务具有国家事务的管理性质，而私务则不具备这种性质，即使私务中存在一定的管理职能，也只是一种个人行为，不是管理国家事务的行为；（3）公务是以国家利益为中心，为国家利益服务，而私务以个人利益为中心，以实现个人目的为宗旨，为个人利益服务。[①]

（三）获得“从事公务”资格的途径

从刑法第93条、2002年12月28日全国人民代表大会常务委员会《关于〈中华人民共和国刑法〉第九章渎职罪主体适用问题的解释》、2009年8月27日全国人民代表大会常务委员会《关于〈中华人民共和国刑法〉第九十三条第二款的解释》和《公务员法》的规定来看，“从事公务”可以通过下列途径取得：

1. 依法取得，即直接依照法律、条例、章程，通过选任、委任、聘任、考核录用等形式产生。《公务员法》第40条第2款规定：“领导成员职务按照国家规定实行任期制。”例如，国家主席由全国人民代表大会选举产生，这是选任形式；国务院总理由国家主席提名，由全国人民代表大会批准，这是委任形式；《公务员法》第100条第1款规定：“机关根据工作需要，经省级以上公务员主管部门批准，可以对专业性较强的职位和辅助性职位实行聘任制。”第23条第1款规定：

① 郝守才：《我国刑法中国家工作人员的界定标准》，载《河南省政法管理干部学院学报》2002年第4期。

“录用担任一级主任科员以下及其他相当职级层次的公务员，采取公开考试、严格考察、平等竞争、择优录取的办法。”等等。

2. 受委派而取得，即基于委任派遣而产生。所谓“委派”，就是委任、派遣，即派人担任职务或完成某项任务。刑法第 93 条中规定的“国家机关、国有公司、企业、事业单位委派到非国有公司、企业、事业单位、社会团体从事公务的人员”即属此类。学界一般认为，委派应同时具备下列条件：（1）委派的主体特定，只能是国家机关、国有公司、企业、事业单位；（2）委派的方式有效，即委派方与被委派方均有同意的意思表示，且一般采取书面方式予以确认；（3）委派的内容合法，即委派的内容没有超出委派方的职权范围；（4）委派目的特定，是使被委派者到被委派单位代表委派的国有单位从事公务活动；（5）委派关系的隶属性，即委派关系成立后，委派人与受委派人之间形成了一种行政上的隶属关系，受委派人要接受委派人的领导、管理、监督，两者之间是领导与被领导、服从与被服从、管理与被管理的行政隶属关系。①

3. 受委托而取得，即基于有关单位的委托而产生。“委托”的原意是托付、依托。从法律上讲，是指当事人一方（委托人）请另一方（受托人）处理事务。“受委托从事公务”是指行为人取得从事公务的资格是基于有关机关单位的请求、托付而产生的。全国人民代表大会常务委员会《关于〈中华人民共和国刑法〉第九十三条第二款的解释》中规定的协助人民政府从事所列举的行政管理工作的村民委员会等村基层组织人员，即属此类。因为，这类人员与政府之间只能是委托与被委托关系。此外，全国人民代表大会常务委员会《关于〈中华人民共和国刑法〉第九章渎职罪主体适用问题的解释》也规定：“……在受国家机关委托代表国家机关行使职权的组织中从事公务的人员……有渎职行为，构成犯罪的，依照刑法关于渎职罪的规定追究刑事责任。”

需要说明的是，这里的“委派”和“委托”是两个含义不同的概念。“委派”是委任、派遣，是一个单位任命某人到另一个单位担任一定的职务，它实际是任

① 贾宇、舒洪水：《论刑法中“国有公司”及“受委派从事公务的人员”之认定》，载《法学评论》2002 年第 3 期；陈正云：《认定国家工作人员职务犯罪若干问题研究》，载《政法论坛》1999 年第 4 期。

命，不过不是向本单位任命，而是向外单位任命。被委派者担任一定的职务，获得一定的授权或者在职权范围内独立从事公务。“委托”则是一个单位将一定的事务交给某人管理，被委托者需要以委托人的名义在委托的权限内进行活动，而其活动的结果由委托者承担。由此可见，二者不能等同。

（四）“国家机关工作人员”的范围辨析

1. “国家机关”的范围。

国家机关究竟应当包括哪些机关，其范围如何界定是目前学界争论的焦点。尽管有分歧，但学界对于国家各级权力机关、行政机关、监察机关、审判机关、检察机关、军队中的各级机关作为国家机关的组成部分的看法基本是一致的。实践中争论的问题主要集中在以下几个方面：一是一些名为总公司实为国家行政部门的机构是否属于国家机关；二是部分行政机关的直属事业单位是否属于国家机关；三是工会、共青团、妇联等群众性组织是否属于国家机关。其实，在司法实践当中，还有很多组织和机构是否属于国家机关也存在歧义。

同样，正如我国《宪法》序言当中明确指出的那样：“中国人民政治协商会议是有广泛代表性的统一战线组织，过去发挥了重要的历史作用，今后在国家政治生活、社会生活和对外友好活动中，在进行社会主义现代化建设、维护国家的统一和团结的斗争中，将进一步发挥它的重要作用。”尤其是政协还具有自己的章程和全国委员会专门委员会通则，不仅具有宪法依据，而且有一些规范性文件作保证，且有国家划拨全额经费，担负着政治协商和民主监督的职能，它同国家权力机关的活动有着十分密切的联系，可以直接左右或影响权力机关的决策与活动。可见，政协的各级机关是国家的重要参政议政机关，国家在制定一系列重大路线、方针、政策时都有政协机关的参与，并负责监督执行，实际参与行使了国家权力、管理者国家事务。所以，从这一意义上讲，人民政协各级机关中的专职工作人员，也应当列入国家机关工作人员的范围。

在有关文件中，也可以找到将党的各级机关的工作人员和政协各级机关的工作人员作为国家机关工作人员的规定。例如，最高人民法院于2003年11月13日下发的《全国法院审理经济犯罪案件工作座谈会纪要》指出：“在乡（镇）以上中国共产党机关、人民政协机关中从事公务的人员，司法实践中也应当视为国家机关工作人员。”2004 年，民政部下发《关于现职国家工作人员不得兼任基金会负责人有关问题的通知》，就 2004 年 6 月 1 日开始实施的《基金会管理条例》中现职国家工作人员的范围作出明确的界定。通知说，为推进政社分开，加强党风廉政建设，保持基金会的民间性，经商有关部门同意，在基金会登记管理工作中，《基金会管理条例》中的现职国家工作人员应掌握在以下范围：党的机关、人大机关、政府机关、政协机关、审判机关和检察机关中的现职工作人员，以及法律、法规授权行使行政管理职能的其他机构的工作人员。但不包括上述机关和机构中已从领导岗位上退下来尚未办理离退休手续的工作人员，也不包括上述机关和机构中离开行政工作岗位专门从事基金会工作的工作人员。虽然该通知说的是现职国家工作人员的范围，但就其规定来看，实际上就是刑法中所说的国家机关工作人员。

但是，名为总公司实为国家行政部门的机构、部分行政机关的直属事业单位、工会、共青团、妇联等群众性组织，也不宜作为国家机关。其原因一是从法律规定看，上述提及的宪法、刑法、单行法律及有关立法与司法解释，均未将国有企业事业单位、人民团体及社会团体等列为国家机关，甚至明确地将其同归属于企业事业单位、人民团体及社会团体；二是从历史角度看，尽管这些部门曾经作为行政机关存在过，但随着市场经济体制的确立与完善，尤其是政企分开力度的加大，它最终会转变为一种纯粹的国有经营管理组织或纯社会管理服务组织或公益服务组织；三是从其性质看，它毕竟是企业事业单位或社会团体，性质上与国家机关有着本质的区别，故不宜同国家机关相混同；四是从职能转变看，许多“部分留有”“暂时代行或委托代行部分行政管理职能的国有企业事业单位及社会团体”，会随着社会各行各业职能转变的深化与调整，逐步减少或完全取消，即使暂时取消不了，也会逐渐由行政管理关系嬗变为法律、合同、经济与业务交往与来往关系；五是从管理的科学性上看，将这些部门视为国家行政管理机构，既不科学，也不符合市场管理规则。因此，在刑法执行上更不宜将这些部门列为国家机关，同样它也不具有法律上的规范性与可操作性。①

---

① 李晓明：《我国刑法中“国家工作人员”的再研究》，载《湖北警官学院学报》2002 年第 3 期。

笔者认为，就目前的情况看，刑法意义上的国家机关主要包括以下几个组成部分：

（1）国家各级政协机关。即中国人民政治协商会议及其中央委员会、地方政治协商会议及其中央委员会。

（2）国家各级立法机关。即全国人民代表大会及其常务委员会、地方各级人民代表大会及其常务委员会。

（3）国家各级行政机关。即国务院及地方各级人民政府及其所属的工商、税务、海关、民政等机关。值得一提的是，这里的行政机关包括全国各级公安机关和各级司法机关，它们属于各级政府领导。其中，这里的司法机关是指司法部、司法厅、司法局等部门，即所谓“小司法”的概念，而不是通常所说的“大司法”的概念，包括公、检、法、司法、安全等。

（4）国家各级监察机关。即国家监察委员会和地方各级监察委员会。

（5）国家各级审判机关。即最高人民法院和地方各级人民法院。

（6）国家各级检察机关。即最高人民检察院和地方各级人民检察院。

（7）国家各级军事机关。即对国家武装力量实行管理的各级机构。

2. 各级人大代表、政协委员、人民陪审员是否属于国家机关工作人员。

各级人民代表大会的代表、政协委员、人民法院的人民陪审员往往具有双重身份，即除了在人大及人大常委会开会及闭会期间，在法院开庭的相关工作中履行法律、法规赋予自己的职务时具有人大代表、政协委员、人民陪审员身份外，平时还具有国家机关工作人员、工人、农民、教师、公司职员等身份。笔者认为，具有国家机关工作人员身份的各级人民代表大会代表作为国家机关工作人员不必说，即便那些没有国家机关工作人员身份的各级人民代表大会代表，如农民，非国有公司、企业、事业单位、社会团体的代表，自由职业者（如会计师、律师、公证等）代表等，当他们以人大代表身份，在人大及人大常委会开会及闭会期间履行自己“人大代表”职务的时候，实际上就是在国家权力机关中从事公务活动，具备了国家机关工作人员的特征，应认定为国家机关工作人员。而政协委员在依法行使参政、议政的权力时，也具有上述特点，也应认定为国家机关工作人员。

我国《宪法》规定，中华人民共和国的一切权力属于人民。审判权是国家权力的一部分。人民陪审员参与审判活动，是“人民依照法律规定，通过各种途径和形式，管理国家事务，管理经济和文化事业，管理社会事务”这一规定在审判活动中的具体体现。根据《人民法院组织法》以及《刑事诉讼法》《民事诉讼法》《行政诉讼法》和《人民陪审员法》第2条规定，人民陪审员依照本法产生，依法参加人民法院的审判活动，除法律另有规定外，同法官有同等权利。这些规定都清楚地表明了人民陪审员是在法院的审判活动中依法从事公务，符合国家机关工作人员的特征，应认定为国家机关工作人员。

3. 全国人民代表大会常务委员会《关于〈中华人民共和国刑法〉第九章渎职罪主体适用问题的解释》能否适用于贪污贿赂犯罪。

1997年刑法的一个重大修改就是把渎职罪的主体由国家工作人员限定为国家机关工作人员。但是1997年刑法颁布后几年的司法实践表明，这一修改存在立法疏漏，导致产生了非国家机关人员渎职的案件无法被追究的局面。为了弥补刑法的漏洞，适度扩大渎职罪主体的范围，2002年12月28日，第九届全国人民代表大会常务委员会第三十一次会议通过了《关于〈中华人民共和国刑法〉第九章渎职罪主体适用问题的解释》。该立法解释的主要内容包括：在依照法律、法规规定行使国家行政管理职权的组织中从事公务的人员，或者在受国家机关委托代表国家机关行使职权的组织中从事公务的人员，或者虽未列入国家机关人员编制但在国家机关中从事公务的人员，在代表国家机关行使职权时，有渎职行为，构成犯罪的，依照刑法关于渎职罪的规定追究刑事责任。实践中似乎有这样一种倾向，认为该立法解释只是针对渎职罪所作的专门规定，并不适用于贪污贿赂犯罪。笔者认为这种观点其实把渎职罪的主体与贪污贿赂犯罪主体——国家机关工作人员当作了两个概念，不仅使本已非常复杂的职务犯罪主体认定问题更加混乱，而且人为地禁锢了贪污贿赂犯罪主体的认定，不符合立法精神。虽然该立法解释是针对渎职罪主体的解释，但其实也是对“国家机关工作人员”的解释，而国家机关工作人员又属于国家工作人员，因此该解释当然适用于贪污贿赂犯罪。2003年11月13日，最高人民法院《全国法院审理经济犯罪案件工作座谈会纪要》也规定，根据有关立法解释的规定，在依照法律、法规规定行使国家行政管理职权的组织中从事公务的人员，或者在受国家机关委托代表国家行使职权的组织中从事公务的人员，或者虽未列入国家机关人员编制但在国家机关中从事公务的人员，视为国家机关工作人员。因此，在认定贪污贿赂犯罪主体时，该立法解释也是极为重要的法律依据，不应被忽略。

根据该立法解释，下列三类人也属于国家机关工作人员的范畴：

（1）在依照法律、法规规定行使国家行政管理职权的组织中从事公务的人员。主要包括以下几种情况：一是某些法律、法规直接授权规定某些非国家机关的组织在某些领域行使国家行政管理职权、监督职权。如中国证券监督委员会和中国银行保险监督委员会等。二是在机构改革中，有些国家机关被调整为事业单位，但仍然保留着某些行政管理的职能，例如，国家专利局、国家知识产权局、中国气象局、国家地震局、中国科学院、社会科学院等单位都属于国务院直属事业单位，但是，由于我国法律、法规明确规定了它们在相关行业的行政管理职权，因而这些单位在行使管理职权时就具有行政机关的性质，相应地，在这些单位行使行政管理职权时从事公务的人员，应视为国家机关工作人员。三是在一些非国家机关所设的具有国家机关性质的机构，如铁路、林业、油田等系统内设立的纪检、监察、审计以及公安司法机构等，它们都属于企业编制，经费也来自于本系统、企业自身的经营收入，但它们事实上行使着国家管理职能，因而应视为国家机关，对于在这些机关中从事公务的人员属于国家机关工作人员。《最高人民检察院关于企业事业单位的公安机构在机构改革中其工作人员能否构成渎职侵权犯罪主体问题的批复》就体现了这一精神。[①] 此外，国家机关工作人员同时又在企业、事业单位和其他组织兼职的，即具有国家工作人员和国家机关工作人员双重身份的人员在行使国家管理职能时（从事公务时）也应视为国家机关工作人员。

（2）在受国家机关委托代表国家机关行使职权的组织中从事公务的人员。2021 年 1 月 22 日第十三届全国人民代表大会常务委员会第二十五次会议修订的《行政处罚法》第 20 条规定，行政机关依照法律、法规、规章的规定，可以在其法定权限内书面委托符合本法第 21 条规定条件的组织实施行政处罚。行政机关不得委托其他组织或者个人实施行政处罚。受委托组织在委托范围内，以委托行政

① 载《最高人民检察院公报》2002 年第 4 期。

机关名义实施行政处罚；不得再委托其他组织或者个人实施行政处罚。很显然，接受委托的组织行使的仍是国家的行政处罚权。在受委托的组织中从事公务的人员，与委托授权的国家机关工作人员所拥有的该项行政处罚权是相同的。

此外，全国人民代表大会常务委员会《关于〈中华人民共和国刑法〉第九十三条第二款的解释》规定，村民委员会等村基层组织人员协助人民政府从事代征、代缴税款以及管理和经营国有土地等行政管理工作时，属于刑法第 93 条第 2 款规定的“其他依照法律从事公务的人员”。笔者认为，依据立法解释的精神，这些人员实际上是受国家机关委托代为行使管理职权的人员，应当视为国家机关工作人员。同样，城市居民委员会尽管在该立法解释中并未规定，但如果其协助国家机关从事行政管理工作时，其中的工作人员也应视为国家机关工作人员。

（3）虽未列入国家机关人员编制但在国家机关中从事公务的人员。主要是指那些虽不属于国家机关的正式在编人员，但由于临时借调、聘用等关系而在国家机关中行使国家机关职权的人员。如对外代表各级人大或人大常委会履行职能的各级人大代表；各级政协委员；各级人民法院的人民陪审员；在监狱行使监管、看守职责的合同制民警、武警战士；等等。需要说明的是，上述人员有可能具有双重身份，这时候需要具体分析他们是否在以上述身份从事公务，如各级人民代表，在各级人民代表大会开会期间，是以人民代表的身份出现并行使国家职权的，此时属于国家机关工作人员范围。在人民代表大会闭会期间，人民代表以本职工作单位人员身份出现，主要从事非国家职权活动，此时一般认为他们不具有国家机关工作人员身份。而各级人民代表大会常务委员会是常设机构，行使国家公共管理职能具有经常性，且常务委员会组成人员数量少，工作集中，具有持续性的特点，因而应被认定为国家机关工作人员。

（五）“国有公司、企业”中国家工作人员的认定

1. 何谓刑法意义上的“国有公司”？

根据刑法第 93 条规定，“国有公司”中从事公务的人员也应当以国家工作人员论。但是什么是“国有公司”，实践中存在模糊认识，有不同理解。

笔者认为对国有公司只能作狭义的理解，不应包括国家控股的股份有限公司。因为控股公司是专门以控制其他公司股份为业务从中获取利益的公司。根据其业

务内容和特点控股公司可分成两种：其一，是单一的控股公司，它专门以资本参与制的形式控制其他公司股份，以获取利益；其二，是混合公司，它以资本参与方式控制其他公司的股份，又经营其实际业务。控股公司的主要特点是：通过发行股票集资，用来购买其他公司的股票，再以所持有的这些股份公司的股票为后盾，扩大发行自己的股票，然后再进一步购买更多的公司的股票。从而扩大自己的经济实力，控制和操纵其他企业。国家通过采取控股公司的形式来巩固、壮大社会主义国有经济的实力。因此：（1）国家控股甚至绝对控股只是显示了国有经济的控制力并不能改变公司的性质；（2）如果国有股份占一定比例以上的公司就是国有公司，那么，可不可以说非国有股份占有一定比例以上的公司就是非国有公司；（3）否认部分国有股的公司属于“国有公司”，并不意味着刑法对于这些公司中的国有财产、国有资产不予保护，也并不意味着这些公司中就不存在“国家工作人员”，不意味着这些公司中就没有有关人员可以成立贪污罪、受贿罪等犯罪。如国有单位委派到非国有单位从事公务的人员或者受委托从事公务的人员等，完全可能存在。有关文件也体现了这一观点。2001 年 5 月 22 日《最高人民法院关于在国有资本控股、参股的股份有限公司中从事管理工作的人员利用职务便利非法占有本公司财物如何定罪问题的批复》规定：“在国有资本控股、参股的股份有限公司中从事管理工作的人员，除受国家机关、国有公司、企业、事业单位委派从事公务的以外，不属于国家工作人员。对其利用职务上的便利，将本单位财物非法占为己有，数额较大的，应当依照刑法第二百七十一条第一款的规定，以职务侵占罪定罪处罚。”这一规定实质上也将国有资本控股、参股的股份有限公司排除在“国有公司”之外，为处理相关案件提供了参考。

2. 如何认定“委派”？

通过上述的分析可以知道，国有控股、参股公司不再属于刑法意义上的“国有公司”，只有国有单位委派到这样的公司中从事公务的人员，才可能构成贪污贿赂犯罪。即是否“委派”人员就成为判断是否构成贪污贿赂犯罪的重要因素。然而从司法实践来看，在“委派”的认定上存在诸多困惑。这里“委派”是指委任、派遣。正确认定“委派”要注意以下几个方面的问题：

（1）委派的形式多种多样，不拘一格。既可以是事前的提名、指派，也可以是事后的任命或批准。因为根据《公司法》的规定，股份有限公司设经理，要有公司董事会聘任或解聘，如果国有公司、企业委派其工作人员到国有资本参股、控股的股份有限公司担任经理，事实上不可能事前直接采取任命的方式，而只能向该股份有限公司董事会提名，要求该董事会聘任该工作人员担任经理。当然也可能先经选举、董事会聘任，事后由国有公司、企业批准、任命。因此，如果认为经过该非国有公司、企业董事会聘任或者职工代表大会选举，就不再是国家工作人员，实际上否定了这种委派所产生的国家工作人员，不符合刑法设立这一类贪污主体的立法精神。同时，委派不限于正式的任命、指派、提名、批准形式，只要单位与个人之间事实上存在委派与被委派的关系即可。总之，认定委派人员的关键，是要考察其是否具有代表国有单位从事公务的本质特征。

（2）被委派人员在接受委派以前的身份，是否影响其作为国家工作人员的主体资格的认定。根据刑法和有关文件的精神，不论被委派人员在原单位是否属于国家工作人员，是否属于委派单位的在编人员，原来是否从事公务，是受委派单位直接任职后委派还是临时聘任委派，都不影响其国家工作人员的认定。实践中，有的办案单位在处理这类案件时，不仅要证实“委派”的存在，还要证明被委派人在被委派以前就具有“国家工作人员”的身份，或者是被委派单位的在编人员。笔者认为这一做法属于自缚手脚的行为，也不符合刑法设立这类主体的宗旨，是不可取的。

（3）被委派人去非国有单位必须从事公务，即从事组织、领导、监督、管理等工作，而非从事劳务性、技术性工作（如收发文件书刊、司机等）。“从事公务”是国家工作人员的本质特征，因此虽然委派的方式可以多样，被委派的人的身份可以在所不问，但是委派的内容必须是“从事公务”，需要重点调查取证。实践中，通常是国有单位派驻有关人员到有国有资产成分的中外合资、合作、国内股份制公司企业参与管理；或者派驻到没有国家资产投入的非国有单位以加强指导、监督，如被国家机关派驻非国有公司担任独立董事的人员。

对此，最高人民法院 2003 年 11 月 13 日《全国法院审理经济犯罪案件工作座谈会纪要》指出：“所谓委派，即委任、派遣，其形式多种多样，如任命、指派、提名、批准等。不论被委派的人身份如何，只要是接受国家机关、国有公司、企业、事业单位委派，代表国家机关、国有公司、企业、事业单位在非国有公司、企业、事业单位、社会团体中从事组织、领导、监督、管理等工作，都可以认定为国家机关、国有公司、企业、事业单位委派到非国有公司、企业、事业单位、社会团体从事公务的人员。如国家机关、国有公司、企业、事业单位委派在国有控股或者参股的股份有限公司从事组织、领导、监督、管理等工作的人员，应当以国家工作人员论。国有公司、企业改制为股份有限公司后，原国有公司、企业的工作人员和股份有限公司新任命的人员中，除代表国有投资主体行使监督、管理职权的人外，不以国家工作人员论。"《意见》规定，经国家机关、国有公司、企业、事业单位提名、推荐、任命、批准等，在国有控股、参股公司及其分支机构中从事公务的人员，应当认定为国家工作人员。具体的任命机构和程序，不影响国家工作人员的认定。[①]

3. 关于"二次委派"（"转委派"）的问题。

所谓"二次委派"，即在经被国有公司、企业委派到非国有公司、企业工作后，又被非国有公司、企业委派到由该非国有公司、企业出资的其他非国有公司、企业工作。"二次委派"的委派单位是国有公司、企业出资的非国有公司、企业，被委派单位是该非国有公司、企业出资的另一家非国有公司、企业，委派单位和被委派单位是两家独立的具备法人资格的公司、企业。关于"二次委派"人员是否属于国家工作人员，一种观点认为，二次委派的委派主体是非国有公司、企业，因此不得将受委派的人员认定为国家工作人员。另一种观点认为，如果二次派遣是经过原国有单位批准或者同意的，应视为原国有单位的委派；如果原国有单位对其第二次派遣并不知情或者根本不同意的，则被派遣者的身份应视为已经改变，不能再以国家工作人员论。实践中一般认为虽然被委派单位具有国有财产成分，但国有资本若未直接持有公司股份，不能认定为国有控股、参股公司，若将被二次委派人员视为国家工作人员，则打击面过大，因此不予以认定。

根据刑法的规定，"委派"的主体必须是"国家机关、国有公司、企业、事业单位"，从这个意义上讲，由于国有控股、参股公司不属于刑法意义上的"国有公

---

① 刘为波：《〈关于办理国家出资企业中职务犯罪案件具体应用法律若干问题的意见〉的理解与适用》，载中华人民共和国最高人民法院刑事审判第一、二、三、四、五庭主办：《刑事审判参考》（总第77集），法律出版社2010年版，第113页。

司”，当然也就不具备“委派”的主体资格。但是，大型国企改制后管理运营模式尚未发生大的转变，管理人员的身份和职责也基本没变。实践中这些人员，利用“委派”的权力，贪污受贿、滥用权力严重损害了党和政府的形象和国家工作人员的廉洁性，如都不能绳之以法，将不利于维护正常的社会秩序和生产、生活秩序。但是不加限制地一律将类似情况都纳入刑法的范畴，又可能扩大打击范围，与刑法的规定相冲突。怎么样找到一个合适的“连结点”是对相关部门的一个考验。《意见》为此提供了解决方案，其第 6 条第 2 款规定：“经国家出资企业中负有管理、监督国有资产职责的组织批准或者研究决定，代表其在国有控股、参股公司及其分支机构中从事组织、领导、监督、经营、管理工作的人员，应当认定为国家工作人员。”值得注意的是，该规定首次使用了“国家出资企业”的概念。由于“国家出资企业”的界定，直接关系职务犯罪的主体和对象认定问题，因而具有基础性意义。《意见》第 7 条明确规定，“国家出资企业”，包括国家出资的国有独资公司、国有独资企业，以及国有资本控股公司、国有资本参股公司。显然，该规定实际上突破了“委派”主体只能是国有单位规定，将国有控股、参股公司也纳入进来。有意见提出，将国有参股公司特别是国有参股比例极小的公司一概认定为国家出资企业，是否妥当。《意见》的观点认为，《企业国有资产法》对于国有参股公司是基于有无国有股份而非国有股份比例大小进行界定的，而且《意见》对于国家出资企业的界定，在于为国家工作人员的认定提供一个基础条件，国家出资企业中的工作人员并不必然是国家工作人员，故不存在扩大认定范围的问题。此外，办理企业改制（脱钩）相关职务犯罪特别是贪污犯罪案件，经常遇到企业注册登记中的资金来源与实际出资不符、企业实际出资情况不清楚以及出资人各方均未实际出资等产权性质难以界定的问题，而企业的性质界定，又往往关系到罪与非罪、此罪与彼罪的认定。为此，《意见》第 7 条第 2 款规定，是否属于国家出资企业不清楚的，应遵循“谁投资、谁拥有产权”的原则进行界定。企业注册登记中的资金来源与实际出资不符的，应根据实际出资情况确定企业的性质。企业实际出资情况不清楚的，可以综合工商注册、分配形式、经营管理等因素确定企业的性质。我国企业的发展经历了一个特殊的历史时期，企业资产的积累又涉及投资、经营管理、优惠政策以及劳务积累等多种因素，在依据前述规定具体界定企业性质时需格外慎重。根据相关规定，对于下列情形一般可以视为国家出资企业：（1）由国家出资企业以银行贷款或者借款等形式筹措资金开办的公司、企业；（2）由国家出资企业担保借款创办、按照国家出资企业注册和经营管理的公司、企业；（3）国家出资企业开办、按照国家出资企业注册和经营管理，以所开办的公司、企业名义筹措资金开展经营的公司、企业。[①]

《意见》在扩大"委派"主体范围的同时，又对"委派"主体单位内部的部门作了限制，即必须是"负有管理、监督国有资产职责的组织"，即不是上述单位中的所有部门或者机构都能研究、决定"委派"。那么，哪些部门属于单位中"负有管理、监督国有资产职责的组织"，由于《意见》对此没有明确规定，所以也成为当前学界和司法实务界争论的焦点问题之一。对此存在三种不同的意见：第一种意见认为，负有管理、监督国有资产职责的组织仅指国家出资企业中党委和党政联席会。第二种意见认为，负有管理、监督国有资产职责的组织，不仅包括国家出资企业中党委和党政联席会，还包括公司股东会、董事会、监事会。第三种意见认为，负有管理、监督国有资产职责的组织，除国家资产监督管理机构，国有公司、企业、事业单位外，主要是指上级或者本级国家出资企业内部的党委、党政联席会。国家出资企业中的董事会、监事会不能认定为适格的委派主体。以上主要涉及在国家出资企业中，究竟哪个机构对国有资产负有管理、监督职责这个问题。其中，董事会、监事会对整个国有出资企业的资产负有管理、监督的职责，而不是仅对国有资产负有管理、监督的职责。因此，将国有出资企业中的董事会、监事会排除在负有管理、监督国有资产职责的组织的范围之外是合理的。除了国家资产监督管理机构对国家出资企业的国有资产负有专门的管理、监督职责，党委在我国也被认为代表国家在国家出资企业中行使管理、监督的职责，这是由我国目前的国家出资企业实际情况所决定的。此外，根据党管干部的组织原则，改制后企业一般设有党委，并由本级或者上级党委决定人事任免。因此，正如相关人员指出，这里所谓的组织，除国有资产监督管理机构、国有公司、企业、

---

① 刘为波：《〈关于办理国家出资企业中职务犯罪案件具体应用法律若干问题的意见〉的理解与适用》，载中华人民共和国最高人民法院刑事审判第一、二、三、四、五庭主办：《刑事审判参考》（总第77集），法律出版社2010年版，第113页。

事业单位之外，主要是指上级或者本级国家出资企业内部的党委、党政联席会。[①]因此，是否经党委或者党政联席会批准或者研究决定，就成为认定国家出资企业国家工作人员的形式要件。

除上述条件外，既然作为国家工作人员，受“委派”人员还必须具备“代表性”和“公务性”的特征。虽经有关组织研究决定，但任职与该组织没有必然联系，被委派人员对该组织亦无职责义务关系的，不应认定为国家工作人员。而国家出资企业的公务活动主要体现为国有资产的组织、领导、监督、经营、管理活动，企业中的具体事务活动一般不应当认定为公务。

实践中，国有公司、企业改制为国有控股、参股公司后，国家持有部分股份，行为人也持有部分股份，行为人在改制后的企业中任职不仅代表其本人或者他人的意志，同时又代表国有出资主体的意志的情形下，能否认定其为国家工作人员，实践中存在意见分歧。对此，《意见》明确，“国家出资企业中的国家工作人员，在国家出资企业中持有个人股份或者同时接受非国有股东委托的，不影响其国家工作人员身份的认定”。主要考虑是：尽管此情形下行为人具有多重代表性，作为国家出资企业的经营管理人员，首先需要代表企业的利益；作为国有出资主体的委派人员，又需要对国有出资主体负责；作为实际出资人，又具有个人利益的代表性；但是，三种利益又是协调一致的一个整体，不能人为割裂，更不能相互否定。[②]

此外，关于受国家出资企业委派，在不含有任何国有成分的公司、企业中从事管理工作人员身份的认定也有不同看法：一种意见认为，因被委派企业不存在国有资产，被委派人员所从事的管理活动不具有公务性质，所以不能将其认定为国家工作人员。另一种意见认为，一般情况下不宜将被委派人员认定为国家工作人员，但特殊情况下保留例外。如供电公司等国有企业关系国计民生，其关联集

---

① 刘为波：《〈关于办理国家出资企业中职务犯罪案件具体应用法律若干问题的意见〉的理解与适用》，载中华人民共和国最高人民法院刑事审判第一、二、三、四、五庭主办：《刑事审判参考》（总第77集），法律出版社2010年版，第113页。

② 刘为波：《〈关于办理国家出资企业中职务犯罪案件具体应用法律若干问题的意见〉的理解与适用》，载中华人民共和国最高人民法院刑事审判第一、二、三、四、五庭主办：《刑事审判参考》（总第77集），法律出版社2010年版，第113页。

体企业相关业务围绕主体企业开展，经营和盈利均依托于主体企业，虽不具有国有成分，但国家仍应对该企业进行监督管理。被委派的人员具有双重职务，代表多个利益主体，应当将其认定为国家工作人员。上述《意见》对此没有规定。笔者认为，按照前述判断国家工作人员的标准，应当根据被委派人员具体从事的活动是否具有公务性质认定其是否属于国家工作人员。一般情况下因不存在国有资产监管这个前提，无从谈起公务活动，不能认定该类人员为国家工作人员；但在特殊情况下，如在整改阶段，主管部门出于公共管理需要向非国有出资企业委派人员的，应当认定该被委派人员为从事公务。

总之，《意见》以国家出资企业中负有管理、监督国有资产职责的组织决定作为联结点，既反映了当前国家出资企业的经营管理实际，又体现了从事公务活动这一认定国家工作人员的实质要求，可以保证认定范围的正当性、确定性和内敛性。

二、贪污罪犯罪对象——“公共财物”的理解和认定

（一）贪污多种所有制混合财产的行为如何认定

传统刑法理论认为，贪污罪的对象是公共财产，其法律依据是刑法第 382 条关于贪污罪的基本规定。刑法第 382 条第 1 款规定：“国家工作人员利用职务上的便利，侵吞、窃取、骗取或者以其他手段非法占有公共财物的，是贪污罪。”同时依据刑法第 91 条的规定，公共财产包括四类：（1）国有财产；（2）劳动群众集体所有的财产；（3）用于扶贫和其他公益事业的社会捐助或者专项基金的财产；（4）在国家机关、国有公司、企业、集体企业和人民团体管理、使用或者运输中的私人财产。这种观点是以所有制的性质作为是否是公共财产的界定标准。

随着所有权与经营权的分离，尤其是随着现代企业制度的进一步推进，我国大量出现的是合作、合营、合资企业以及股份制公司这类组织形态，这些新的经济组织体的财产也是多种所有制财产的混合。混合型财产结构可包括：（1）全部是公共财产（国有资产、集体资产以及国有资产与集体财产的混合）；（2）全部是非公共财产（私有经济与个体经济或者个人参股等的混合）；（3）部分为公共财产、部分为非公共财产（这是当前混合制经济的主要类型）。与此相适应，司法实践中出现大量国家工作人员利用职务便利非法占有混合型财产案件。传统刑法理论遇到这类案件时，办案人员往往陷入尴尬处境。唯一办法就是对占有公共财产

部分定贪污罪，对占有非公共财产部分定职务侵占罪。否则，必然缩小或者扩大公共财产的范围，其实质都违反法律关于“公共财产”的解释标准。因此，认为贪污罪对象只能是公共财产的传统观点进入了两难境地，要不违反刑法规定另立“公共财产”认定标准，要不就严守法定标准，但会出现一个行为既定贪污罪又定职务侵占罪的结果。同时，在混合财产中也很难划分国有和私人所有之间的界限。对此，我国刑法学界主要有三种主张：第一种主张按国有、集体的股份或出资比例认定；第二种主张国有、集体控股企业，应全额认定为公共财产，不控股的企业按股份或出资比例认定；第三种主张只要有公有资产的混合体经济，就应全额认定为公共财产。这些主张都是在坚持贪污罪的犯罪对象是公共财产的前提下提出的解决方案。

笔者认为，从 1997 年刑法的规定来看，实际上突破了贪污罪对象范围只能是“公共财产”的传统观念，对贪污罪作了较大的立法完善。例如，刑法第 183 条第 2 款规定：“国有保险公司工作人员和国有保险公司委派到非国有保险公司从事公务的人员有前款行为的，依照本法第三百八十二条、第三百八十三条的规定定罪处罚。”又如，第 271 条第 2 款规定：“国有公司、企业或者其他国有单位中从事公务的人员和国有公司、企业或者其他国有单位委派到非国有公司、企业以及其他单位从事公务的人员有前款行为的，依照本法第三百八十二条、第三百八十三条的规定定罪处罚。”再如，第 394 条规定：“国家工作人员在国内公务活动或者对外交往中接受礼物，依照国家规定应当交公而不交公，数额较大的，依照本法第三百八十二条、第三百八十三条的规定定罪处罚。”从上述规定可以看出，行为人具备了国家工作人员的身份，但是利用职务上的便利占有的未必是“公共财物”，仍认定为贪污罪。

从以上规定可以得出两个结论：一是在立法上确立了贪污罪的犯罪对象并非只能是公共财产。二是以犯罪主体的身份作为区分贪污罪与职务侵占罪的标准，而非是否是“公共财产”。笔者认为这样的规定是合理的，符合司法实践的需要。

一是有利于区分贪污罪与职务侵占罪。混合型财产，成分混合后难以精确区分，而混合型经济组织中人的身份却是稳定的，以稳定的主体身份作为区分贪污罪与职务侵占罪的标准，有利于司法操作。有人主张，公共财产必须以终极所有权为标准，在混合型经济中，必须按国有、集体的股份或出资比例认定公共财产；也有人认为，国有、集体控股企业的财产，应全额认定为公共财产，不控股的企业按股份或出资比例认定；还有人认为，只要有公有资本的混合型经济，就应全额认定为公共财产。笔者认为，这些理论在司法实践中很难操作，而且也违背了公司法的有关原理，而将有公有资本的混合型经济全额认定为公共财产，又不利于厘清我国国有资产投资入股的公司中的产权关系。笔者认为，贪污罪和职务侵占罪的主要区别不在于犯罪对象，也不在于犯罪客观行为，而主要在于犯罪主体的不同，关键看是否是国家工作人员，是否从事的公务。

二是可以避免国家工作人员非法占有同一笔单位财产，既定贪污罪又定职务侵占罪的弊端。实践中，有人主张对占有混合财产中属于公共财物的部分定贪污罪，而对非公共财物的部分定职务侵占罪。这种做法看似公平、合理，其实违背了我国刑法关于一个犯罪行为、一个犯罪故意只能定一罪的原则，是不可取的。

三是与“国家工作人员职务犯罪重于非国家工作人员职务犯罪”的立法思路完全协调。如果对国家工作人员占有混合型财产，不认定为贪污罪而认定为职务侵占罪，反而破坏了刑法的协调性。

综上所述，笔者认为，目前我国刑法贪污罪的犯罪对象包括以下几类：

1. 公共财产，即刑法第 91 条的规定。

2. 应当交公的礼物。这是刑法第 394 条规定的贪污对象。具体是指国家工作人员在国内公务活动中或者对外交往中接受应当交公的礼物。具体认定时，应把握以下条件：（1）接受礼物的主体是国家工作人员；（2）是在国内公务活动或对外交往中接受的礼物。根据国务院《国家行政机关及其工作人员在国内公务活动中不得赠送和接受礼品的规定》的规定，国内公务活动中接受礼物的范围，不仅包括“国家工作人员在与本职工作有关的活动中接受礼物”，还包括：（1）以鉴定会、评比会、业务会、订货会、展销会、接待会、茶话会、新闻发布会、座谈会、研讨会等各种会议和礼仪庆典、纪念、商务等各种活动的形式和名义接受礼物；（2）以试用、借用、品尝、鉴定的名义接受礼物；（3）以其他形式和名义接受礼物。这些礼物是应当交公的礼物。根据中共中央、国务院的有关规定，接受礼物按照我国市价折合人民币不满200元的，留归受礼人使用，200元以上的，自接受之日起，一个月内填写礼品申请单并将应上缴的礼物上缴礼品管理部门或者受礼者所在单位。否则是违法侵占公共财产的行为。在对外活动中，对方赠送礼金、有价证券时，应当予以谢绝；确实难以谢绝的，所受礼金、有价证券必须一律上缴国库。应上缴而不上缴数额较大的，以贪污罪论处。这里数额较大的标准，一般应定为30000元。200~30000元之间的，按党纪政纪处理。

3. 非国有保险公司的保险金。即国有保险公司委派到非国有保险公司从事公务的人员，利用职务便利骗取保险金的，构成贪污罪。

4. 公司、企业或者其他单位的财物。具体指国有公司、企业或者其他国有单位委派到非国有公司、企业以及其他单位从事公务的人员，利用职务之便，将非国有公司、企业以及其他单位的财物非法占为己有，也构成贪污罪。

5. 单位的债权。隐匿债权不影响贪污罪的认定。实践中利用职务便利，在企业改制过程中隐瞒改制企业已到期或未到期债权进而非法占有的现象较为多发。此类行为能否以贪污罪定罪处罚，一种意见认为债权不属于贪污罪的对象，理由是：刑法规定贪污罪的对象是公共财物，对公共财物的范围也作了详细说明，其中并未包括债权；不能直接将“债”等同于“物”，债权只是一种请求权，属于财产性利益；债权具有不确定性，债权能否实现，债权能否转化为财产权，债权人能否实际取得财物，取决于债务人是否实际履行债务；根据罪刑法定原则，在刑法没有明确规定的情况下，不宜将债权纳入贪污罪的对象。上述《意见》认为债权可以成为贪污罪的对象，其主要理由是：（1）民法上区分债权和物权，主要体现的是两者在表现形式和实现方式上的差别，并不否认两者均属于实体性经济利益。从企业的资产构成上看，不仅包括资金、厂房、设备等，也包括企业的债权等财产性利益。（2）债权是一项受法律保护、具有可预期性的财产性利益。债权被隐瞒、侵占，已经给债权人造成了事实上的利益损失。债权的最终实现情况如何，并不能改变这一事实。（3）刑事司法侧重于实质性判断而非形式性判断，刑法中的财物包括财产性利益，已为刑事司法实践广泛认可。例如，2008年11月20日《最高人民法院、最高人民检察院关于办理商业贿赂刑事案件适用法律若干问题的意见》（以下简称《商业贿赂意见》）规定，商业贿赂中的财物，包括可以用金钱计算数额的财产性利益。基于此，《意见》明确，低估资产、隐瞒债权、虚设债务、虚构产权交易等均属隐匿企业产的具体行为方式。[①]

（二）不动产能否成为贪污罪的犯罪对象

司法实践中，对于不动产能否成为贪污罪的犯罪对象主要有两种不同观点：一种观点认为公共财物中的不动产也是贪污犯罪侵害的对象。动产与不动产是各种财物在客观上的物质表现形态，其本质并未改变，刑法中规定的公共财物并没有限制为动产，也没有将不动产排除在外，属于公共财产的不动产自然能够成为贪污犯罪的对象。另一种观点认为贪污罪的对象只限于动产。之所以不动产不能成为贪污罪的主体，是因为不动产不像动产那样可以移动，可以被行为人所占有支配，而不动产的转移必须经过法定的登记程序，不动产的产权只有经过法定程序即通过法定的登记程序才能对第三方产生法律效力。笔者同意第一种观点，除上述理由外，还因为：

1. 利用职务便利非法侵占公有不动产，具有现实可能性，运用刑法对公有不动产进行保护是必要的。在实际生活中，财产犯罪中的抢劫罪、抢夺罪因以“当场”为要件，盗窃罪、聚众哄抢罪因一般需以对象物的物理移动方可完成，挪用类犯罪因立法上明确规定其对象为资金或者公款而不可能以不动产作为犯罪对象，除此之外，诈骗罪、（职务）侵占罪、敲诈勒索罪、故意毁坏财物罪等均可以不动产作为其侵害的对象。贪污罪成立与否，关键在于行为人实施了非法占有公共财物的行为，公共财物的所有权是否发生转移并不对非法占有产生任何实质影响。在非法占有国有房产的情况下，即使其产权没有发生转移，同样可成立贪污罪。刑法中的“非法占有”与民法意义上的财产所有权转移有一定区别，财产所有权发生转移时固然是典型的占有，但财产所有权未发生转移的情况下也可能是占有。刑法中的“非法占有”是从主客观两个方面而言的，行为人在主观上具有通过非法手段控制财物的犯罪故意，在客观上利用职务便利控制了该财物，使该财物处于合法所有人或合法持有人失控的状态。至于财物的所有权是否发生转移，则在

---

① 刘为波：《〈关于办理国家出资企业中职务犯罪案件具体应用法律若干问题的意见〉的理解与适用》，载中华人民共和国最高人民法院刑事审判第一、二、三、四、五庭主办：《刑事审判参考》（总第77集），法律出版社2010年版，第113页。

所不论。贪污房产犯罪中，只要行为人利用职务便利，达到长期控制公有房产的目的，客观上使该公有房产处于所在国有单位长期失控的状态，就可以认定为非法占有了该公有房产，房产所有权转移登记仅是形式意义上的要件，而刑法关注的是行为人实际非法占有该房产的实质要件。

2. 同为职务犯罪的受贿罪，在认定行为人受贿房产的同时，也不要求必须进行产权过户。2007 年 7 月 8 日公布的《最高人民法院、最高人民检察院关于办理受贿刑事案件适用法律若干问题的意见》（以下简称《贿赂意见》）第 8 条“关于收受贿赂物品未办理权属变更问题”的规定指出，国家工作人员利用职务上的便利为请托人谋取利益，收受请托人房屋、汽车等物品，未变更权属登记或者借用他人名义办理权属变更登记的，不影响受贿的认定。这一司法解释的规定对认定贪污房产犯罪行为具有参考意义。

3. 于某贪污案就是一个典型案例。法院经审理认为：于某利用职务之便，非法占有公共财物的行为已构成贪污罪。其提出不具有利用职务之便非法占有国有资产行为及其母买房是经所长同意在动迁之前购买的上诉理由，经查，某房管所任命书及转干表，证实于某为某房管所房管科副科长，负责房管所拆迁工作，套取商企房并占有使用的行为，已构成贪污犯罪；其母买房是经所长同意在动迁之前购买的上诉理由没有证据证实，不予支持。其辩护人提出认定于某贪污 52.03 平方米房屋的所有权未发生转移，原审判决事实不清，证据不足的辩护意见，因于某利用职务上的便利，骗取公有房屋并实际占有使用，故虽未办理私有产权证，仍应构成贪污既遂，该犯罪事实清楚，证据充分，辩护意见不予采纳。其母孙某购买拆迁户魏某的房屋面积是 36.5 平方米，不是 23 平方米或者 40 平方米的辩护意见，因房管所 1986 年出售老房名单证实此户面积为 23 平方米，于某向动迁员提供面积是 40 平方米，故原审认定虚增面积 17 平方米正确，辩护人提出 36.5 平方米的辩护意见不成立，不予采纳。原审法院根据被告人于某犯罪的事实和情节，依照有关法律对本案作出的判决事实清楚，证据确实、充分，对被告人定罪准确，量刑适当，审判程序合法。据此，依照《刑事诉讼法》第 189 条第 1 项规定，裁定如下：驳回上诉，维持原判。该案为处理此类案件提供了重要的判例依据。[①]

（三）无形财产能否成为贪污罪的犯罪对象

刑法第 382 条规定国家工作人员贪污公共财物的构成贪污罪。有形财产例如金钱、珠宝、汽车等典型财物，显然属于公共财物的范畴。但是对于智力成果、债权、股权、电力等无形财产是否属于财物的范畴，理论界存在争议。关于无形财产是否属于财物，存在两种学说。一种是肯定说，认为无形财产虽然在外观上不能为肉眼可见，但不代表无形财产是没有价值的。价值指的是凝结在商品中无差别的人类劳动，虽然智力成果、煤气、电力等无形财产不能实际看到，但是无形财产和有形财产一样凝结着无差别的人类劳动，同样能满足人们的不同需求，有金钱价值，可以用金钱来衡量，所以无形财产和有形财产的差别主要在于外形，其本质都是一样的。因此，无形财产属于财物的范畴。另一种是否定说，认为成为刑法保护的财产的必要条件是具备有形性，无形财产不符合这一条件，不属于贪污罪的对象。

笔者同意肯定说的观点。首先，虽然无形财产不同于有形财产，但财产性仍是其最根本的属性，这种财产受到法律保护绝不是由于它的这些特征，法律维护正常的社会秩序，保护公民的各种合法利益。国家工作人员利用职务之便对上述无形财产的占有一方面侵犯了国家工作人员职务的廉洁性，同时也侵害了财产所有人的财产权，完全符合我国刑法规定的贪污罪的构成要件。其次，符合公共财物的内涵。目前，我国刑法仍把贪污罪对象限定为公共财物刑法第 91 条所规定的公共财产主要是有形财产，但该规定并未排除无形财产，因为从公共财物的逻辑意义上讲，财物既可以指有形财产，也可以指无形财产。无形财产与有形财产一样，都能体现所有权的占有、使用、收益与处分的权能。因此，无形财产同样具有“公共财物”的性质。最后，从我国相关法律法规来看，无形财产也可以成为贪污罪的犯罪对象。刑法第 219 条规定的是侵犯商业秘密罪，该条所称商业秘密，是指不为公众所知悉，能为权利人带来经济利益，具有实用性并经权利人采取保

---

① 中华人民共和国最高人民法院刑事审判第一庭、第二庭编：《刑事审判参考》（2002 年第 6 辑），法律出版社 2003 年版，第 216 号案例。

密措施的技术信息和经营信息。该规定的内涵表明，商业秘密也是一种无形财产，如果国家工作人员以及受国家机关、国有公司、企业、事业单位、人民团体委托管理、经营国有财产的人员，利用职务上的便利，侵吞、窃取、骗取或者以其他手段非法占有商业秘密的，也应当按刑法第382条、第383条规定的贪污罪处罚。

三、国家出资企业改制过程中贪污罪的认定

（一）国家出资企业工作人员在改制过程中隐匿公司、企业财产归个人持股的改制后公司、企业所有的行为的定性

国家出资企业工作人员在改制过程中隐匿公司、企业财产归个人持股的改制后公司、企业所有的行为的定性处理，在理论和实践中存在争议。有意见认为，此类行为造成严重后果的，以渎职犯罪处理；未造成严重后果的，可不作为犯罪处理。理由是：改制中隐匿资产的原因较为复杂，有些是为了给改制重组后的企业发展提供有利条件；隐匿资产并转为改制后的公司、企业所有，主观上是为改制后的企业谋取利益，而非为个人牟利；个人股权不同于个人财产，将公司财产转为个人财产存在诸多限制，与表现为个人侵占财产的贪污行为尚有一定差距；以贪污罪定罪处罚，容易导致罪刑失衡，引发职工就业、社会稳定等问题。但是，《意见》并没有认同这种观点，《意见》第1条规定，国家工作人员或者受国家机关、国有公司、企业、事业单位、人民团体委托管理、经营国有财产的人员利用职务上的便利，在国家出资企业改制过程中故意通过低估资产、隐瞒债权、虚设债务、虚构产权交易等方式隐匿公司、企业财产，转为本人持有股份的改制后公司、企业所有，应当依法追究刑事责任的，依照刑法第382条、第383条的规定，以贪污罪定罪处罚。之所以这样规定，主要理由是：（1）依法从严惩处符合国家有关政策精神。中央和国务院相关文件一再强调要把国有企业反腐倡廉工作摆在突出位置，不断加大产权交易这一领域的案件查处工作。早在2003年《国务院办公厅转发国务院国有资产监督管理委员会关于规范国有企业改制工作意见的通知》中即明确要求，“对国有资产监督管理机构工作人员、企业领导人员利用改制之机转移、侵占、侵吞国有资产的，隐匿资产、提供虚假会计资料造成国有资产流失的，营私舞弊、与买方串通低价转让国有产权的，严重失职、违规操作、损害国家和群众利益的，要进行认真调查处理。其中涉嫌犯罪的，依法移交司法机关处

理”。（2）以贪污罪定罪处罚具有法律依据。此类行为的基本特征是财产所有权已经发生转移，国有资产已经受到实质侵害，且处于行为人的实际控制之下。对于贪污罪中的非法占有，不应狭义地理解为非法据为己有。行为人将隐匿资产转归改制后企业所有或者处分给其他股东，属于对赃物的具体处置，不影响行为性质的认定。所以，此类行为具有明显的非法侵占国有资产的主观故意，客观上行为人已经实际控制了非法利益，符合刑法关于贪污罪的本质规定。（3）以贪污罪定罪处罚具有一定的实践基础。对此类行为以贪污罪处理，在以往的司法实践中不乏先例。例如，王某兵贪污案、束某龙贪污案经最高人民法院刑二庭编纂后先后于2004年、2005年作为指导性案例在《人民法院报》公布。当前对于此类行为的严重危害性以及应当依法治罪在实践中已渐成共识，关注更多的是数额计算，既、未遂认定等技术性问题。《意见》关于定性问题的规定，不过是对司法实践一般做法的确认。（4）对行为人追究刑事责任有可能对改制后企业的经营和发展造成一定的影响，但该问题属于政策把握问题，《意见》已经充分注意并作了相应规定。笔者赞同《意见》的观点，其理由也很充分。这里有一个值得强调的问题，就是对贪污罪“非法占有目的”的理解问题，这也是上述争议的焦点。司法实践中有一种模糊认识，就是认为贪污罪必须以“非法占为己有”为目的，笔者认为这是对法律的误解。根据法律的规定，贪污罪无论在主观上还是在客观上都不以“非法占为己有”为要件。只要国家工作人员利用职务上的便利，非法控制了公共财物，即构成贪污罪的既遂，事后无论是据为己有还是转送他人，均应视为对公共财产进行非法处分，给公共财物所有权造成了实质性侵犯，不影响贪污罪的认定。

此外，在具体认定时，还应当注意贪污罪与相关犯罪的界限。其一，行为人必须在改制后企业拥有股份，否则一般应以渎职犯罪处理；其二，“隐匿”公共财物的行为属于个人或者少数管理层的行为，如出于改制前企业的单位意志，则改制后职工均享利益的行为，一般应以私分同有资产罪论处；其三，行为人在主观方面需出于故意。如果改制过程中因工作失误造成资产流失，如因财务账册、资产管理方面的失误造成资产清查不全面、不准确，资产评估价格偏低或者漏估等，或者经地方政府同意将国有资产处分给改制后企业，行为人实施故意隐匿企业财产的行为，因不符合贪污罪的基本特征要件，不能以贪污罪定罪处罚。造成国有资产重大损失，依法按照刑法第168条或者第169条规定定罪处罚。

（二）国有出资企业改制过程中贪污数额的认定问题

既然将公共财物转为改制后公司、企业所有应构成贪污罪，那么行为人贪污数额如何认定就存在不同的认识。因为转制后的公司多为有限责任公司，参与隐匿财产的原企业人员往往成为转制后公司的大股东，被隐匿的资产往往也投入转制后的公司，最后为转制后的公司所有，其利益为全体股东所享有。对此，有人认为应认定隐匿资产的全额，因为公共财物已流失。[①] 此谓“全额认定说”。也有人认为应依照改制后企业所占股份比例来确定，其余部分作为造成的国有财产损失在量刑时予以考虑。[②] 此谓“比例认定说”，其理由是：刑法规定贪污数额应以“个人贪污数额”计算；行为人没有完全占有所隐匿财产，也不可能将置于改制后企业中的财产全部占为己有，其实际占有的是其股份所代表的资产，要求行为人对隐匿财产全额负责并不公平；此类行为实际上同时触犯了贪污和滥用职权两个犯罪，属于想象竞合犯，应择一重罪处罚，滥用职权所造成的国家损失在量刑时可予酌情考虑，但不应计入贪污数额。为此上述《意见》明确，“贪污数额一般应当以所隐匿财产全额计算；改制后公司、企业仍有国有股份的，按股份比例扣除归于国有的部分”。正确理解本规定，需注意把握以下几点：

第一，原则上应全额计算。主要理由如下：（1）刑法中规定的“个人贪污数额”是针对单个人犯罪这一基本犯罪形态而言的，在认定贪污数额时应注意避免机械理解。对此，最高人民法院2003年下发的《全国法院审理经济犯罪案件工作座谈会纪要》已有明确说明，个人贪污数额“在共同贪污犯罪案件中应理解为个人所参与或者组织、指挥共同贪污的数额，不能只按个人实际分得的赃款数额来认定”。（2）“比例认定说”将刑法中的“非法占有”等同于“非法占为己有”，

---

① 万海富等：《认定新型贪贿行为难在何处》，载《检察日报》2005年3月9日。

② 例如，有判决认为，国有企业法定代表人在企业改制前的资产评估过程中，利用职务上的便利，以隐瞒部分应收款的方式侵吞国有资产，应根据刑法第382条的规定，以贪污罪论处。但认定贪污数额应以被告人在改制后企业所占股份比例来确定，其余部分作为造成的国有财产损失在量刑时予以考虑。参见中华人民共和国最高人民法院刑事审判第二庭：《国企改制中贪污罪的认定及处理》，载《人民法院报》2005年7月25日。

割裂了行为与结果因果关系的整体性，未能充分反映国有资产损失的实际情况，不能全面评价对此类行为的危害后果。（3）此类行为本质上属于贪污行为，人为将其拆解为贪污和滥用职权两个行为，与客观实际不符。非法占有与赃物处分并行不悖，只要未经所有权人同意而非法处置，永久排除所有权人对财物享有的所有权的，即构成非法占有。至于赃物的最终归属，不影响行为性质的认定。（4）至于责任承担上的公平性问题，应当具体案件具体分析，个人所占股份比例情况，在量刑时可予酌情考虑，但不得据此随意更改数额认定的一般规则。此外，实践中还存在按照在案被起诉的共同参与人所占全部比例计算贪污数额的情形，此做法同样是错误的，应予纠正。

第二，作为例外，国有股份所占比例部分可予扣除。在坚持全额认定的基础上，对于改制后公司、企业仍保留有国有股份的，认定贪污数额时可按比例扣除归于国有的部分。其基本立足点在于是否造成了国有资产损失。

第三，行为人在改制前企业已经占有股份的，不影响贪污数额的认定。曾有意见提出，行为人在改制前企业占有股份的，在认定贪污数额时应按照其所占份额作相应扣减；否则，与贪污罪所要求的非法占有他人财产这一本质特征不符。《意见》未采纳这一意见，主要考虑是：（1）该意见混淆了股权和企业法人财产权两个概念。股东出资后依法享有出资者的权利，但对其出资不再享有所有权，更无权直接处分企业财产。企业作为民事行为主体，具有独立的财产权，行为人非法侵占企业财产，同样属于侵占他人财产。（2）所侵占的企业财产与行为人的股权并无直接对应关系，其股权利益并不因为侵占行为而必然遭受相应的损失。[①]

四、既、未遂的认定标准问题

刑法理论界对贪污罪既、未遂标准主要存在“失控说”与“控制说”的争议。“失控说”认为，贪污罪既遂、未遂的界限应以公共财物的所有者、管理者有没有丧失对其所有或者管理的公共财物的控制为标准。[②]“控制说”则认为，应以

---

① 刘为波：《〈关于办理国家出资企业中职务犯罪案件具体应用法律若干问题的意见〉的理解与适用》，载中华人民共和国最高人民法院刑事审判第一、二、三、四、五庭主办：《刑事审判参考》（总第77集），法律出版社2010年版，第113页。

② 孙国祥：《经济刑法原理与适用》，南京大学出版社1995年版，第580页。

行为人是否取得对财物的控制权作为区分贪污既遂、未遂的标准。该标准也得到了《全国法院审理经济犯罪案件工作座谈会纪要》的确认。该纪要规定，应当以行为人是否实际控制财物作为区分贪污罪既遂与未遂的标准。行为人控制公共财物后，是否将财物据为己有，不影响贪污既遂的认定。与此相关联，下述的问题也存在争议。

（一）将贪污赃款用于“公务开销”的认定

司法实践中，在办理贪污犯罪案件时，被告人（犯罪嫌疑人）经常辩解已将贪污赃款用于“公务开销”如请客、送礼、娱乐消费等，对于这部分用于“公务开销”的赃款要不要从犯罪数额中扣除。如有这样一个例子，申某，某医院医药药房部主任，在任职期间多次采用虚开假发票的手段，套取公款十余万元，支出去向申某拒不交代。此案侦查终结后，检察机关以申某涉嫌贪污罪提起公诉，一审法院以申某犯贪污罪判处其有期徒刑十年，后申某以赃款部分用于公务开支，应从贪污款额中扣减为由上诉。[①] 该案应否改判，在过去长期司法实践中有不同做法，由于各种原因，其中多数都予以了扣减。根据上述规定，笔者认为，贪污犯罪无论赃款的用途如何，应一概予以认定。其理由是：

1. 贪污罪是结果犯的性质决定了不能“扣除”。结果犯要求行为人不仅实施了某种危害行为，而且必须发生法定的结果。这一法定结果就是行为人追求的最终目的。贪污犯罪者追求的最终目的就是获取不义之财，这一法定结果表现为公共财物、国有财产已失去原所有人的控制，而转为犯罪者所有，即财产所有权已经转移。该结果一旦出现，贪污罪不但成立而且既遂。在此情况下，无论行为人怎样处分财物，是自己使用（包括把钱款存银行、购买股票债券和通信工具等），还是把财物转送他人，甚至是为个人名誉把财物捐献给希望工程等，都不能改变贪污犯罪已经完成，法定结果已经形成的事实。至于有的犯罪分子辩称所得赃款用于“公务开销”，即各种名目的请客、送礼、娱乐消费等活动，都是在犯罪行为已经结束，犯罪既遂的情况下发生的个人行为，不影响犯罪的构成。

---

① 未标明出处的案例为作者编写的教学案例，仅为说明相关问题，不指代任何真实案例，以下不再标注。

2. 从证据学的角度看，如果“扣除”可能出现悖论。既然行为人已把部分（甚至绝大部分）所得财物用于“公务开销”，在被告人职务尚存，业务活动尚需继续开展的情况下，又有什么理由得出行为人不准备将余下的财物进一步用于业务活动，而一定是非法据为己有的结论。由此可见，如果普遍使用“扣除法”，必然导致在整个犯罪案件性质认定上的“证据不足”，在被告人提出明确辩护意见的情况下尤其如此。

3. 从价值取向上来考察，如果“扣除”必然引起司法价值导向上的混乱局面。“扣除”的做法，事实上是在促成并不断强化所谓“只要目的（用途）正当，可以不择手段”的不良社会观念，因此，其潜在的危害性十分严重。在一定程度上起到了鼓励犯罪的作用，其现实危害更是不可估量。

此外，对具体案件来讲，其危害性还表现为：易造成被告人翻供，不利于有力打击贪污犯罪；难以辨别被告人辩解的真伪，不利于提高诉讼效率；易造成国有资产流失，不利于国有企业改革和发展；等等。

《贪污贿赂解释》也对此再次予以确认，第 16 条规定，国家工作人员出于贪污、受贿的故意，非法占有公共财物、收受他人财物之后，将赃款赃物用于单位公务支出或者社会捐赠的，不影响贪污罪、受贿罪的认定，但量刑时可以酌情考虑。

（二）国有出资企业改制过程中贪污罪既、未遂的认定

1. 关于“控制说”的完善。

《意见》规定，国家工作人员或者受国家机关、国有公司、企业、事业单位、人民团体委托管理、经营国有财产的人员利用职务上的便利，在国家出资企业改制过程中故意通过低估资产、隐瞒债权、虚设债务、虚构产权交易等方式隐匿公司、企业财产，转为本人持有股份的改制后公司、企业所有，应当依法追究刑事责任的，依照刑法第 382 条、第 383 条的规定，以贪污罪定罪处罚。贪污数额一般应当以所隐匿财产全额计算；改制后公司、企业仍有国有股份的，按股份比例扣除归于国有的部分。所隐匿财产在改制过程中已为行为人实际控制，或者国家出资企业改制已经完成的，以犯罪既遂处理。较之“控制说”的一般立场，《意见》部分借鉴吸收了“失控说”的有关主张，即在实际控制之外增加了国家出资企业改制已经完成的可以认定为犯罪既遂。对此，有意见提出，企业改制已经完成不

必然意味着实际控制，建议删去该部分内容。《意见》起草者研究认为，“控制说”立场较为稳妥，是多数情况下应予坚持的一项认定标准，但是在具体适用时要注意避免机械理解。企业改制有其特殊性，表现为企业改制完成以后，原国有出资人已经退出，改制前企业已为改制后企业取代，所隐匿财物已“无人”监管，也“无法”归还，《意见》从被改制企业和国资监管部门已经失去控制的角度，将企业改制已经完成的情形推定为犯罪既遂，有其合理性和必要性。①

2. 贪污债权的既、未遂认定。

有意见提出，表现为隐匿债权的贪污行为较为特殊，隐匿债权并不意味着实际控制了债权背后的财物，故建议将明确隐匿债权的行为以贪污未遂处理。《意见》未另行对此作出规定，主要是考虑到根据现有规定可以解决以债权为对象的贪污既、未遂的认定问题。首先，债权尚未实现的，根据“控制说”标准通常可认定为贪污未遂；其次，债权尚未实现，但企业改制已经完成的，同样有必要认定为贪污既遂。因为不同于其他情形的贪污行为，此种情形下国有资产的损失业已造成。所以，尽管以债权为对象的贪污行为具有一定的特殊性，但《意见》规定的精神仍需坚持，不能将贪污债权的行为一概按未遂处理。

3. 贪污不动产的既、未遂认定。

不动产与动产在所有权的设立、转让方式上有所不同，物权法规定不动产实行登记转让制度。据此，有意见认为，未对不动产的产权进行变更登记的，意味着不动产所有人依然依法享有不动产的所有权，故贪污不动产应以是否办理了产权变更登记手续作为贪污罪的既、未遂认定标准。笔者认为，该意见注意到了不动产移转的特殊性，但是片面强调这种法律意义上的移转明显不妥。首先，刑法上的非法占有与物权法上的合法所有有所不同，非法占有目的的实现并不以得到法律确认为条件，是否在法律上取得了不动产的所有权，并不能使事实上已占有不动产的认定构成障碍。实际上，通过登记所达成的法律意义上的移转，因其行为的违法性在民法上同样无效。而在民法上不具有合法性的赃款赃物、违禁品等，

① 刘为波：《〈关于办理国家出资企业中职务犯罪案件具体应用法律若干问题的意见〉的理解与适用》，载中华人民共和国最高人民法院刑事审判第一、二、三、四、五庭主办：《刑事审判参考》（总第77集），法律出版社2010年版，第113页。

却同样可以成为财产犯罪的对象。其次，《受贿意见》规定，“国家工作人员利用职务上的便利为请托人谋取利益，收受请托人房屋、汽车等物品，未变更权属登记或者借用他人名义办理权属变更登记的，不影响受贿的认定”。尽管该规定针对的是受贿，但其精神同样适用于贪污等财产犯罪。所以，贪污不动产的既、未遂认定，关键问题不在于是否仍需适用“控制说”标准，而在于如何结合不动产移转的特殊性稳妥地把握和认定是否形成了实际控制。办理了变更登记手续或者在事实上转移了占有的，均可认定为贪污既遂。[①]

（三）贪污罪共犯的认定问题

根据刑法第382条第3款的规定，与国家工作人员或者受委托管理、经营国有财产的人员勾结，伙同贪污的，以共犯论处。在这里伙同上述两类人员贪污的，其本身是不是国家工作人员或者受委托管理、经营国有财产的人员，及其在共同犯罪中起了何种作用、处于何种地位，法律上均未加以限定。据此，这种贪污共犯在主体上可以有多种表现形式，如国家工作人员与国家工作人员相勾结，利用其中一人的职务之便伙同贪污；国家工作人员与无贪污罪主体资格者相勾结，利用国家工作人员的职务之便伙同贪污；受委托管理、经营国有财产的人与无贪污罪主体资格者相勾结，利用有身份者的职务之便伙同贪污等。无论哪种表现形式，参与共同犯罪的人，必须是利用了其中有身份者的职务上的便利，非法占有包括国有财产在内的公共财物才能构成贪污共犯。否则，贪污共犯就无从谈起。至于与有身份者相勾结伙同贪污的，在共同犯罪中是主犯还是从犯可以不问。下面分两种情形加以分析：

一是在同一单位中，国家工作人员与非国家工作人员共同贪污的情形。例如，犯罪嫌疑人王某原为某国有集团公司的出纳员。2002年10月，王某受本公司委派，到某科技贸易有限责任公司任该公司财务部主任。2003年2月，该公司在某电视机厂订购一批价值63万元的电视机。王某的好友、公司负责此项业务的业务部副经理黄某（系某科技贸易有限责任公司招聘人员）找到王某密谋，称借此机

① 刘为波：《〈关于办理国家出资企业中职务犯罪案件具体应用法律若干问题的意见〉的理解与适用》，载中华人民共和国最高人民法院刑事审判第一、二、三、四、五庭主办：《刑事审判参考》（总第77集），法律出版社2010年版，第113页。

会可以赚一笔收入。两人即私自篡改订购电视机的协议书中的购买价，将63万元改为68万元。然后由王某出面到银行从公司账户转账68万元到其私人账户，再将其中的63万元转到某电视机厂的银行账户上。事后王某拿出2万元送给黄某。黄某在收到某电视机厂出具的发票后，将发票上的63万元改为68万元，交给王某入账。[①] 在该案中，王某是国家工作人员，是贪污性质，黄某不属于国家工作人员，是职务犯罪性质，共同犯罪的性质是贪污罪还是职务侵占罪存在争议。对于同一单位中国家工作人员与他人勾结，共同非法占有单位财物的行为，应当按照2000年7月8日《最高人民法院关于审理贪污、职务侵占案件如何认定共同犯罪几个问题的解释》第3条的规定处理，即“公司、企业或者其他单位中，不具有国家工作人员身份的人与国家工作人员勾结，分别利用各自的职务便利，共同将本单位财物非法占为己有的，按照主犯的犯罪性质定罪”。同时，2003年11月最高人民法院《全国法院审理经济犯罪案件工作座谈会纪要》规定，对于在公司、企业或者其他单位中，非国家工作人员与国家工作人员勾结，分别利用各自的职务便利，共同将本单位财物非法占有的，应当尽量区分主从犯，按照主犯的犯罪性质定罪。司法实践中，如果根据案件的实际情况，各共同犯罪人在共同犯罪中的地位、作用相当，难以区分主从犯的，可以贪污罪定罪处罚。

二是内外勾结型的贪污罪共同犯罪，即单位的国家工作人员与非本单位的非国家工作人员相互勾结占有单位财物，该如何定性，是贪污，是盗窃，还是分别定罪，存在争议。对此，一般情况下应当对各共同犯罪人均以贪污罪定罪。但是如果二人都没有利用其国家工作人员的职务便利，则都定盗窃罪；如果非国家工作人员不知道国家工作人员利用了其职务上的便利，即二人在利用国家工作人员职务之便上没有共同故意，则分别定罪。

五、贪污等职务犯罪案件自首、立功的认定

根据刑法的规定，自首构成需同时具备两个要件，一是自动投案，二是如实供述自己的犯罪事实。司法实践中，对于这两个要件的认定存在很多模糊的认识和争论的问题，值得深入研究。

---

① 吴飞飞：《贪污贿赂犯罪的共同犯罪认定》，载《中国检察官》2015年第9期。

（一）投案时间

2009年3月12日《最高人民法院、最高人民检察院关于办理职务犯罪案件认定自首、立功等量刑情节若干问题的意见》（以下简称《量刑意见》）第1条规定，犯罪事实或者犯罪分子未被办案机关掌握，或者虽被掌握，但犯罪分子尚未受到调查谈话、讯问，或者未被宣布采取调查措施或者强制措施时，向办案机关投案的，是自动投案。依上述规定，投案时间具体可以分成以下几种：

1. 在犯罪分子犯罪之后，犯罪事实未被办案机关发觉以前；

2. 犯罪事实虽然已被办案机关发觉，但犯罪人尚未被发觉以前；

3. 犯罪事实和犯罪分子均已被发觉，而办案机关尚未对犯罪分子进行调查谈话、讯问，或者未对其宣布采取调查措施或者强制措施前。

在犯罪事实或者犯罪分子未被办案机关掌握的情形下，行为人可以随时以多种方式向办案机关投案。如果犯罪事实或犯罪嫌疑人已被办案机关掌握，则只有在尚未受到调查谈话、讯问，或者未被宣布采取调查措施或者强制措施之前，向办案机关、所在单位、其他单位组织，或有关负责人投案，才是自动投案。

实践中有两个问题有不同看法：

第一，宣布立案以后实施的谈话和措施当然属于调查谈话和调查措施，初步核实还没有进入立案阶段，在初步核实阶段如实交代自己的问题是否能够认定为自首的问题。

界定这个问题需明确上述规定中的调查是指措施意义上的调查，而不是程序意义上的调查，《监察法》赋予监委十二项调查措施，初步核实阶段在严格规范权力行使的同时可以采取不限制人身自由和不限制财产权利的调查措施，即监察机关在初步核实中可以依法采取谈话、询问、查询、调取、勘验检查、鉴定、技术调查、限制出境等措施。初步核实与立案调查处于不同的程序阶段，但在初步核实阶段也可以采取部分调查阶段使用的调查措施，其符合调查措施的要求。

进行初步核实的案件线索是指反映的问题有存在的可能性和可调查性，并可能构成违纪，需要追究纪律责任的线索，进入初步核实阶段的案件，纪委一般掌握了较为确切的线索和材料。

因此在初步核实前向有关组织交代自己的违法犯罪事实，可以认定为自首，而且此时交代的事实办案机关不论是否掌握都不影响自首的认定。

考虑到初步核实毕竟是纪检监察机关的内部程序，其不需要向外部公布，有些情形下也不需要对被调查人采取谈话等面对面的措施，在被调查人对初步核实程序不知情的情况下，应分为以下情形：

（1）在初步核实阶段，未对被调查人采取谈话措施，被调查人自动投案并如实交代罪行的，应认定为自首。

（2）在初步核实阶段，对被调查人已采取谈话措施，被调查人交代办案机关未掌握的其他犯罪事实的，才能够认定为自首。

第二，立案阶段自首认定的问题。

在监委办案实践中，对监察对象有两种常见的调查模式：一种是对违反党纪、职务违法或职务犯罪的案件，纪委和监委同时立案，同步进行执纪审查和监察调查；另一种是先由纪委立案审查，发现被审查人存在职务违法或职务犯罪问题，再行由监委进行立案调查。

《监察法》第39条规定，经过初步核实，对监察对象涉嫌职务违法犯罪，需要追究法律责任的，监察机关应当按照规定的权限和程序办理立案手续。

根据该规定，监委进行立案的条件是被调查人存在需要追究法律责任的职务违法犯罪事实，在同时立案模式下，纪委监委对该犯罪事实已经掌握，因此在被调查人没有自动到案的情况下，交代了该种违法犯罪事实的，不能认定为自首，但是如实交代办案机关未掌握的不同种类的违法犯罪事实的，应以自首论。

纪委只对违纪问题立案审查的，被审查人除交代纪委已掌握的违纪事实外，还交代纪委未掌握的职务犯罪事实，应该认定为自首。

2010年12月22日《最高人民法院关于处理自首和立功若干具体问题的意见》第1条规定，因特定违法行为被采取行政拘留、司法拘留、强制隔离戒毒等行政、司法强制措施期间，主动向执行机关交代尚未被掌握的犯罪行为的，应当认定为自动投案。

在纪委依照党纪党规对被审查人的违纪行为进行审查时，被审查人基于从宽处理等动机考虑，主动交代自己犯罪事实的，应当认定为自首。

（二）到案方式与“自动投案”

（1）直接通知。办案机关口头或者电话通知嫌疑人到案，这种情况，不论是否告知“审查”内容，只要不是以与案件无关的方法“欺骗”其到案，均符合自首的立法本意，因为“通知”不具有强制性，嫌疑人完全有条件回避，甚至可以逃跑，所以这种归案具有主动性、自愿性，可以认定为“自动投案”，进而如实供述可以认定为自首。（2）间接通知。办案机关不是直接联系嫌疑人，而是告知嫌疑人所在的单位或基层部门等，委托单位或基层部门等通知嫌疑人。如果嫌疑人明确知道单位或基层部门是传达办案机关的通知要求的，说明嫌疑人具有投案的主动性，可以认定为“自动投案”。如果嫌疑人不知道单位或基层部门等是传达办案机关通知要求的，难以证明嫌疑人具有投案的主动性，一般不宜认定为自动投案。（3）亲自带走。办案人员已经掌握了一定的犯罪证据，直接将嫌疑人带走，不能构成“自动投案”。因为直接带走嫌疑人，办案人员已经形成了足够的刑法威慑力，嫌疑人只能配合执法，否则可以定性为“抗拒执法”，嫌疑人在这种执法行为下的配合执法多是出于畏惧法律权威，没有选择的余地，与“自动投案”的主动悔罪有很大的区别。

此外，贪污受贿嫌疑人携款潜逃后被纪委、司法机关劝返回国；在逃跑路上、被追捕中、被通缉中主动归案等；单位纪检部门在定期自查中发现问题，违法违纪人员在单位督促下主动说明自己的问题；犯罪嫌疑人委托他人代为投案，而随时准备将自己置于司法机关控制之下；犯罪嫌疑人亲友送其投案；等等，以上情形体现出犯罪嫌疑人的归案意愿，均应认定为自动投案。

（三）“如实供述自己的犯罪事实”的具体认定

如实供述自己的罪行，是指要求犯罪嫌疑人对于所犯罪行，无论司法机关是否掌握，都应如实全部供述交代，不能有隐瞒。其具体内容为：（1）如实供述自己的罪行外，是指犯罪嫌疑人自动投案后，如实交代自己的主要犯罪事实。《量刑意见》第 1 条第 2 款规定“犯有数罪的犯罪嫌疑人仅如实供述所犯数罪中部分犯罪的，只对如实供述部分犯罪的行为，认定为自首”。这里讲到的是数罪中的部分犯罪，即为数个罪名，不包括同罪数个犯罪事实。共同犯罪案件中的犯罪嫌疑人，除如实供述自己的罪行外，还应当供述所知的同案犯，主犯则应当供述所知其他同案的共同犯罪事实，才能认定为自首。犯罪嫌疑人自动投案并如实供述自己的罪行后又翻供的，不能认定为自首，但在一审判决前又能如实供述的，应当认定为自首。（2）如实供述自己的罪行，除供述自己的主要犯罪事实外，还应包括姓名、年龄、职业、住址、前科等情况。犯罪嫌疑人供述的情况与真实情况虽有差别，但不影响定罪量刑的，应认定为如实供述自己的罪行。犯罪嫌疑人自动投案后隐瞒自己的真实身份等情况，影响对其定罪量刑的，不能认定为如实供述自己的罪行。（3）犯罪嫌疑人多次实施同种罪行的，应当综合考虑已交代的犯罪事实与未交代的犯罪事实的危害程度，决定是否认定为如实供述主要犯罪事实。虽然投案后没有交代全部犯罪事实，但如实交代的犯罪情节重于未交代的犯罪情节，或者如实交代的犯罪数额多于未交代的犯罪数额，一般应认定为如实供述自己的主要犯罪事实，即应当认定为自首。无法区分已交代的与未交代的犯罪情节的严重程度，或者已交代的犯罪数额与未交代的犯罪数额相当，一般不认定为如实供述自己的主要犯罪事实，即不能认定为自首。（4）犯罪嫌疑人自动投案时虽然没有交代自己的主要犯罪事实，但在司法机关掌握其主要犯罪事实之前主动交代的，应认定为如实供述自己的罪行。（5）根据刑法第 67 条第 2 款的规定，被采取强制措施的犯罪嫌疑人、被告人和已宣判的罪犯，如实供述司法机关尚未掌握的罪行，与司法机关已掌握的或者判决确定的罪行属不同种罪行的，以自首论。（6）被采取强制措施的犯罪嫌疑人、被告人和已宣判的罪犯，如实供述司法机关尚未掌握的罪行，与司法机关已掌握的或者判决确定的罪行属同种罪行的，可以酌情从轻处罚；如实供述的同种罪行较重的，一般应当从轻处罚。

此外，需要注意的是，犯罪嫌疑人在如实供述自己主要犯罪事实的前提下，在犯罪动机、作用、罪责大小和有无等问题上为自己辩解，是在行使依法享有的为自己辩护的权利。只要其交代自己主要犯罪事实的供述经查证属实，就不影响对其自首的认定。但是，如果犯罪嫌疑人投案后采取隐瞒自己罪行、编造虚假事实或者如实供述自己的罪行后又翻供等方式，为自己开脱罪责，企图逃避惩罚的，不能认定为自首。

（四）关于“司法机关还未掌握”的具体认定

犯罪嫌疑人、被告人在被采取强制措施期间，向司法机关主动如实供述本人的其他罪行，该罪行能否认定为司法机关已掌握，应根据不同情形区别对待。如果该罪行已被通缉，一般应以该司法机关是否在通缉令发布范围内作出判断，不在通缉令发布范围内的，应认定为还未掌握；在通缉令发布范围内的，应视为已掌握；如果该罪行已录入全国公安信息网络在逃人员信息数据库，应视为已掌握；如果该罪行未被通缉也未录入全国公安信息网络在逃人员信息数据库，应以该司法机关是否已实际掌握该罪行为标准。

需要指出的是，犯罪事实是否“被掌握”，其相对机关是指纪检、监察、公安、检察院这些法定职能部门，而不包括行为人所在单位等其他组织。仅在自动投案时的接受对象上，包括纪检、监察、公安、检察院这些法定职能部门，也包括单位等其他组织。

（五）关于单位自首的认定

实践中对于单位能否成立自首及单位投案的认定标准存在不同意见，《量刑意见》对单位犯罪的自首认定问题予以专门规定。准确理解本款规定，关键在于把握四个要点：（1）单位可以成立自首；（2）区分单位自首与个人自首、检举、揭发的关键在于投案人代表的是单位还是个人；（3）单位自首的效果可及于个人，但需以个人如实交代其掌握的罪行为条件；（4）个人自首的效果不能及于单位。司法实践中，在认定单位自首时，要分以下三种情况分别处理：

一是集体研究后自动投案。犯罪单位经集体研究决定由能够代表单位意志的直接负责的主管人员自动投案并如实交代单位所实施的全部罪行的，或者单位经集体决定委派其他自然人去投案并如实交代单位所实施的全部罪行的，应认定单位的自首。在此情况下，所有参与单位犯罪的自然人，只要能认同单位自首意志，随时接受调查并如实交代个人参与单位犯罪事实的，均可同时认定为个人自首。

二是未经集体研究后自动投案。能够代表单位意志的直接负责的主管人员自行决定自动投案，如实供述单位犯罪以及其个人全部犯罪事实的，应认定为单位自首和其个人自首。但是其他参与单位犯罪的人如没有主动投案并如实交代自己的罪行的，则不能认定其个人自首。

三是个别投案。单位犯罪是由单位直接负责的主管人员和其他直接责任人员共同实施的，其他直接责任人员中有人自行主动投案并如实交代单位犯罪及其个人参与单位犯罪事实的，只对该人认定自首。不能认定单位自首和其他参与单位犯罪决策和实施人的个人自首。同样，不具有代表单位意志身份的或未参与单位犯罪的单位内部人举报单位犯罪的，也不能认定单位自首。

（六）自首与坦白

《量刑意见》对依法不成立自首，但如实交代犯罪事实的犯罪分子，区分不同情况提出了具体处理意见：犯罪分子依法不成立自首，但如实交代犯罪事实，有下列情形之一的，可以酌情从轻处罚：（1）办案机关掌握部分犯罪事实，犯罪分子交代了同种其他犯罪事实的；（2）办案机关掌握的证据不充分，犯罪分子如实交代有助于收集定案证据的。犯罪分子如实交代犯罪事实，有下列情形之一的，一般应当从轻处罚：（1）办案机关仅掌握小部分犯罪事实，犯罪分子交代了大部分未被掌握的同种犯罪事实的；（2）如实交代对于定案证据的收集有重要作用的。

上述规定主要是出于量刑方面的考虑。也就是说，具有本条规定的坦白情节的，量刑上均应不同程度地加以考虑。坦白是一个酌定量刑情节，实践中没有疑问。《量刑意见》之所以特别强调坦白的量刑意义，并具体列举了两种一般应当从轻处罚的情形，主要有两点考虑：一是宽严相济。坦白对于案件的侦破和顺利起诉、审判具有重要作用，特别是在一些职务犯罪案件中，坦白所起的作用不一定小于自首等法定量刑情节，而这一点往往为办案人员所忽视，在量刑上没有得到应有的体现。二是疏堵并举。鉴于一些地方在个别案件处理上有意识地放宽自首的认定标准。《量刑意见》在严格自首认定条件的同时，强调坦白在量刑中的作用，既有效防止了自首认定的随意性，又能确保法律限度内尽可能地实现个案公正。

（七）职务犯罪案件中立功的认定

为规范职务犯罪案件中立功的认定，《量刑意见》针对司法实践中存在的模糊认识和争议问题，作了具体规定：

1. 规范立功的认定条件。《量刑意见》规定，以下三种情形不能认定为立功表现：一是非犯罪分子本人实施的行为；二是没有指明具体犯罪事实的“揭发”行为；三是犯罪分子提供的线索或者协助行为对于其他案件的侦破或者其他犯罪分子的抓捕不具有实际作用的。

2. 严格立功的认定程序。“查证属实”是认定立功的一个法定要求。实践中一些案件往往只有简单说明，司法机关难以据此得出结论。为确保立功认定的严肃性，《量刑意见》规定，审查是否构成立功，不仅要审查办案机关的说明材料，还要审查有关事实和证据以及与案件定性处罚相关的法律文书。

3. 从公正要求出发，对据以立功的线索、材料来源作出限制性规定。《量刑意见》明确以下情形不能认定为立功：一是犯罪分子通过非法手段或者非法途径获取的；二是犯罪分子因原担任的查禁犯罪等职务获取的；三是他人违反监管规定向犯罪分子提供的；四是负有查禁犯罪活动职责的国家机关工作人员或者其他国家工作人员利用职务便利提供的。

4. 明确重大立功中无期徒刑以上刑罚的含义。根据《最高人民法院关于处理自首和立功具体应用法律若干问题的解释》的有关规定，犯罪分子检举、揭发的他人犯罪，提供侦破其他案件的重要线索，阻止他人的犯罪活动，或者协助司法机关抓捕的其他犯罪嫌疑人，犯罪嫌疑人、被告人依法可能被判处无期徒刑以上刑罚的，应当认定为有重大立功表现。对于“可能被判处无期徒刑以上刑罚”的判断依据，司法实践中存在不同认识。为此，《量刑意见》规定，“可能被判处无期徒刑以上刑罚，是指根据犯罪行为的事实、情节可能判处无期徒刑以上刑罚。案件已经判决的，以实际判处的刑罚为准。但是，根据犯罪行为的事实、情节应当判处无期徒刑以上刑罚，因被判刑人有法定情节经依法从轻、减轻处罚后判处有期徒刑的，应当认定为重大立功”。

5. 对立功情节的具体运用提出原则性意见。《量刑意见》要求，对于具有立功表现的犯罪分子，在具体裁量刑罚时应当充分考虑犯罪行为和立功表现两个方面的具体情况，并对两方面的具体情况作出了细化规定，以方便实践操作。

六、共同贪污犯罪的数额认定问题

在共同贪污犯罪中，贪污数额涉及三种：一是犯罪总额，即指共同犯罪所指向或者通过共同犯罪所获得的全部数额。二是参与数额，即指共同犯罪中每一行为人的危害行为所指向的具体数额。三是分赃数额，即指共同犯罪中每一行为人根据某种约定对通过共同犯罪所获得的全部数额进行分配后的具体数额。以何种数额为根据确定各行为人的刑事责任，对此有六种学说：

1. 犯罪总额说。主张以共同犯罪的财物总额作为确定各共同犯罪人刑事责任的基础。主要根据是共同犯罪的有关理论。

2. 参与数额说。主张各共同犯罪人应对本人实际参与的犯罪数额承担刑事责任。理由是，对于自己参与实施的犯罪行为，共同犯罪人主观上有共同的故意，客观上有共同的行为，只对自己参与的犯罪数额负责。该说只有当共犯都是实行行为人时才能适用，而对非实行行为人，如犯罪集团的组织者、领导者、帮助行为人、教唆人，就无法根据参与数额确定，对于共谋的实行行为人也不适用。

3. 分赃数额说。主张各共犯只对自己实际分得赃物的价值数额承担刑事责任。理由一是刑法和有关司法解释规定的数额，是指非法占有财物的数额，即分赃数额；此外，符合罪责自负原则。实践中，很多部门采用这一标准。该说违背了部分行为，全部责任的共犯规则理论。二是共犯危害大于单独犯罪，因而处罚应更重。该说可能导致违背罪刑相适应原则。同样的犯罪数额，参与分赃的人越多，每人分赃所得数额越小，处罚反而越轻。三是司法实践性不同，例如，犯罪未遂时，分赃数额无从确定；共同挥霍的情况下，无法贯彻；来不及分赃的处理不了等。

4. 分担数额说。主张各共犯只对本人“应当分担”的数额负责。也是根据罪责自负的原则。所谓“应当分担”应采用百分比的计算方法，要综合考虑参与数额、个人所得，地位和作用等。该说的缺陷和第三种学说一样，实际上是简单相加，忽视了规则的整体性。

5. 平均数额说。主张各共犯都应平均分担共同犯罪的数额。每个共犯都应对危害结果负共同的责任。在数额分担的基础上再参照其他情节分别处罚。该说忽视了共同犯罪与单独犯罪的界限。否定了对不同共犯的刑事责任应有区别的原则。

6. 综合评价说。主张综合考虑全案各种因素，而不单纯以某一数额作为定罪量刑的根据。理由是，只有对参与数额、分赃数额以及共同犯罪中的地位和作用综合判断，才能对共犯的刑事责任作出正确的判定。在数额犯中，犯罪数额对反映行为的社会危害性程度具有决定性意义，因作为追究犯罪人刑事责任的基本要素之一。应以哪一数额为标准必须明确。

司法实践中的很多案件都是以个人分赃所得数额作为对各共同犯罪人处罚的

依据，其主要理由是以各共同犯罪人分赃所得数额作为量刑标准，符合罪责自负原则。

总的来看，犯罪总额说比较合理：理由：第一，符合共同犯罪规则理论。即部分行为，全部责任。但需要明确的是，各共犯对犯罪总额承担刑事责任，并不意味着每个共犯都必须对共同犯罪总额负全部刑事责任，或者平均责任。每个共犯承担的责任大小，还要根据其在共同犯罪中的地位、作用大小来确定。第二，符合罪责自负的原则。共同犯罪有其特殊性，它是共犯形成了一个行为人共同体，从而应该从整体上对犯罪造成的结果或形成的状态承担责任，有别于单独犯罪。因此是不能用单独犯罪的罪责自负原则来套用共同犯罪的，这抹杀了二者的区别。但是，在坚持犯罪总额说的时候，有以下问题需要注意：

1. 根据刑法第 26 条第 3 款、第 4 款以及第 27 条的规定，要区分情况，认定共同贪污人的犯罪总额：（1）对贪污犯罪集团的首要分子，应按照贪污集团的全部犯罪总额计算；（2）对贪污犯罪集团的一般主犯和一般共同贪污犯罪案件中的主犯，应按照其所参与的或者组织、指挥的全部贪污行为涉及的犯罪总额计算；（3）对于共同贪污犯罪中的从犯，应当按照其参与的贪污行为所涉及的犯罪数额计算。在此前提下，还要从轻、减轻或者免除处罚。

2. 要注意把分赃数额（包括计划分赃的数额）作为量刑的重要情节加以考虑。也就是说，贪污总额决定量刑的档次，分赃数额影响一个档次内的量刑轻重。对于共同挥霍，没有也无法分清分赃数额或者无分赃计划的，量刑时考虑平均数额。

对此，《全国法院审理经济犯罪案件工作座谈会纪要》规定，刑法第 383 条第 1 款规定的“个人贪污数额”，在共同贪污犯罪案件中应理解为个人所参与或者组织、指挥共同贪污的数额，不能只按个人实际分得的赃款数额来认定。对共同贪污犯罪中的从犯，应当按照其所参与的共同贪污的数额确定量刑幅度，并依照刑法第 27 条第 2 款的规定，从轻、减轻处罚或者免除处罚。

七、“小金库”案件的司法认定

“小金库”案件的认定历来是职务犯罪中非常复杂的问题。先看一个例子，某学院企业管理培训处以各种名义截留、套取资金 230.57 万元，已支出 218.43 万元，其中：3 人私分公款 157.85 万元，送给院领导等人 21.41 万元，其他支出 39.17 万元（包括购买光盘、书籍、发放教师过节费等）。该案案情虽不复杂，但是其定性问题给不少办案人员带来困惑。

“小金库”是违反法律法规及其他有关规定，应列入而未列入符合规定的单位账簿的各项资金（含有价证券）及其形成的资产。“小金库”资金的来源主要包括：（1）各项生产经营收入。包括销售收入、营业收入、出租收入、出售残次品和边角废料收入、处理报废固定资产变价收入、逾期押金收入、销售不动产收入、发售股票申请表售表收入、股票发行费收入等。（2）各项服务和劳务收入。包括加工、维修、运输和代理业务收入、服务业收入、广告收入、出版发行收入、技术转让、技术咨询、技术服务、技术培训收入等。（3）各项价外费用。包括价外收取的基金、集资费、返还利润、补贴、违约金、手续费、包装费、储备费、优质费、运输装卸费、代收款项及其他形式的价外收费。（4）各种集资、摊派、赞助、捐赠等收入。（5）股票、债券等投资收益。（6）各种形式的回扣和佣金。（7）各项行政事业性收费。（8）各项罚没收入。（9）各类协会、学会的会费收入等。（10）其他应列入本单位或企业财务会计部门账内或应交存财政专户的收入。（11）通过虚列支出、资金返还等方式将资金转到本单位或企业财务会计部门账外的款项。“小金库”的资金由本单位人员专职管理，另外建账，仍处于单位的管理、控制之下，因此，其性质仍属公款。

“小金库”案件认定的总原则是按照“小金库”资金的去向确定案件的性质。从司法实践看，“小金库”资金主要有以下去向，分别加以处理：

1. 单位领导和少数几个管理人员之间，将小金库资金擅自秘密进行私分。这是通过自己的职务行为，对公款进行侵吞，主观上具有非法占有公款的故意，客观上具有非法侵吞的行为，其性质属贪污。

2. 单位领导经集体研究，将小金库资金作为福利或奖金分发到单位每个职工或绝大部分职工。在这种情形下，因行为人主观上不具有非法占有的故意，故仅是一种违反财经纪律的行为，不宜以贪污论处。如果是国有资产，并且数额较大（超过 10 万元），构成私分国有资产罪。如果私分数额不足 10 万元的，给予党纪、政纪处理。

3. 将“小金库”资金用于“公务招待”（或“公务开销”）。在这种情形下，因是在从事公务中用去的款项，也仅是一种违反财经纪律的行为，而不是贪污行为。

4. 将“小金库”资金用于私人事务。此时，行为人在主观上具有非法占有公共财物的目的，客观上具有侵吞的行为，且利用了自己的职务之便，应属于贪污性质。如果“小金库”资金用于公私兼顾的招待，不宜定罪。

5. 将“小金库”资金用于私人炒股、炒房地产，意图赚钱后将“小金库”资金还回，自己占有利润的，符合挪用公款罪的构成特征，应按照挪用公款罪定罪处罚。

【办案依据】

一、刑法规定

第九十一条　本法所称公共财产，是指下列财产：

（一）国有财产；

（二）劳动群众集体所有的财产；

（三）用于扶贫和其他公益事业的社会捐助或者专项基金的财产。

在国家机关、国有公司、企业、集体企业和人民团体管理、使用或者运输中的私人财产，以公共财产论。

第九十三条　本法所称国家工作人员，是指国家机关中从事公务的人员。

国有公司、企业、事业单位、人民团体中从事公务的人员和国家机关、国有公司、企业、事业单位委派到非国有公司、企业、事业单位、社会团体从事公务的人员，以及其他依照法律从事公务的人员，以国家工作人员论。

第一百八十三条　保险公司的工作人员利用职务上的便利，故意编造未曾发生的保险事故进行虚假理赔，骗取保险金归自己所有的，依照本法第二百七十一条的规定定罪处罚。

国有保险公司工作人员和国有保险公司委派到非国有保险公司从事公务的人员有前款行为的，依照本法第三百八十二条、第三百八十三条的规定定罪处罚。

第二百七十一条　公司、企业或者其他单位的工作人员，利用职务上的便利，将本单位财物非法占为己有，数额较大的，处三年以下有期徒刑或者拘役，并处罚金；数额巨大的，处三年以上十年以下有期徒刑，并处罚金；数额特别巨大的，处十年以上有期徒刑或者无期徒刑，并处罚金。

国有公司、企业或者其他国有单位中从事公务的人员和国有公司、企业或者其他国有单位委派到非国有公司、企业以及其他单位从事公务的人员有前款行为的，依照本法第三百八十二条、第三百八十三条的规定定罪处罚。

第二百八十七条 利用计算机实施金融诈骗、盗窃、贪污、挪用公款、窃取国家秘密或者其他犯罪的，依照本法有关规定定罪处罚。

第三百八十二条 国家工作人员利用职务上的便利，侵吞、窃取、骗取或者以其他手段非法占有公共财物的，是贪污罪。

受国家机关、国有公司、企业、事业单位、人民团体委托管理、经营国有财产的人员，利用职务上的便利，侵吞、窃取、骗取或者以其他手段非法占有国有财物的，以贪污论。

与前两款所列人员勾结，伙同贪污的，以共犯论处。

第三百八十三条 对犯贪污罪的，根据情节轻重，分别依照下列规定处罚：

（一）贪污数额较大或者有其他较重情节的，处三年以下有期徒刑或者拘役，并处罚金。

（二）贪污数额巨大或者有其他严重情节的，处三年以上十年以下有期徒刑，并处罚金或者没收财产。

（三）贪污数额特别巨大或者有其他特别严重情节的，处十年以上有期徒刑或者无期徒刑，并处罚金或者没收财产；数额特别巨大，并使国家和人民利益遭受特别重大损失的，处无期徒刑或者死刑，并处没收财产。

对多次贪污未经处理的，按照累计贪污数额处罚。

犯第一款罪，在提起公诉前如实供述自己罪行、真诚悔罪、积极退赃，避免、减少损害结果的发生，有第一项规定情形的，可以从轻、减轻或者免除处罚；有第二项、第三项规定情形的，可以从轻处罚。

犯第一款罪，有第三项规定情形被判处死刑缓期执行的，人民法院根据犯罪情节等情况可以同时决定在其死刑缓期执行二年期满依法减为无期徒刑后，终身监禁，不得减刑、假释。

第三百九十四条 国家工作人员在国内公务活动或者对外交往中接受礼物，依照国家规定应当交公而不交公，数额较大的，依照本法第三百八十二条、第三百八十三条的规定定罪处罚。

二、立法解释

全国人民代表大会常务委员会《关于〈中华人民共和国刑法〉第九十三条第二款的解释》（2000年4月29日第九届全国人民代表大会常务委员会第十五次会议通过，2009年修正）

全国人民代表大会常务委员会讨论了村民委员会等村基层组织人员在从事哪些工作时属于刑法第九十三条第二款规定的“其他依照法律从事公务的人员”，解释如下：

村民委员会等村基层组织人员协助人民政府从事下列行政管理工作，属于刑法第九十三条第二款规定的“其他依照法律从事公务的人员”：

（一）救灾、抢险、防汛、优抚、扶贫、移民、救济款物的管理；

（二）社会捐助公益事业款物的管理；

（三）国有土地的经营和管理；

（四）土地征收、征用补偿费用的管理；

（五）代征、代缴税款；

（六）有关计划生育、户籍、征兵工作；

（七）协助人民政府从事的其他行政管理工作。

村民委员会等村基层组织人员从事前款规定的公务，利用职务上的便利，非法占有公共财物、挪用公款、索取他人财物或者非法收受他人财物，构成犯罪的，适用刑法第三百八十二条和第三百八十三条贪污罪、第三百八十四条挪用公款罪、第三百八十五条和第三百八十六条受贿罪的规定。

现予公告。

三、司法解释

（一）《最高人民法院、最高人民检察院关于办理贪污贿赂刑事案件适用法律若干问题的解释》（2016年4月18日，法释〔2016〕9号）

第一条 贪污或者受贿数额在三万元以上不满二十万元的，应当认定为刑法

第三百八十三条第一款规定的“数额较大”，依法判处三年以下有期徒刑或者拘役，并处罚金。

贪污数额在一万元以上不满三万元，具有下列情形之一的，应当认定为刑法第三百八十三条第一款规定的“其他较重情节”，依法判处三年以下有期徒刑或者拘役，并处罚金：

（一）贪污救灾、抢险、防汛、优抚、扶贫、移民、救济、防疫、社会捐助等特定款物的；

（二）曾因贪污、受贿、挪用公款受过党纪、行政处分的；

（三）曾因故意犯罪受过刑事追究的；

（四）赃款赃物用于非法活动的；

（五）拒不交待赃款赃物去向或者拒不配合追缴工作，致使无法追缴的；

（六）造成恶劣影响或者其他严重后果的。

受贿数额在一万元以上不满三万元，具有前款第二项至第六项规定的情形之一，或者具有下列情形之一的，应当认定为刑法第三百八十三条第一款规定的“其他较重情节”，依法判处三年以下有期徒刑或者拘役，并处罚金：

（一）多次索贿的；

（二）为他人谋取不正当利益，致使公共财产、国家和人民利益遭受损失的；

（三）为他人谋取职务提拔、调整的。

第二条 贪污或者受贿数额在二十万元以上不满三百万元的，应当认定为刑法第三百八十三条第一款规定的“数额巨大”，依法判处三年以上十年以下有期徒刑，并处罚金或者没收财产。

贪污数额在十万元以上不满二十万元，具有本解释第一条第二款规定的情形之一的，应当认定为刑法第三百八十三条第一款规定的“其他严重情节”，依法判处三年以上十年以下有期徒刑，并处罚金或者没收财产。

受贿数额在十万元以上不满二十万元，具有本解释第一条第三款规定的情形之一的，应当认定为刑法第三百八十三条第一款规定的“其他严重情节”，依法判处三年以上十年以下有期徒刑，并处罚金或者没收财产。

第三条 贪污或者受贿数额在三百万元以上的，应当认定为刑法第三百八十三条第一款规定的“数额特别巨大”，依法判处十年以上有期徒刑、无期徒刑或者死刑，并处罚金或者没收财产。

贪污数额在一百五十万元以上不满三百万元，具有本解释第一条第二款规定的情形之一的，应当认定为刑法第三百八十三条第一款规定的“其他特别严重情节”，依法判处十年以上有期徒刑、无期徒刑或者死刑，并处罚金或者没收财产。

受贿数额在一百五十万元以上不满三百万元，具有本解释第一条第三款规定的情形之一的，应当认定为刑法第三百八十三条第一款规定的“其他特别严重情节”，依法判处十年以上有期徒刑、无期徒刑或者死刑，并处罚金或者没收财产。

第四条 贪污、受贿数额特别巨大，犯罪情节特别严重、社会影响特别恶劣、给国家和人民利益造成特别重大损失的，可以判处死刑。

符合前款规定的情形，但具有自首，立功，如实供述自己罪行、真诚悔罪、积极退赃，或者避免、减少损害结果的发生等情节，不是必须立即执行的，可以判处死刑缓期二年执行。

符合第一款规定情形的，根据犯罪情节等情况可以判处死刑缓期二年执行，同时裁判决定在其死刑缓期执行二年期满依法减为无期徒刑后，终身监禁，不得减刑、假释。

第十六条 国家工作人员出于贪污、受贿的故意，非法占有公共财物、收受他人财物之后，将赃款赃物用于单位公务支出或者社会捐赠的，不影响贪污罪、受贿罪的认定，但量刑时可以酌情考虑。

特定关系人索取、收受他人财物，国家工作人员知道后未退还或者上交的，应当认定国家工作人员具有受贿故意。

第十八条 贪污贿赂犯罪分子违法所得的一切财物，应当依照刑法第六十四条的规定予以追缴或者责令退赔，对被害人的合法财产应当及时返还。对尚未追缴到案或者尚未足额退赔的违法所得，应当继续追缴或者责令退赔。

第十九条 对贪污罪、受贿罪判处三年以下有期徒刑或者拘役的，应当并处十万元以上五十万元以下的罚金；判处三年以上十年以下有期徒刑的，应当并处二十万元以上犯罪数额二倍以下的罚金或者没收财产；判处十年以上有期徒刑或者无期徒刑的，应当并处五十万元以上犯罪数额二倍以下的罚金或者没收财产。

对刑法规定并处罚金的其他贪污贿赂犯罪，应当在十万元以上犯罪数额二倍以下判处罚金。

（二）《最高人民法院、最高人民检察院关于办理赌博刑事案件具体应用法律若干问题的解释》（2005年5月13日，法释〔2005〕3号）

第七条 通过赌博或者为国家工作人员赌博提供资金的形式实施行贿、受贿行为，构成犯罪的，依照刑法关于贿赂犯罪的规定定罪处罚。

（三）《最高人民法院、最高人民检察院关于办理妨害预防、控制突发传染病疫情等灾害的刑事案件具体应用法律若干问题的解释》（2003年5月15日，法释〔2003〕8号）

第十四条第一款 贪污、侵占用于预防、控制突发传染病疫情等灾害的款物或者挪用归个人使用，构成犯罪的，分别依照刑法第三百八十二条、第三百八十三条、第二百七十一条、第三百八十四条、第二百七十二条的规定，以贪污罪、职务侵占罪、挪用公款罪、挪用资金罪定罪，依法从重处罚。

（四）《最高人民法院关于审理贪污、职务侵占案件如何认定共同犯罪几个问题的解释》（2000年7月8日，法释〔2000〕15号）

第一条 行为人与国家工作人员勾结，利用国家工作人员的职务便利，共同侵吞、窃取、骗取或者以其他手段非法占有公共财物的，以贪污罪共犯论处。

第三条 公司、企业或者其他单位中，不具有国家工作人员身份的人与国家工作人员勾结，分别利用各自的职务便利，共同将本单位财物非法占为己有的，按照主犯的犯罪性质定罪。

（五）《最高人民法院关于审理挪用公款案件具体应用法律若干问题的解释》（1998年5月9日，法释〔1998〕9号）

第六条 携带挪用的公款潜逃的，依照刑法第三百八十二条、第三百八十三条的规定定罪处罚。

四、司法文件

（一）《最高人民检察院关于贪污养老、医疗等社会保险基金能否适用〈最高人民法院、最高人民检察院关于办理贪污贿赂刑事案件适用法律若干问题的解释〉第一条第二款第一项规定的批复》（2017年7月19日）

各省、自治区、直辖市人民检察院，解放军军事检察院，新疆生产建设兵团人民检察院：

近来，一些地方人民检察院就贪污养老、医疗等社会保险基金能否适用《最高人民法院、最高人民检察院关于办理贪污贿赂刑事案件适用法律若干问题的解释》第一条第二款第一项规定请示我院。经研究，批复如下：

养老、医疗、工伤、失业、生育等社会保险基金可以认定为《最高人民法院、最高人民检察院关于办理贪污贿赂刑事案件适用法律若干问题的解释》第一条第二款第一项规定的“特定款物”。

根据刑法和有关司法解释规定，贪污罪和挪用公款罪中的“特定款物”的范围有所不同，实践中应注意区分，依法适用。

此复。

（二）《最高人民法院、最高人民检察院关于办理国家出资企业中职务犯罪案件具体应用法律若干问题的意见》①（2010年11月26日，法发〔2010〕49号）

随着企业改制的不断推进，人民法院、人民检察院在办理国家出资企业中的贪污、受贿等职务犯罪案件时遇到了一些新情况、新问题。这些新情况、新问题具有一定的特殊性和复杂性，需要结合企业改制的特定历史条件，依法妥善地进行处理。现根据刑法规定和相关政策精神，就办理此类刑事案件具体应用法律的若干问题，提出以下意见：

一、关于国家出资企业工作人员在改制过程中隐匿公司、企业财产归个人持股的改制后公司、企业所有的行为的处理

国家工作人员或者受国家机关、国有公司、企业、事业单位、人民团体委托管理、经营国有财产的人员利用职务上的便利，在国家出资企业改制过程中故意通过低估资产、隐瞒债权、虚设债务、虚构产权交易等方式隐匿公司、企业财产，转为本人持有股份的改制后公司、企业所有，应当依法追究刑事责任的，依照刑法第三百八十二条、第三百八十三条的规定，以贪污罪定罪处罚。贪污数额一般

① 刘为波：《〈关于办理国家出资企业中职务犯罪案件具体应用法律若干问题的意见〉的理解与适用》，载中华人民共和国最高人民法院刑事审判第一、二、三、四、五庭主办：《刑事审判参考》（总第77集），法律出版社2010年版，第113页。

应当以所隐匿财产全额计算；改制后公司、企业仍有国有股份的，按股份比例扣除归于国有的部分。

所隐匿财产在改制过程中已为行为人实际控制，或者国家出资企业改制已经完成的，以犯罪既遂处理。

第一款规定以外的人员实施该款行为的，依照刑法第二百七十一条的规定，以职务侵占罪定罪处罚；第一款规定以外的人员与第一款规定的人员共同实施该款行为的，以贪污罪的共犯论处。

在企业改制过程中未采取低估资产、隐瞒债权、虚设债务、虚构产权交易等方式故意隐匿公司、企业财产的，一般不应当认定为贪污；造成国有资产重大损失，依法构成刑法第一百六十八条或者第一百六十九条规定的犯罪的，依照该规定定罪处罚。

二、关于国有公司、企业在改制过程中隐匿公司、企业财产归职工集体持股的改制后公司、企业所有的行为的处理

国有公司、企业违反国家规定，在改制过程中隐匿公司、企业财产，转为职工集体持股的改制后公司、企业所有的，对其直接负责的主管人员和其他直接责任人员，依照刑法第三百九十六条第一款的规定，以私分国有资产罪定罪处罚。

改制后的公司、企业中只有改制前公司、企业的管理人员或者少数职工持股，改制前公司、企业的多数职工未持股的，依照本意见第一条的规定，以贪污罪定罪处罚。

六、关于国家出资企业中国家工作人员的认定

经国家机关、国有公司、企业、事业单位提名、推荐、任命、批准等，在国有控股、参股公司及其分支机构中从事公务的人员，应当认定为国家工作人员。具体的任命机构和程序，不影响国家工作人员的认定。

经国家出资企业中负有管理、监督国有资产职责的组织批准或者研究决定，代表其在国有控股、参股公司及其分支机构中从事组织、领导、监督、经营、管理工作的人员，应当认定为国家工作人员。

国家出资企业中的国家工作人员，在国家出资企业中持有个人股份或者同时接受非国有股东委托的，不影响其国家工作人员身份的认定。

（三）《最高人民法院、最高人民检察院关于办理职务犯罪案件认定自首、立功等量刑情节若干问题的意见》（2009 年 3 月 12 日，法发〔2009〕13 号）

为依法惩处贪污贿赂、渎职等职务犯罪，根据刑法和相关司法解释的规定，结合办案工作实际，现就办理职务犯罪案件有关自首、立功等量刑情节的认定和处理问题，提出如下意见：

一、关于自首的认定和处理

根据刑法第六十七条第一款的规定，成立自首需同时具备自动投案和如实供述自己的罪行两个要件。犯罪事实或者犯罪分子未被办案机关掌握，或者虽被掌握，但犯罪分子尚未受到调查谈话、讯问，或者未被宣布采取调查措施或者强制措施时，向办案机关投案的，是自动投案。在此期间如实交代自己的主要犯罪事实的，应当认定为自首。

犯罪分子向所在单位等办案机关以外的单位、组织或者有关负责人员投案的，应当视为自动投案。

没有自动投案，在办案机关调查谈话、讯问、采取调查措施或者强制措施期间，犯罪分子如实交代办案机关掌握的线索所针对的事实的，不能认定为自首。

没有自动投案，但具有以下情形之一的，以自首论：（1）犯罪分子如实交代办案机关未掌握的罪行，与办案机关已掌握的罪行属不同种罪行的；（2）办案机关所掌握线索针对的犯罪事实不成立，在此范围外犯罪分子交代同种罪行的。

单位犯罪案件中，单位集体决定或者单位负责人决定而自动投案，如实交代单位犯罪事实的，或者单位直接负责的主管人员自动投案，如实交代单位犯罪事实的，应当认定为单位自首。单位自首的，直接负责的主管人员和直接责任人员未自动投案，但如实交代自己知道的犯罪事实的，可以视为自首；拒不交待自己知道的犯罪事实或者逃避法律追究的，不应当认定为自首。单位没有自首，直接责任人员自动投案并如实交代自己知道的犯罪事实的，对该直接责任人员应当认定为自首。

对于具有自首情节的犯罪分子，办案机关移送案件时应当予以说明并移交相关证据材料。

对于具有自首情节的犯罪分子，应当根据犯罪的事实、性质、情节和对于社会的危害程度，结合自动投案的动机、阶段、客观环境，交代犯罪事实的完整性、稳定性以及悔罪表现等具体情节，依法决定是否从轻、减轻或者免除处罚以及从轻、减轻处罚的幅度。

二、关于立功的认定和处理

立功必须是犯罪分子本人实施的行为。为使犯罪分子得到从轻处理，犯罪分子的亲友直接向有关机关揭发他人犯罪行为，提供侦破其他案件的重要线索，或者协助司法机关抓捕其他犯罪嫌疑人的，不应当认定为犯罪分子的立功表现。

据以立功的他人罪行材料应当指明具体犯罪事实；据以立功的线索或者协助行为对于侦破案件或者抓捕犯罪嫌疑人要有实际作用。犯罪分子揭发他人犯罪行为时没有指明具体犯罪事实的；揭发的犯罪事实与查实的犯罪事实不具有关联性的；提供的线索或者协助行为对于其他案件的侦破或者其他犯罪嫌疑人的抓捕不具有实际作用的，不能认定为立功表现。

犯罪分子揭发他人犯罪行为，提供侦破其他案件重要线索的，必须经查证属实，才能认定为立功。审查是否构成立功，不仅要审查办案机关的说明材料，还要审查有关事实和证据以及与案件定性处罚相关的法律文书，如立案决定书、逮捕决定书、侦查终结报告、起诉意见书、起诉书或者判决书等。

据以立功的线索、材料来源有下列情形之一的，不能认定为立功：(1) 本人通过非法手段或者非法途径获取的；(2) 本人因原担任的查禁犯罪等职务获取的；(3) 他人违反监管规定向犯罪分子提供的；(4) 负有查禁犯罪活动职责的国家机关工作人员或者其他国家工作人员利用职务便利提供的。

犯罪分子检举、揭发的他人犯罪，提供侦破其他案件的重要线索，阻止他人的犯罪活动，或者协助司法机关抓捕的其他犯罪嫌疑人，犯罪嫌疑人、被告人依法可能被判处无期徒刑以上刑罚的，应当认定为有重大立功表现。其中，可能被判处无期徒刑以上刑罚，是指根据犯罪行为的事实、情节可能判处无期徒刑以上刑罚。案件已经判决的，以实际判处的刑罚为准。但是，根据犯罪行为的事实、情节应当判处无期徒刑以上刑罚，因被判刑人有法定情节经依法从轻、减轻处罚后判处有期徒刑的，应当认定为重大立功。

对于具有立功情节的犯罪分子，应当根据犯罪的事实、性质、情节和对于社会的危害程度，结合立功表现所起作用的大小、所破获案件的罪行轻重、所抓获犯罪嫌疑人可能判处的法定刑以及立功的时机等具体情节，依法决定是否从轻、减轻或者免除处罚以及从轻、减轻处罚的幅度。

三、关于如实交代犯罪事实的认定和处理

犯罪分子依法不成立自首，但如实交代犯罪事实，有下列情形之一的，可以酌情从轻处罚：（1）办案机关掌握部分犯罪事实，犯罪分子交代了同种其他犯罪事实的；（2）办案机关掌握的证据不充分，犯罪分子如实交代有助于收集定案证据的。

犯罪分子如实交代犯罪事实，有下列情形之一的，一般应当从轻处罚：（1）办案机关仅掌握小部分犯罪事实，犯罪分子交代了大部分未被掌握的同种犯罪事实的；（2）如实交代对于定案证据的收集有重要作用的。

四、关于赃款赃物追缴等情形的处理

贪污案件中赃款赃物全部或者大部分追缴的，一般应当考虑从轻处罚。

受贿案件中赃款赃物全部或者大部分追缴的，视具体情况可以酌定从轻处罚。

犯罪分子及其亲友主动退赃或者在办案机关追缴赃款赃物过程中积极配合的，在量刑时应当与办案机关查办案件过程中依职权追缴赃款赃物的有所区别。

职务犯罪案件立案后，犯罪分子及其亲友自行挽回的经济损失，司法机关或者犯罪分子所在单位及其上级主管部门挽回的经济损失，或者因客观原因减少的经济损失，不予扣减，但可以作为酌情从轻处罚的情节。

五、会议纪要

最高人民法院《全国法院审理经济犯罪案件工作座谈会纪要》（2003年11月13日，法〔2003〕167号）

一、关于贪污贿赂犯罪和渎职犯罪的主体

（一）国家机关工作人员的认定

刑法中所称的国家机关工作人员，是指在国家机关中从事公务的人员，包括在各级国家权力机关、行政机关、司法机关和军事机关中从事公务的人员。

根据有关立法解释的规定，在依照法律、法规规定行使国家行政管理职权的组织中从事公务的人员，或者在受国家机关委托代表国家行使职权的组织中从事公务的人员，或者虽未列入国家机关人员编制但在国家机关中从事公务的人员，视为国家机关工作人员。在乡（镇）以上中国共产党机关、人民政协机关中从事公务的人员，司法实践中也应当视为国家机关工作人员。

（二）国家机关、国有公司、企业、事业单位委派到非国有公司、企业、事业单位、社会团体从事公务的人员的认定

所谓委派，即委任、派遣，其形式多种多样，如任命、指派、提名、批准等。不论被委派的人身份如何，只要是接受国家机关、国有公司、企业、事业单位委派，代表国家机关、国有公司、企业、事业单位在非国有公司、企业、事业单位、社会团体中从事组织、领导、监督、管理等工作，都可以认定为国家机关、国有公司、企业、事业单位委派到非国有公司、企业、事业单位、社会团体从事公务的人员。如国家机关、国有公司、企业、事业单位委派在国有控股或者参股的股份有限公司从事组织、领导、监督、管理等工作的人员，应当以国家工作人员论。国有公司、企业改制为股份有限公司后，原国有公司、企业的工作人员和股份有限公司新任命的人员中，除代表国有投资主体行使监督、管理职权的人外，不以国家工作人员论。

（三）“其他依照法律从事公务的人员”的认定

刑法第九十三条第二款规定的“其他依照法律从事公务的人员”应当具有两个特征：一是在特定条件下行使国家管理职能；二是依照法律规定从事公务。具体包括：

（1）依法履行职责的各级人民代表大会代表；

（2）依法履行审判职责的人民陪审员；

（3）协助乡镇人民政府、街道办事处从事行政管理工作的村民委员会、居民委员会等农村和城市基层组织人员；

（4）其他由法律授权从事公务的人员。

（四）关于“从事公务”的理解

从事公务，是指代表国家机关、国有公司、企业、事业单位、人民团体等履行组织、领导、监督、管理等职责。公务主要表现为与职权相联系的公共事务以及监督、管理国有财产的职务活动。如国家机关工作人员依法履行职责，国有公

司的董事、经理、监事、会计、出纳人员等管理、监督国有财产等活动，属于从事公务。那些不具备职权内容的劳务活动、技术服务工作，如售货员、售票员等所从事的工作，一般不认为是公务。

二、关于贪污罪

（一）贪污罪既遂与未遂的认定

贪污罪是一种以非法占有为目的的财产性职务犯罪，与盗窃、诈骗、抢夺等侵犯财产罪一样，应当以行为人是否实际控制财物作为区分贪污罪既遂与未遂的标准。对于行为人利用职务上的便利，实施了虚假平账等贪污行为，但公共财物尚未实际转移，或者尚未被行为人控制就被查获的，应当认定为贪污未遂。行为人控制公共财物后，是否将财物据为己有，不影响贪污既遂的认定。

（二）“受委托管理、经营国有财产”的认定

刑法第三百八十二条第二款规定的“受委托管理、经营国有财产”，是指因承包、租赁、临时聘用等管理、经营国有财产。

（三）国家工作人员与非国家工作人员勾结共同非法占有单位财物行为的认定

对于国家工作人员与他人勾结，共同非法占有单位财物的行为，应当按照《最高人民法院关于审理贪污、职务侵占案件如何认定共同犯罪几个问题的解释》的规定定罪处罚。对于在公司、企业或者其他单位中，非国家工作人员与国家工作人员勾结，分别利用各自的职务便利，共同将本单位财物非法占有的，应当尽量区分主从犯，按照主犯的犯罪性质定罪。司法实践中，如果根据案件的实际情况，各共同犯罪人在共同犯罪中的地位、作用相当，难以区分主从犯的，可以贪污罪定罪处罚。

（四）共同贪污犯罪中“个人贪污数额”的认定

刑法第三百八十三条第一款规定的“个人贪污数额”，在共同贪污犯罪案件中应理解为个人所参与或者组织、指挥共同贪污的数额，不能只按个人实际分得的赃款数额来认定。对共同贪污犯罪中的从犯，应当按照其所参与的共同贪污的数额确定量刑幅度，并依照刑法第二十七条第二款的规定，从轻、减轻处罚或者免除处罚。

【指导性案例】[①]

一、最高人民法院指导案例11号杨某虎等贪污案[②]

（最高人民法院审判委员会讨论通过，2012年9月18日发布）

【关键词】

刑事　贪污罪　职务便利　骗取土地使用权

【裁判要点】

1. 贪污罪中的“利用职务上的便利”，是指利用职务上主管、管理、经手公共财物的权力及方便条件，既包括利用本人职务上主管、管理公共财物的职务便利，也包括利用职务上有隶属关系的其他国家工作人员的职务便利。

2. 土地使用权具有财产性利益，属于刑法第三百八十二条第一款规定中的“公共财物”，可以成为贪污的对象。

【相关法条】

《中华人民共和国刑法》第三百八十二条第一款

【基本案情】

被告人杨某虎1996年8月任某市委常委，2003年3月任某市人大常委会副主任，2000年8月兼任某市场（2003年3月改称某国际商贸城，简称国际商贸城）建设领导小组副组长兼指挥部总指挥，主持指挥部全面工作。2002年，杨某虎得知某村将列入拆迁和旧村改造范围后，决定在该村购买旧房，利用其职务便利，在拆迁安置时骗取非法利益。杨某虎遂与被告人王某芳（杨某虎的妻妹）、被告人郑某潮（王某芳之夫）共谋后，由王、郑二人出面，通过某村王某某，以王某芳的名义在该村购买赵某某的3间旧房（房产证登记面积61.87平方米，发证日期1998年8月3日）。按当地拆迁和旧村改造政策，赵某某有无该旧房，其所得安置土地面积均相同，事实上赵某某也按无房户得到了土地安置。2003年3、4月份，为使3间旧房所占土地确权到王某芳名下，在杨某虎指使和安排下，郑某潮再次

---

① 本书案例部分引用法律法规均为案件裁判当时有效的法律法规条文，下同。

② 载最高人民法院，https：//www.court.gov.cn/shenpan-xiangqing-13308.html，2022年6月17日访问。

通过某村王某某，让该村村民委员会及其成员出具了该3间旧房系王某芳1983年所建的虚假证明。杨某虎利用职务便利，要求兼任国际商贸城建设指挥部分管土地确权工作的副总指挥、某市国土资源局副局长吴某某和指挥部确权报批科人员，对王某芳拆迁安置、土地确权予以关照。国际商贸城建设指挥部遂将王某芳所购房屋作为有村证明但无产权证的旧房进行确权审核，上报某市国土资源局确权，并按丈量结果认定其占地面积64.7平方米。

此后，被告人杨某虎与郑某潮、王某芳等人共谋，在其岳父王某祥在某村拆迁中可得25.5平方米土地确权的基础上，于2005年1月编造了由王某芳等人签名的申请报告，谎称“王某祥与王某芳共有三间半房屋，占地90.2平方米，二人在1986年分家，王某祥分得36.1平方米，王某芳分得54.1平方米，有关部门确认王某祥房屋25.5平方米、王某芳房屋64平方米有误”，要求某市国土资源局更正。随后，杨某虎利用职务便利，指使国际商贸城建设指挥部工作人员以该部名义对该申请报告盖章确认，并使该申请报告得到某市国土资源局和某市政府认可，从而让王某芳、王某祥分别获得72和54平方米（共126平方米）的建设用地审批。按王某祥的土地确权面积仅应得36平方米建设用地审批，其余90平方米系非法所得。2005年5月，杨某虎等人在支付选位费24.552万元后，在国际商贸城拆迁安置区获得两间店面72平方米土地的拆迁安置补偿（案发后，该72平方米的土地使用权被依法冻结）。该处地块在用作安置前已被国家征用并转为建设用地，属国有划拨土地。经评估，该处每平方米的土地使用权价值35270元。杨某虎等人非法所得的建设用地90平方米，按照当地拆迁安置规定，折合拆迁安置区店面的土地面积为72平方米，价值253.944万元，扣除其支付的24.552万元后，实际非法所得229.392万元。

此外，2001年至2007年间，被告人杨某虎利用职务便利，为他人承揽工程、拆迁安置、国有土地受让等谋取利益，先后非法收受或索取57万元，其中索贿5万元。

【裁判结果】

浙江省金华市中级人民法院于2008年12月15日作出（2008）金中刑二初字第30号刑事判决：一、被告人杨某虎犯贪污罪，判处有期徒刑十五年，并处没收财产二十万元；犯受贿罪，判处有期徒刑十一年，并处没收财产十万元；决定执行有期徒刑十八年，并处没收财产三十万元。二、被告人郑某潮犯贪污罪，判处有期徒刑五年。三、被告人王某芳犯贪污罪，判处有期徒刑三年。宣判后，三被告人均提出上诉。浙江省高级人民法院于 2009 年 3 月 16 日作出（2009）浙刑二终字第 34 号刑事裁定，驳回上诉，维持原判。

【裁判理由】

法院生效裁判认为：关于被告人杨某虎的辩护人提出杨某虎没有利用职务便利的辩护意见。经查，国际商贸城指挥部系某市委、市政府为确保国际商贸城建设工程顺利进行而设立的机构，指挥部下设确权报批科，工作人员从国土资源局抽调，负责土地确权、建房建设用地的审核及报批工作，分管该科的副总指挥吴某某也是国土资源局的副局长。确权报批科作为指挥部下设机构，同时受指挥部的领导，作为指挥部总指挥的杨某虎具有对该科室的领导职权。贪污罪中的“利用职务上的便利”，是指利用职务上主管、管理、经手公共财物的权力及方便条件，既包括利用本人职务上主管、管理公共财物的职务便利，也包括利用职务上有隶属关系的其他国家工作人员的职务便利。本案中，杨某虎正是利用担任某市委常委、某市人大常委会副主任和兼任指挥部总指挥的职务便利，给下属的土地确权报批科人员及其分管副总指挥打招呼，才使得王某芳等人虚报的拆迁安置得以实现。

关于被告人杨某虎等人及其辩护人提出被告人王某芳应当获得土地安置补偿，涉案土地属于集体土地，不能构成贪污罪的辩护意见。经查，王某芳购房时系居民户口，按照法律规定和某市拆迁安置有关规定，不属于拆迁安置对象，不具备获得土地确权的资格，其在某村所购房屋既不能获得土地确权，又不能得到拆迁安置补偿。杨某虎等人明知王某芳不符合拆迁安置条件，却利用杨某虎的职务便利，通过将王某芳所购房屋谎报为其祖传旧房、虚构王某芳与王某祥分家事实，骗得旧房拆迁安置资格，骗取国有土地确权。同时，由于杨某虎利用职务便利，杨某虎、王某芳等人弄虚作假，既使王某芳所购旧房的房主赵某某按无房户得到了土地安置补偿，又使本来不应获得土地安置补偿的王某芳获得了土地安置补偿。《中华人民共和国土地管理法》第二条、第九条规定，我国土地实行社会主义公有制，即全民所有制和劳动群众集体所有制，并可以依法确定给单位或者个人使用。对土地进行占有、使用、开发、经营、交易和流转，能够带来相应经济收益。因此，土地使用权自然具有财产性利益，无论国有土地，还是集体土地，都属于刑法第三百八十二条第一款规定中的“公共财物”，可以成为贪污的对象。王某芳名下安置的地块已在2002年8月被征为国有并转为建设用地，某市政府文件抄告单也明确该处的拆迁安置土地使用权登记核发国有土地使用权证。因此，杨某虎等人及其辩护人所提该项辩护意见，不能成立。

综上，被告人杨某虎作为国家工作人员，利用担任某市委常委、某市人大常委会副主任和兼任国际商贸城指挥部总指挥的职务便利，伙同被告人郑某潮、王某芳以虚构事实的手段，骗取国有土地使用权，非法占有公共财物，三被告人的行为均已构成贪污罪。杨某虎还利用职务便利，索取或收受他人贿赂，为他人谋取利益，其行为又构成受贿罪，应依法数罪并罚。在共同贪污犯罪中，杨某虎起主要作用，系主犯，应当按照其所参与或者组织、指挥的全部犯罪处罚；郑某潮、王某芳起次要作用，系从犯，应减轻处罚。故一、二审法院依法作出如上裁判。

二、最高人民检察院指导性案例第73号某县图书馆及赵某、徐某某单位受贿、私分国有资产、贪污案①

（最高人民检察院第十三届检察委员会第四十二次会议决定，2020年7月16日发布）

【关键词】

单位犯罪　追加起诉　移送线索

【要旨】

人民检察院在对职务犯罪案件审查起诉时，如果认为相关单位亦涉嫌犯罪，且单位犯罪事实清楚、证据确实充分，经与监察机关沟通，可以依法对犯罪单位提起公诉。检察机关在审查起诉中发现遗漏同案犯或犯罪事实的，应当及时与监

① 载最高人民检察院，https：//www.spp.gov.cn/jczdal/202007/t20200721_473570.shtml，2022年6月17日访问。

察机关沟通，依法处理。

【相关规定】

《中华人民共和国刑法》第三十条，第三十一条，第三百八十二条第一款，第三百八十三条第一款第一项、第三款，第三百八十七条，第三百九十六条第一款

《中华人民共和国刑事诉讼法》第一百七十六条

《中华人民共和国监察法》第三十四条

【基本案情】

被告单位某县图书馆，全额拨款的国有事业单位。

被告人赵某，男，某县图书馆原馆长。

被告人徐某某，男，某县图书馆原副馆长。

（一）单位受贿罪

2012 年至 2016 年，为提高福利待遇，经赵某、徐某某等人集体讨论决定，某县图书馆通过在书籍采购过程中账外暗中收受回扣的方式，收受 A 书社梁某某、B 公司、C 图书经营部潘某某所送人民币共计 36 万余元，用于发放工作人员福利及支付本单位其他开支。

（二）私分国有资产罪

2012 年至 2016 年，某县图书馆通过从 A 书社、B 公司、C 图书经营部虚开购书发票、虚列劳务支出、采购价格虚高的借书卡等手段套取财政资金 63 万余元，经赵某、徐某某等人集体讨论决定，将其中的 56 万余元以单位名义集体私分给本单位工作人员。

（三）贪污罪

2015 年，被告人徐某某利用担任某县图书馆副馆长，分管采购业务的职务之便，通过从 C 图书经营部采购价格虚高的借书卡的方式，套取财政资金 3.8 万元归个人所有。

【检察工作情况】

（一）提前介入提出完善证据体系意见，为案件准确定性奠定基础。某县监察委员会以涉嫌贪污罪、受贿罪对赵某立案调查，县人民检察院提前介入后，通过梳理分析相关证据材料，提出完善证据的意见。根据检察机关意见，监察机关进

一步收集证据，完善了证据体系。2018年9月28日，县监察委员会调查终结，以赵某涉嫌单位受贿罪、私分国有资产罪移送县人民检察院起诉。

（二）对监察机关未移送起诉的某县图书馆，直接以单位受贿罪提起公诉。某县监察委员会对赵某移送起诉后，检察机关审查认为，某县图书馆作为全额拨款的国有事业单位，在经济往来中，账外暗中收受各种名义的回扣，情节严重，根据刑法第387条之规定，应当以单位受贿罪追究其刑事责任，且单位犯罪事实清楚，证据确实充分。经与监察机关充分沟通，2018年11月12日，县人民检察院对某县图书馆以单位受贿罪，对赵某以单位受贿罪、私分国有资产罪提起公诉。

（三）审查起诉阶段及时移送徐某某涉嫌贪污犯罪问题线索，依法追诉漏犯漏罪。检察机关对赵某案审查起诉时，认为徐某某作为参与集体研究并具体负责采购业务的副馆长，属于其他直接责任人员，也应以单位受贿罪、私分国有资产罪追究其刑事责任。同时在审查供书商账目时发现，其共有两次帮助某县图书馆以虚增借书卡制作价格方式套取财政资金，但赵某供述只套取一次财政资金用于私分，检察人员分析另一次套取的3.8万元财政资金很有可能被经手该笔资金的徐某某贪污，检察机关遂将徐某某涉嫌贪污犯罪线索移交监察机关。监察机关立案调查后，通过进一步补充证据，查明了徐某某参与单位受贿、私分国有资产以及个人贪污的犯罪事实。2018年11月16日，县监察委员会调查终结，以徐某某涉嫌单位受贿罪、私分国有资产罪、贪污罪移送县人民检察院起诉。2018年12月27日，县人民检察院对徐某某以单位受贿罪、私分国有资产罪、贪污罪提起公诉。

2018年12月20日，某县人民法院以单位受贿罪判处某县图书馆罚金人民币二十万元；以单位受贿罪、私分国有资产罪判处赵某有期徒刑一年二个月，并处罚金人民币十万元。2019年1月10日，某县人民法院以单位受贿罪、私分国有资产罪、贪污罪判处徐某某有期徒刑一年，并处罚金人民币二十万元。

【指导意义】

（一）检察机关对单位犯罪可依法直接追加起诉。人民检察院审查监察机关移送起诉的案件，应当查明有无遗漏罪行和其他应当追究刑事责任的人。对于单位犯罪案件，监察机关只对直接负责的主管人员和其他直接责任人员移送起诉，未移送起诉涉嫌犯罪单位的，如果犯罪事实清楚，证据确实充分，经与监察机关沟通，检察机关对犯罪单位可以依法直接提起公诉。

（二）检察机关在审查起诉中发现遗漏同案犯或犯罪事实的，应当及时与监察机关沟通，依法处理。检察机关在审查起诉中，如果发现监察机关移送起诉的案件遗漏同案职务犯罪人或犯罪事实的，应当及时与监察机关沟通，依法处理。如果监察机关在本案审查起诉期限内调查终结移送起诉，且犯罪事实清楚，证据确实充分的，可以并案起诉；如果监察机关不能在本案审查起诉期限内调查终结移送起诉，或者虽然移送起诉，但因案情重大复杂等原因不能及时审结的，也可分案起诉。

三、最高人民检察院指导性案例第74号李某波贪污案[①]

（最高人民检察院第十三届检察委员会第四十二次会议决定，

2020年7月16日发布）

【关键词】

违法所得没收程序　犯罪嫌疑人到案　程序衔接

【要旨】

对于贪污贿赂等重大职务犯罪案件，犯罪嫌疑人、被告人逃匿，在通缉一年后不能到案，如果有证据证明有犯罪事实，依照刑法规定应当追缴其违法所得及其他涉案财产的，应当依法适用违法所得没收程序办理。违法所得没收裁定生效后，在逃的职务犯罪嫌疑人自动投案或者被抓获，监察机关调查终结移送起诉的，检察机关应当依照普通刑事诉讼程序办理，并与原没收裁定程序做好衔接。

【相关规定】

《中华人民共和国刑法》第五十七条第一款，第五十九条，第六十四条，第六十七条第一款，第三百八十二条第一款，第三百八十三条第一款第三项

《中华人民共和国刑事诉讼法》（2012年3月14日修正）第十七条，第二百

---

① 载最高人民检察院，https：//www. spp. gov. cn/jczdal/202007/t20200721_ 473570. shtml，2022年6月17日访问。

八十条，第二百八十一条，第二百八十二条，第二百八十三条

《中华人民共和国监察法》第四十八条

《最高人民法院、最高人民检察院关于办理贪污贿赂刑事案件适用法律若干问题的解释》第三条第一款，第十九条第一款

《最高人民法院、最高人民检察院关于适用犯罪嫌疑人、被告人逃匿、死亡案件违法所得没收程序若干问题的规定》

【基本案情】

被告人李某波，男，某县财政局经济建设股原股长。

2006 年 10 月至 2010 年 12 月间，李某波利用担任某县财政局经济建设股股长管理该县基本建设专项资金的职务便利，伙同该股副股长张某华（已判刑）、某县农村信用联社城区信用社主任徐某堂（已判刑）等人，采取套用以往审批手续、私自开具转账支票并加盖假印鉴、制作假银行对账单等手段，骗取某县财政局基建专项资金共计人民币 9400 万元。除李某波与徐某堂赌博挥霍及同案犯分得部分赃款外，其余赃款被李某波占有。李某波用上述赃款中的人民币 240 余万元为其本人及家人办理了移民新加坡的手续及在新加坡购置房产；将上述赃款中的人民币 2700 余万元通过新加坡中央人民币汇款服务私人有限公司兑换成新加坡元，转入本人及妻子在新加坡大华银行的个人账户内。后李某波夫妇使用转入个人账户内的新加坡元用于购买房产及投资，除用于项目投资的 150 万新加坡元外，其余均被新加坡警方查封扣押，合计 540 余万新加坡元（折合人民币约 2600 余万元）。

【检察工作情况】

（一）国际合作追逃，异地刑事追诉。2011 年 1 月 29 日，李某波逃往新加坡。2011 年 2 月 13 日，某县人民检察院以涉嫌贪污罪对李某波立案侦查，同月 16 日，某市人民检察院以涉嫌贪污罪对李某波决定逮捕。中新两国未签订双边引渡和刑事司法协助条约，经有关部门充分沟通协商，决定依据两国共同批准加入的《联合国反腐败公约》和司法协助互惠原则，务实开展该案的国际司法合作。为有效开展工作，中央追逃办先后多次组织召开案件协调会，由监察、检察、外交、公安、审判和司法行政以及地方执法部门组成联合工作组先后 8 次赴新加坡开展工

作。因中新两国最高检察机关均被本国指定为实施《联合国反腐败公约》司法协助的中央机关，其中6次由最高人民检察院牵头组团与新方进行工作磋商，拟定李某波案国际司法合作方案，相互配合，分步骤组织实施。

2011年2月23日，公安部向国际刑警组织请求对李某波发布红色通报，并向新加坡国际刑警发出协查函。2011年3月初，新加坡警方拘捕李某波。随后新加坡法院发出冻结令，冻结李某波夫妇转移到新加坡的涉案财产。2012年9月，新加坡总检察署以三项“不诚实盗取赃物罪”指控李某波。2013年8月15日，新加坡法院一审判决认定对李某波的所有指控罪名成立，判处其15个月监禁。

（二）适用特别程序，没收违法所得。李某波贪污公款9400万元人民币的犯罪事实，有相关书证、证人证言及同案犯供述等予以证明。根据帮助李某波办理转账、移民事宜的相关证人证言、银行转账凭证复印件、新加坡警方提供的《事实概述》、新加坡法院签发的扣押财产报告等证据，能够证明被新加坡警方查封、扣押、冻结的李某波夫妇名下财产，属于李某波贪污犯罪违法所得。

李某波在红色通报发布一年后不能到案，2013年3月6日，某市人民检察院向某市中级人民法院提出没收李某波违法所得申请。2015年3月3日，某市中级人民法院作出一审裁定，认定李某波涉嫌重大贪污犯罪，其逃匿新加坡后被通缉，一年后未能到案。现有证据能够证明，被新加坡警方扣押的李某波夫妇名下财产共计540余万新加坡元，均系李某波的违法所得，依法予以没收。相关人员均未在法定期限内提出上诉，没收裁定生效。2016年6月29日，新加坡高等法院作出判决，将扣押的李某波夫妇名下共计540余万新加坡元涉案财产全部返还中方。

（三）迫使回国投案，依法接受审判。为迫使李某波回国投案，中方依法吊销李某波全家四人中国护照并通知新方。2015年1月，新加坡移民局作出取消李某波全家四人新加坡永久居留权的决定。2015年2月2日，李某波主动写信要求回国投案自首。2015年5月9日，李某波被遣返回国，同日被执行逮捕。2015年12月30日，某市人民检察院以李某波犯贪污罪，向某市中级人民法院提起公诉。2017年1月23日，某市中级人民法院以贪污罪判处李某波无期徒刑，剥夺政治权利终身，并处没收个人全部财产。扣除同案犯徐某堂等人已被追缴的赃款以及依照违法所得没收程序裁定没收的赃款，剩余赃款继续予以追缴。

【指导意义】

（一）对于犯罪嫌疑人、被告人逃匿的贪污贿赂等重大职务犯罪案件，符合法定条件的，人民检察院应当依法适用违法所得没收程序办理。对于贪污贿赂等重大职务犯罪案件，犯罪嫌疑人、被告人逃匿，在通缉一年后不能到案，如果有证据证明有犯罪事实，依照刑法规定应当追缴其违法所得及其他涉案财产的，人民检察院应当依法向人民法院提出没收违法所得的申请，促进追赃追逃工作开展。

（二）违法所得没收裁定生效后，犯罪嫌疑人、被告人到案的，人民检察院应当依照普通刑事诉讼程序审查起诉。人民检察院依照特别程序提出没收违法所得申请，人民法院作出没收裁定生效后，犯罪嫌疑人、被告人自动投案或者被抓获的，检察机关应当依照普通刑事诉讼程序进行审查。人民检察院审查后，认为犯罪事实清楚，证据确实充分的，应当向原作出裁定的人民法院提起公诉。

（三）在依照普通刑事诉讼程序办理案件过程中，要与原违法所得没收程序做好衔接。对扣除已裁定没收财产后需要继续追缴违法所得的，检察机关应当依法审查提出意见，由人民法院判决后追缴。

第二章　挪用公款罪

【立案追诉标准】

挪用公款案件（刑法第384条、第185条2款）

一、挪用公款归个人使用，进行非法活动，数额在三万元以上的，应当以挪用公款罪追究刑事责任。

二、挪用公款数额在三百万元以上的，属于刑法规定的“数额巨大”。

三、具有下列情形之一的，属于刑法规定的“情节严重”：

（一）挪用公款数额在一百万元以上的；

（二）挪用救灾、抢险、防汛、优抚、扶贫、移民、救济特定款物，数额在五十万元以上不满一百万元的；

（三）挪用公款不退还，数额在五十万元以上不满一百万元的；

（四）其他严重的情节。

四、挪用公款归个人使用，进行营利活动或者超过三个月未还，数额在五万元以上的，属于刑法第三百八十四条第一款规定的“数额较大”。

五、数额在五百万元以上的，属于刑法第三百八十四条第一款规定的“数额巨大”。

六、具有下列情形之一的，属于刑法第三百八十四条第一款规定的“情节严重”：

（一）挪用公款数额在二百万元以上的；

（二）挪用救灾、抢险、防汛、优抚、扶贫、移民、救济特定款物，数额在一百万元以上不满二百万元的；

（三）挪用公款不退还，数额在一百万元以上不满二百万元的；

（四）其他严重的情节。

《最高人民法院、最高人民检察院关于办理贪污贿赂刑事案件适用法律若干问题的解释》（2016 年 4 月 18 日）

【犯罪构成及刑事责任】

挪用公款罪，是指国家工作人员利用职务上的便利，挪用公款归个人使用，进行非法活动，或者挪用公款数额较大，进行营利活动，或者挪用公款数额较大，超过 3 个月未归还的行为。构成本罪需要具备以下四个要件。

1. 客体要件。本罪的犯罪客体是复杂客体，即国家工作人员职务行为的廉洁性和公款的占有使用收益权。犯罪对象限于公款，即公共财产中呈现货币、有价证券或金融票证形态的那一部分，其中包括人民币、外国货币（具体包括国家、集体所有的货币资金及客户置放金融机构的资金、用于扶贫和其他公益事业的社会捐助或者专项基金的货币资金以及由国家机关、国有公司、企业、集体企业和人民团体管理、使用或者运输中的货币）；国库券、政府债券、股票等有价证券；汇票、支票、本票、委托收款凭证、汇款凭证、银行存单、信用证或者附随的单据、文件，以及信用卡等金融票证。有价证券和金融票证，直接代表一定数额的货币，也可以成为本罪的犯罪对象。根据刑法第 384 条第 2 款的规定，挪用用于救灾、抢险、防汛、优抚、扶贫、移民、救济的现款或者物资归个人使用的，应按本罪从重处罚。依此规定，挪用公款罪的对象不限于公款，还包括特定公物。但除上述特定公物以外的一般公物，不属于挪用公款罪的犯罪对象。

2. 客观要件。本罪在客观方面表现为行为人利用职务上的便利，挪用公款归个人使用，进行非法活动，或者挪用公款数额较大进行营利活动，或者挪用公款超过 3 个月不归还的行为。本罪的客观方面具体包括以下三方面的内容：

（1）行为人利用了职务上的便利。所谓利用职务上的便利，是指行为人利用自己主管、管理、经手公款的职权或者职务的便利条件。这既包括行为人直接经手、管理公款的便利条件，也包括行为人因其职务关系而具有的调拨、支配、使用公款的便利条件。

（2）挪用公款归个人使用。根据2002年4月28日通过的全国人民代表大会常务委员会《关于〈中华人民共和国刑法〉第三百八十四条第一款的解释》（以下简称《2002年解释》）规定，有下列情形之一的，属于挪用公款“归个人使用”：将公款供本人、亲友或者其他自然人使用的；以个人名义将公款供其他单位使用的；个人决定以单位名义将公款供其他单位使用，谋取个人利益的。

（3）挪用公款行为的具体表现形式。

①挪用公款进行非法活动的。所谓进行非法活动，即挪用公款归个人使用，进行国家法律、法规明令禁止的违法犯罪活动，包括犯罪活动和一般违法活动。这种挪用公款行为构成犯罪，既不要求达到数额较大的标准，也不要求挪用时间超过3个月未还。挪用公款给他人使用，不知道使用人将公款用于非法活动，数额较大，超过3个月未还的，构成挪用公款罪。明知使用人将公款用于非法活动的，应当认定为挪用人挪用公款进行非法活动。尽管这种情形下法律未规定数额较大的标准，但不可以认为没有数额的限制。根据《贪污贿赂解释》规定，挪用公款归个人使用，进行非法活动，以挪用公款数额3万元为构成犯罪的起点，以挪用公款数额在300万元以上为该形式的“数额巨大”的起点。

②挪用公款数额较大，进行营利活动的。营利活动，是指国家法律、法规允许的牟利活动，如挪用公款存入银行、用于集资、购买股票、国债、炒股、开商店、办工厂等。这种挪用公款行为构成犯罪，要求挪用数额较大，但不受挪用时间和是否归还的限制。根据《贪污贿赂解释》规定，挪用公款进行营利活动的，以挪用公款数额5万元为构成犯罪的起点，以挪用公款数额500万元为“数额巨大”的起点。

③挪用公款数额较大、超过3个月未还的。这种挪用公款行为是指挪用公款用于非法活动、营利活动以外的用途，如建私人住宅、还债、支付医药费、购置家具等。根据《贪污贿赂解释》规定，挪用公款、超过3个月未还的，以挪用公

款数额 5 万元为构成犯罪的起点，以挪用公款数额 500 万元为“数额巨大”的起点。这里的“未还”是指案发前（被司法机关、主管部门或者有关单位发现前）未还。如果挪用公款数额较大，超过 3 个月，在案发前已全部归还本金的，可以从轻处罚或减轻处罚。挪用正在生息或者需要支付利息的公款归个人使用，数额较大，超过 3 个月但在案发前全部归还本金的，可以从轻或者减轻处罚，给国家、集体造成的利息损失应予追缴；挪用公款数额巨大，超过 3 个月，案发前全部归还的，可以酌情从轻处罚。由此看来，只要挪用公款超过 3 个月，不管案发前是否归还，都构成挪用公款罪，但案发前已归还的情况可以作为从宽处罚的情节。

多次挪用公款不还，挪用公款数额累计计算；多次挪用公款，并以后次挪用的公款归还前次挪用的公款，挪用公款数额以案发时未还的实际数额认定。

3. 主体要件。本罪的主体是国家工作人员。根据 2000 年《最高人民法院关于对受委托管理、经营国有财产人员挪用国有资金行为如何定罪问题的批复》规定，对于受国家机关、国有公司、企业、事业单位、人民团体委托，管理、经营国有财产的非国家工作人员，利用职务上的便利，挪用国有资金归个人使用构成犯罪的，应当依照挪用资金罪的规定定罪处罚，而不构成挪用公款罪。根据 2009 年 8 月 27 日全国人民代表大会常务委员会《关于〈中华人民共和国刑法〉第九十三条第二款的解释》规定，村民委员会等村基层组织的人员在协助人民政府从事行政管理工作时，利用职务上的便利挪用公款的，构成挪用公款罪。此外，《意见》第 6 条还规定，经国家机关、国有公司、企业、事业单位提名、推荐、任命、批准等，在国有控股、参股公司及其分支机构中从事公务的人员，应当认定为国家工作人员。具体的任命机构和程序，不影响国家工作人员的认定。经国家出资企业中负有管理、监督国有资产职责的组织批准或者研究决定，代表其在国有控股、参股公司及其分支机构中从事组织、领导、监督、经营、管理工作的人员，应当认定为国家工作人员。国家出资企业中的国家工作人员，在国家出资企业中持有个人股份或者同时接受非国有股东委托的，不影响其国家工作人员身份的认定。[①]

---

① 刘为波：《〈关于办理国家出资企业中职务犯罪案件具体应用法律若干问题的意见〉的理解与适用》，载中华人民共和国最高人民法院刑事审判第一、二、三、四、五庭主办：《刑事审判参考》（总第 77 集），法律出版社 2010 年版，第 113 页。

4. 主观要件。本罪在主观上是故意，即明知是公款而有意违反有关规定予以挪用，目的是非法取得公款的使用权，日后准备归还。至于挪用的动机是多种多样的，有的是为了进行非法活动，有的是为了进行营利活动，有的则是出于生活上的某种需要。挪用公款给他人使用，如果明知使用人用于营利活动或者非法活动的，应当认定为挪用人挪用公款进行营利活动或者非法活动。如果不知道使用人用公款进行营利活动或者非法活动，则只有数额较大，超过 3 个月未还的，才构成挪用公款罪。

刑法第 384 条规定，犯挪用公款罪，处五年以下有期徒刑或者拘役；情节严重的，处五年以上有期徒刑。挪用公款数额巨大不退还的，处十年以上有期徒刑或者无期徒刑。

挪用用于救灾、抢险、防汛、优抚、扶贫、移民、救济款物归个人使用的，从重处罚。本罪“数额较大”“数额巨大”“情节严重”的标准参见上述立案追诉标准。

【疑难指导】

一、挪用公款罪犯罪对象——“公款”的认定

在“公款”的认定上，有以下几个问题值得研究：

（一）“公款”是否仅限于货币

挪用公款罪的犯罪对象是公款，那么挪用国库券等有价证券或者汇票等金融票证的行为应该如何认定，目前一般认为，“公款”是指在公共财产中呈现为货币、有价证券或者金融票证形态的部分，即“公款”不限于货币，还包括国库券、政府债券、股票等有价证券；汇票、支票、本票、委托收款凭证、汇款凭证、银行存单、信用证或者附随的单据、文件，以及信用卡等金融票证。因为有价证券和金融票证虽然不能像现金一样在市场上流通，但按照国家规定可以随时自由兑换为货币，从而实现其货币职能，是以特殊形式表现的货币形态。最高人民检察院 1997 年 10 月 13 日给宁夏回族自治区人民检察院的《最高人民检察院关于挪用国库券如何定性问题的批复》指出：“国家工作人员利用职务上的便利，挪用公有或本单位的国库券的行为以挪用公款论；符合刑法第 384 条、第 272 条第 2 款规定

的情形构成犯罪的，按挪用公款罪追究刑事责任。”另外，2003 年 11 月 13 日《全国法院审理经济犯罪案件工作座谈会纪要》规定：“挪用金融票证、有价证券用于质押，使公款处于风险之中，与挪用公款为他人提供担保没有实质的区别，符合刑法关于挪用公款罪规定的，以挪用公款罪定罪处罚，挪用公款数额以实际或者可能承担的风险数额认定。”

（二）挪用“公物”行为的定性

司法实践中“公款”是否包括公物，即挪用公物的行为该如何认定曾有激烈的争论。其实关于挪用公物的行为如何认定，刑法第 384 条第 2 款规定，挪用用于救灾、抢险、防汛、优抚、扶贫、移民、救济款物归个人使用的，从重处罚。这里挪用的物品是用于七种特殊目的“款物”，不仅包括“款”还包括“物”；这里“从重处罚”指的是按照挪用公款罪从重处罚。按照该规定，挪用公款罪的犯罪对象并不完全限于公款，还包括用于上述目的的特定物。笔者认为将这种行为入罪主要基于两个考虑：一是将公共财物挪归个人使用，总体上符合挪用公款罪的本质特征，即公款私用，并且也损害了特定款物专门使用的制度；二是挪用特定款物的行为性质严重，不仅会影响国家对特殊财物管理和使用，而且会影响救灾、抢险、防汛等紧急或者重要工作部署，又造成严重后果的危险或者恶劣的社会影响，具有相当的社会危害性，达到了应受刑罚惩罚的程度。同时，根据 2003 年《最高人民检察院关于挪用失业保险基金和下岗职工基本生活保障资金的行为适用法律问题的批复》规定，挪用失业保险基金和下岗职工基本生活保障资金属于挪用救济款物。

那么，挪用除上述特定款物之外的一般公物（即非特定公物），是否可以构成挪用公款罪，对此曾有两种观点：一种观点认为，对于挪用公物的行为，一般不宜按犯罪处理，但情节严重的，可以折价按挪用公款罪处理。其主要理由是，公物与公款一样，都属于公共财产，公物如果长期被挪用，同样会使公共财产权利受到侵犯，其行为与挪用公款一样具有社会危害性，况且，刑法关于挪用特定款物罪的规定也从另一个角度说明，公物可以成为挪用公款罪的犯罪对象，只是习惯上称之为挪用公款罢了。另一种观点则认为，既然刑法和司法解释未将“公物”明确规定为挪用公款罪的对象，那么一般“公物”就不应成为挪用公款罪的犯罪对象，否则，有违罪刑法定主义。

2000年3月15日发布的《最高人民检察院关于国家工作人员挪用非特定公物能否定罪的请示的批复》规定："刑法第384条规定的挪用公款罪中未包括挪用非特定公物归个人使用的行为，对该行为不依挪用公款罪论处。"该批复显然采纳了后一种观点，其主要考虑是：（1）从法律规定看，刑法明确将挪用公款罪的犯罪对象规定为"公款"和"救灾、抢险、防汛、优抚、扶贫、移民、救济款物"，没有包括一般公物，执法中不宜自行作扩大解释。（2）不符合立法原意。刑法修订期间，法学界和司法实践部门都曾建议将挪用公物的行为规定为犯罪，但立法机关经过考虑，在刑法第384条第2款规定了挪用特定公物的犯罪行为，这说明，从立法原意上讲，挪用公款罪的犯罪对象并不包括一般公物。（3）从社会危害性层面讲，由于一般公物与公款的性质确有不同，一般而言，挪用一般公物行为的社会危害性要小于挪用公款，实践中挪用公物的行为也不像挪用公款那样多发，因此，对挪用一般公物的行为，没有必要使用刑罚处罚的方式。

（三）挪用"公物"变卖款或者抵押、担保款的认定

近年来，司法实践中时常出现国家工作人员利用职务上的便利，将单位的"公物"变卖，或者抵押给银行或者典当机构，而取得变卖款、抵押款、担保款后，又用于非法活动、营利活动或者其他活动的案件。

有一个典型案例：1993年10月至1998年1月，被告人王某任实业公司出口材料部经理，负责经营有色金属、黑色金属等原材料业务。1995年11月，经单位领导同意，被告人王某将实业公司99.235吨电解铜出借给铜带分公司使用，1997年4月借铜合同履行完毕。但这批铜仍置放在铜带分公司。1995年初，被告人王某经人介绍认识了兰州公司个人承包经营者邱某，至同年8月，由被告人王某经手实业公司与兰州公司两次发生购销业务。在履约过程中，兰州公司违约，欠实业公司货款人民币180万元。实业公司领导于1996年专门责成王某和单位职工孙某向邱某追讨，经多次催讨未果。不久，邱某去向不明。同年年底，王某和孙某至南京总公司，要求确认兰州公司的债务。负责接待的人员告知兰州公司名义上挂靠在南京总公司，实际上是邱某个人承包经营，债权债务应由兰州公司自行负责。为了找到邱某，被告人王某于1997年5月通过他人认识了邱某的朋友胡某，

又认识了胡某的朋友姚某。胡某、姚某分别系服饰设计中心和资源经济开发总公司的个人承包者，当时均发生经营资金短缺的困难。王某通过胡某与在外地的邱某通了电话，邱某要王某想办法替他先向实业公司归还100万元的货款，并答应在同年七八月间归还王某垫付的钱款。为了减轻未追回货款的压力，王某产生了将铜带分公司归还本单位的近100吨电解铜变价后替邱某还债的意图。王某同胡某、姚某策划，由资源经济开发总公司出面将置放在铜带分公司的电解铜借用变价，变价后，其中40吨电解铜的变价款由王某用于为邱某归还所欠实业公司的部分货款，其余变价款归姚某、胡某在经营活动中使用。1997年5月12日，被告人王某按照与姚某、胡某的策划，擅自以实业公司出口材料部的名义与资源经济开发总公司签订了出借电解铜100吨的协议。同月底，王某与姚某、胡某一起将99.235吨电解铜分4次予以变卖，得款人民币226.975309万元，用于替邱某归还所欠实业公司的部分货款和姚某、胡某的经营活动。至案发时止，王某归还了人民币124万元，尚有102万元未予归还。[①]

被告人王某挪用本公司公物电解铜予以变卖，将所得款项归个人使用的行为是否构成挪用公款罪，对此，有两种对立意见：

一种意见认为，对于被告人的行为不能以犯罪论处。理由是：第一，挪用公款罪客观方面通常表现为行为人从挪用行为实施时犯罪对象直指公款，最后使用的也是被挪用的公款，是一个从公款到公款的过程。而本案被告人虽然最终使用的是电解铜的变价款，即公款，但从其行为一开始，犯罪对象的指向是特定物电解铜，是公物，是一个从公物到公款的过程。因而被告人的行为不符合挪用公款罪的客观方面的特征。第二，从现在查明的事实和证据看，被害单位账上损失的是近100吨电解铜的库存，是物，而不是近100吨电解铜的价款。因此，事实上也应认定被告人挪用的是被害单位的公物。第三，被告人的行为发生在1997年刑法颁布之前，1997年刑法对挪用公物行为未有定罪科刑的规定。依照刑法第12条从旧兼从轻的原则和第3条法律无明文规定不得追究刑事责任的原则，被告人的行

---

① 《王某挪用公款案——以使用变价款为目的挪用公物的行为是否构成挪用公款罪》，载中华人民共和国最高人民法院刑事审判第一庭编：《刑事审判参考》（2000年第5辑），法律出版社2000年版，第42页。

为不能以犯罪论处。

另一种意见认为，被告人的行为构成挪用公款罪。因为，被挪用的电解铜不是被害单位的物品，而是商品，可以在流通领域变价，并且被告人的行为从挪用行为一开始，就明白无误地指向电解铜的变价款。事实上，被告人最终也使用了电解铜的变价款，而不是电解铜。因此，被告人的行为符合挪用公款罪的特征。

笔者赞同该类案仍应以挪用公款罪论处，理由如下：

1. 从行为性质上看，行为人将单位的“公物”变卖，或者抵押给银行或者典当机构的行为是挪用公款的准备行为、手段行为，其目的还是挪用公款。

2. 从主观目的来看，行为人将“公物”挪出，其关注的是“公物”的价值，而非使用价值。也就是说，行为人是因为“公物”可以兑换成钱，才挪出，这和挪用“公物”后加以使用的行为不同，后者更关注“公物”的使用价值。

3. 有关的判例也佐证了该观点。如上述典型案例——王某挪用公款案，法院审理后认为：被告人王某系国家工作人员，利用职务之便，擅自挪用公款，归个人用于营利活动，情节严重，且至今未予归还的数额巨大，严重侵犯国有企业的资金使用权，损害了国家工作人员理应遵守的廉政制度，其行为已构成挪用公款罪，依法应予惩处。检察机关指控被告人王某的犯罪事实清楚，证据确凿充分，定性准确。依照刑法第12条第1款、第64条和第384条第1款的规定，判决被告人王某犯挪用公款罪，判处有期徒刑13年；追缴赃款人民币102万元，发还实业公司。宣判后，被告人王某不服，提起上诉。二审人民法院裁定驳回上诉，维持原判。

（四）“公款”是否限于纯粹国有性质的资金

对此有不同看法，有人认为，既然是公款，就应当是纯的。也有人认为，如果是混合的资金，仅对公有资金部分定本罪。刑法的相关规定对此有所突破：

刑法第272条第1款规定，“公司、企业或者其他单位的工作人员，利用职务上的便利，挪用本单位资金归个人使用或者借贷给他人”的，构成挪用资金罪。第2款规定，“国有公司、企业或者其他国有单位中从事公务的人员和国有单位、企业或者其他国有单位委派到非国有公司、企业、以及其他单位从事公务的人员有前款行为的，依照本法第三百八十四条的规定定罪处罚”，第185条也规定，

“商业银行、证券交易所、期货交易所、证券公司、期货经纪公司、保险公司或者其他金融机构的工作人员利用职务上的便利，挪用本单位或者客户资金的，依照本法第二百七十二条的规定定罪处罚。国有商业银行、证券交易所、期货交易所、证券公司、期货经纪公司、保险公司或者其他国有金融机构的工作人员和国有商业银行、证券交易所、期货交易所、证券公司、期货经纪公司、保险公司或者其他国有金融机构委派到前款规定中的非国有机构从事公务的人员有前款行为的，依照本法第三百八十四条的规定定罪处罚”。

由以上规定可以看出，如果行为人是国有单位、企业或者其他国有单位委派到非国有公司、企业以及其他单位从事公务的人员，其利用职务上的便利，挪用该非国有单位的资金归个人使用或者借贷给他人，只要同时在数额、未归还用款期限以及资金用途方面符合挪用公款罪的要件，就应当以挪用公款罪定罪处罚，而不论这些资金是否公有或公有所占比例多大，其犯罪数额也应是实际挪用的全部数额。另外，根据刑法第 185 条的规定，行为人挪用的“公款”也不限于本单位资金，还包括客户资金等。

二、如何认定“挪用公款归个人使用”

挪用公款罪的本质特征就是“公款私用”，这是刑法设立该罪和惩罚该行为的主要原因。而“公款私用”在刑法上的表述就是“挪用公款归个人使用”。长期以来，何谓“归个人使用”，挪用公款给单位使用该如何认定，司法实践做法也不一。

（一）“挪用公款归个人使用”的立法回顾及评析

为统一认识，立法和司法机关先后多次对“挪用公款归个人使用”进行了解释。1998 年 4 月《最高人民法院关于审理挪用公款案件具体应用法律若干问题的解释》（以下简称《1998 年解释》）规定，挪用公款归个人使用，包括挪用者本人使用或者给他人使用。挪用公款给私有公司、私有企业使用的，属于挪用公款归个人使用。该解释将私有公司、私有企业等同为个人，视为非单位。而刑法第 30 条规定的“公司、企业”并未排除“私有公司、私有企业”，如 1999 年 6 月 25 日发布的《最高人民法院关于审理单位犯罪案件具体应用法律有关问题的解释》（以下简称《单位犯罪解释》）就明确规定“刑法第三十条规定的‘公司、企业、事业单位’，既包括国有、集体所有的公司、企业、事业单位，也包括依法设立的合资经营、合作经营企业和具有法人资格的独资、私营等公司、企业、事业单位”。另外，《公司法》规定，“公司投资主体可以由多种成分构成，其中有限责任公司、股份有限公司可由私人股东联合投资组成，是企业法人”，这与《1998年解释》将“私人股东联合投资组成的有限责任公司、股份有限公司”视为个人有不协调之处。鉴此，司法界和理论界的学者，对《1998 年解释》规定“挪用公款归个人使用”应如何理解的问题争论不休。

《2002 年解释》规定“挪用公款归个人使用”包括三种情形：（1）将公款供本人、亲友或者其他自然人使用的；（2）以个人名义将公款供其他单位使用的；（3）个人决定以单位名义将公款供其他单位使用，谋取个人利益的。较合理地解决了司法实践中对“挪用公款归个人使用”认定的矛盾和冲突，是当前解决该问题的主要法律依据。

（二）《2002 年解释》的理解和适用

1. 该解释是否改变了挪用公款罪“公款私用”的本质特征。

由于《2002 年解释》第 2 项、第 3 项明确规定挪用公款“供其他单位使用”的，可以构成挪用公款罪，有一种观点认为，“归个人使用”与“归单位使用”并列为挪用公款罪客观方面的选择要件。这就是说，挪用公款罪不再以“归个人使用”为必要要件。笔者认为，这是对立法解释的误解。应当说，该立法解释第 1 项规定的情形是典型的“归个人使用”，但后两项规定的情形也没有超出“归个人使用”的范畴。立法解释表述了挪用公款归单位使用属于归个人使用的某些情况，只是对“归个人使用”的扩充性解释，并非在其之外增加了一个构成要件。立法解释第 2 项、第 3 项规定情形的前提条件是“以个人名义”或者“个人决定以单位名义……谋取个人利益”。如果去掉这一限制，则不属于“归个人使用”。因此，立法解释的意义在于突出挪用公款罪“公款私用”的本质，并未突破“归个人使用”的立法定位，更不意味着“归单位使用”也是挪用公款罪的客观构成要件。具体讲，“以个人名义将公款供其他单位使用”，其实质是先将公款挪给自己使用，然后自己再处分公款；“个人决定以单位名义将公款供其他单位使用”，实际上是个人将公款作为谋取利益的手段。因此，两者本质上仍然属于挪用公款“归个人使用”。

2. 如何理解“以个人名义”。

先来看一个例子：某国有银行行长，因同学经营的单位需要 200 万元资金却苦于不具备贷款的条件，为帮助该同学，他指令信贷员将 200 万元钱款划到同学的公司账户上，但信贷员称没有名目，行长便同银行的老客户某民营企业联系，先由该民营企业按照正常途径将 200 万元款贷出，然后由该民营企业以“无偿借贷”的形式将这笔款项划到其同学的公司账户上。

这位银行行长的行为能否被认定为挪用公款，关键看其行为是否属于挪用公款归个人使用。“以个人名义”可以理解为“打着个人的旗号”。实践中多表现为在单位的出借条上或者其他提供款项的文件上签的是个人的名字，且无单位的公章。这样，虽然把单位的公款借给了其他单位，但手续上反映的却是个人把钱借出。在司法实践中，对于将公款供其他单位使用的，认定是否属于“以个人名义”，不能只看形式，要从实质上把握。对于行为人逃避财务监管，或者与使用人约定以个人名义进行，或者借款、还款都以个人名义进行，将公款给其他单位使用的，应认定为“以个人名义”。具体地说，“以个人名义”主要有三种情况：一是逃避财物监管，将公款借给其他单位使用。二是行为人与使用人约定以个人名义进行。三是尽管没有约定，但借款、还款都是以个人名义进行的。上述典型案例就属于第一种和第二种情形，属于立法解释中“以个人名义将公款供其他单位使用”的情形，构成挪用公款罪。

在“以个人名义”的前提下将公款供其他单位使用的，无须要求“谋取个人利益”即构成挪用公款罪，这是因为单位负责人虽然在其职权范围内有支配、使用公款的权力，但若以“个人名义”将公款供其他单位使用，性质上与挪用公款供其本人使用没有区别，即同样是将公款置于个人的非法支配之下。

3. “个人决定以单位名义将公款供其他单位使用，谋取个人利益”的理解。

立法解释规定的“个人决定以单位名义将公款供其他单位使用，谋取个人利益”，属于以公款谋取个人利益的一种表现形式，也符合公款私用的本质特征。这里所指的“个人决定”，是除了单位决策层面集体研究决定以外的体现挪用人个人意志的各种情况，既包括行为人在职权范围内决定，也包括超越职权范围决定。有意见认为这里的“个人决定”，仅指超越职权的决定。但也有意见认为，上述理解会给实务操作造成困难：一是不少单位的负责人支配公款的权限有多大是不明确的，既然不明确，就无法认定超越职权，这样考虑定性就很不合理；二是假设有的单位负责人的权限是可以动用公款100万元，结果他决定出借200万元，那么他挪用的数额应当全部计算，还是部分计算。因此，在这种情形下，因挪用人是个人决定谋取个人利益的，实际上是个人将公款作为牟利的手段，本质上属于挪用公款归个人使用，不应当再考虑其决定权限的因素。实践中，应把“个人决定”和“单位决定”区分开来。“单位决定”将公款给个人使用是指经单位领导集体研究决定将公款给个人使用，或者单位负责人为了单位的利益，决定将公款给个人使用的。此时，不应以挪用公款罪定罪处罚。上述行为致使单位遭受重大损失，构成其他犯罪的，依照刑法的有关规定对责任人员定罪处罚。同时，这里的个人，也不仅指单个的自然人，也可以是群体的个人（共同犯罪），只要不是单位的意志即可。

这里“谋取个人利益”既可以表现为一种主观意图，也可以表现为一种客观行为，且不以谋取利益行为之实施为必需。个人利益是否实现，不影响犯罪的成立。“谋取个人利益”既包括行为人与使用人事先约定谋取个人利益实际尚未获取的情况，也包括虽未事先约定但实际已获取了个人利益的情况。“个人利益”既包括不正当利益，也包括正当利益；既包括财产性利益，也包括非财产性利益，但这种非财产性利益应当是具体的实际利益，如解决住房及子女升学、就业等。实践中存在把抽象的亲友关系认定为个人利益的偏差，应当予以纠正。

三、关于挪用公款中的“营利活动”的认定

（一）挪用公款用作私营企业的注册资金，是否算进行营利活动

先来看一个例子：张某欲成立一家公司，苦于没有资金进行注册验资，遂找到其同学某国有独资公司总经理沈某帮忙，并表示完成验资注册后，马上归还。沈某便要求公司财务人员将100万元转到张某的账户上。完成验资后，张某如约将100万元资金转回到沈某公司的账上，其间大约10天。后在审计中被发现而案发。

实践中，有这样的情况，挪用公款用于私营企业的注册资金证明，以取得工商登记。挪用的数额虽较大，但挪用时间很短，仅有几天时间，对于这种行为，能否视为进行营利活动，有两种观点：一种认为，营利活动一般是指将挪用的公

款直接投入营利性的生产、流通等领域的行为，但上述行为虽然是为了营利，但其行为的本身是为了骗取工商登记，究其实质上是一种违法行为，一般说以“非法活动”认定较为适宜。另一种观点认为，属于营利活动。主要是惩治犯意的目的，骗取只是一种手段。笔者认为，挪用公款用于私营企业的注册资金证明，虽不同于购货、炒股、投资等一般常见的营利活动，被挪用的公款尽管没有直接投入营利性的生产活动，但都是为私营企业的生产经营活动做准备，注册验资行为是私营企业整个营利活动中重要的、不可或缺的环节，属于进行营利活动。2003年最高人民法院《全国法院审理经济犯罪案件工作座谈会纪要》也规定，申报注册资本是为进行生产经营活动作准备，属于成立公司、企业进行营利活动的组成部分。因此，挪用公款归个人用于公司、企业注册资本验资证明的，应当认定为挪用公款进行营利活动。

（二）挪用公款归还营利活动中所欠债务（包括个人贷款）是否算进行营利活动

对此有两种观点，一种观点认为，在营利活动中欠下了债务，用挪用的公款偿还，最终还是为营利，应视为进行营利活动，只要数额较大，就应追究其刑事责任；另一种观点认为，营利活动是一种能增加利润和收入的活动，而归还债务或者还贷款，是债务人按合同的约定履行自己给付义务的行为，属一般性个人使用行为。只有同时具备“数额较大”和“超过三个月未还”这两个条件，才构成挪用公款罪。笔者认为，挪用公款用于归还个人贷款或私人借款的，应根据个人贷款或私人借款的用途认定其挪用行为的性质。归还营利活动中所欠的债务属于营利活动中的一种支付结算方式，拿挪用的公款去还营利活动中的欠债，虽然是按约履行给付义务，但这种给付还贷是经济活动的组成部分，有的到期还债后，原先贷款所购的货物还在，尚可能继续进行营利活动，所以不是一种单纯的履约还贷、归还营利中的欠款，而是一种营利性活动的继续。对于这种情况，一般应视为进行营利活动。但是如果归还纯属于个人生活贷款和债务的，则不属于进行“营利活动”范围，而是一般性个人使用行为，“数额较大”且“超过三个月未还的”可按挪用公款罪认定。2003 年最高人民法院《全国法院审理经济犯罪案件工作座谈会纪要》规定，挪用公款归还个人欠款的，应当根据产生欠款的原因，分别认定属于挪用公款的何种情形。归还个人进行非法活动或者进行营利活动产生的欠款，应当认定为挪用公款进行非法活动或者进行营利活动。

（三）挪用公款数额较大，私自存入银行取息或者放贷取息，是否算进行营利活动

笔者认为，此时既不能定贪污罪，也不能按照挪用公款罪进行一般个人使用对待，在一般情况下，挪用公款作个人储蓄以获取利息，包括购买股票、债券、国库券的，应视为营利活动，按挪用公款罪认定较为妥当。理由如下：

首先，营利活动不同于经营活动，营利活动包括一切合法形式的追求利益的活动。将公款存入银行取息，挪用人追求的是公款的利息，理应属于营利性的活动。

其次，将行为人占有收益的行为，等同于相同数量的公款占有，也是没有法律依据的。根据我国关于贪利性犯罪的一般规定，行为人非法占有财物的孳息不计算在犯罪数额以内，因此，认为挪用公款存入银行所得的利息即是贪污的数额是违反法律规定的精神的。如果认为侵吞利息是侵吞公款的一种手段就要以贪污论处，那么，挪用公款进行其他营利活动而获得的收益又将如何处理，能否也作为贪污认定，显然，这与挪用公款罪的构成要件是不符的。《1998 年解释》第 2 条第 2 项规定，挪用公款存入银行、用于集资、购买股票、国债等，属于挪用公款进行营利活动。所获取的利息、收益等违法所得，应当追缴，但不计入挪用公款的数额。

最后，关于放贷取息问题，《中国人民银行法》只是规定“中国人民银行依法监测金融市场的运行情况，对金融市场实施宏观调控，促进其协调发展”，并未禁止企业相互借贷。另外，《商业银行法》第 11 条第 2 款也仅规定：“未经国务院银行业监督管理机构批准，任何单位和个人不得从事吸收公众存款等商业银行业务……”因此，从政策上讲，并未禁止私人放贷，只是在利率上有限制，即不准放高利贷，因此，很难认定放贷取息是一种违法活动。根据 2020 年 12 月 29 日《最高人民法院关于审理民间借贷案件适用法律若干问题的规定》第 26 条规定，出借人请求借款人按照合同约定利率支付利息的，人民法院应予支持，但是双方约定的利率超过合同成立时一年期贷款市场报价利率四倍的除外。

（四）挪用公款用于满足“揽储”需要的认定

银行改为商业化运作后，为了争取更多的市场储蓄份额纷纷采用揽储制度，也带来一定的积极作用。但因为没有相关法律规定、政策限制，揽储越来越呈现出不规范性，也引发了许多不良后果。其中，最为突出的就是因银行揽储引发的职务犯罪明显增多。尽管银监会多次明令禁止商业银行五花八门的“揽储”行为，但各银行基本都适用揽储制度，而且以全员揽储为多数，即给每个银行员工都规定揽储指标并直接与工资奖金等个人效益挂钩，充分调动了员工的积极性，各银行储蓄额也有不同程度的上升。但随着竞争的激烈，揽储手段的多样化，因揽储产生的一些后续现象也令人担忧：揽储指标过高、竞争手段的不正当性、储蓄额的“泡沫增长”等，尤其是因此引发的各种职务犯罪急剧上升。“揽储”使公款私存于银行，商业银行因“揽储”使储蓄资金基数增加，完成上级的考核指标，负责“揽储”的银行职员因揽到储蓄使自己的工资、奖金或其他福利有了保障，而公款拆借人因帮助“揽储”，人情关系得到满足，物质利益得以实现。而问题的实质是，私自把公款从单位账上提出，使公款脱离单位监管，就已经人为地改变了公款的实际用途，商业银行成为公款的使用人，而拆借公款的财务人员无论是有形的还是无形的利益都已实现，公款已经因“揽储”发生了质的改变。对挪用公款用于满足“揽储”需要的行为该任何认定存在不同观点：

第一种意见认为，该行为构成挪用公款罪。理由是：（1）行为人私自将公款的既定或法定用途改变为帮助银行工作人员完成揽储任务、取得揽储奖金，属将公款挪作他用；（2）该行为符合《2002年解释》规定的“将公款供本人、亲友或者其他自然人使用”的情形，属于挪用公款归个人使用；（3）该行为符合《1998年解释》规定的“挪用公款存入银行”的使用特征。因此，应当以挪用公款进行营利活动追究其刑事责任。

第二种意见认为，对于将公款存入银行不能一概而论，对是否进行营利活动的界定应该从主客观方面去考量。挪用公款进行营利活动是指挪用的公款进行生产、经营等营利性活动，而进行营利性活动作为挪用公款罪的一种类型，此类挪用公款行为是否构成犯罪不受挪用时间的限制，其立法意图就是严惩挪用公款谋取个人经济利益的行为。而上述司法解释中的立法本意与刑法第384条的精神是一致的，如果挪用公款存入银行不是为了获取个人经济利益，则不宜认定为营利性活动。行为人为他人“揽储”而暂时将公款存入银行的行为，仅是为了让银行工作人员完成储蓄任务，该种行为因当事人主观上不具有牟利目的，且其本身未获利，不应属于挪用公款进行营利活动中的营利行为，故不应当认定构成挪用公款罪。

笔者同意第一种观点，认为该行为构成挪用公款罪，属于挪用公款进行营利活动，理由如下：

首先，挪用公款罪的“挪用”是指改变公款用途，是该罪的核心问题，国有公司企事业人员为“揽储”把公款从单位设立的基本账户的银行转入另一个银行，从对公户转入储蓄户，尽管公款的数量并没有变动，但是银行名称改变，户名也改变了，虽然钱都在银行里，但事实上拆借的公款因“揽储”有了特殊的意义，公款已被“揽储”的银行用于营利活动，因此公款的用途已经被实际改变，挪用行为已经完成。并且挪用公款“揽储”行为扰乱了市场竞争秩序，破坏了社会主义金融体系，它实际已经侵犯了国家金融秩序的管理，达到了刑法惩罚的程度。

其次，国有企业事业单位人员拆借公款“揽储”是为了谋取利益，但由于利益本身表现的特殊形式，它的实际兑现就不能简单地以物质利益的实现作为评判标准。公款“揽储”行为的目的就是使各方利益都既得实现。财务人员为谋取个人利益，以个人名义用“揽储”的形式将公款“借”给银行，行为符合上述司法解释。在实际操作中，各商业银行为防止银保监会查处，对于“揽储”的相关规定、奖励政策、实施方案，都心照不宣地口头下达任务，尽可能不留存任何书面的文件备案，这样一来，公款拆借人实际因“揽储”所得利益在取证上就非常困难。但是只要有证据证明公款是因为“揽储”而存入银行的，不管个人的利益是否实现，银行本身的利益是实现的，都应成立挪用公款罪。

最后，按照《1998年解释》第2条第2款“挪用公款数额较大，归个人进行营利活动的，构成挪用公款罪，不受挪用时间和是否归还的限制……挪用公款存入银行、用于集资、购买股票、国债等，属于挪用公款进行营利活动”。为“揽储”私自拆借公款存入银行，按照上述司法解释，此行为属于挪用公款进行营利活动，已经构成挪用公款犯罪。传统观点中“营利活动”是指在法律范围内所从事的工商经营牟利的活动，而该解释对营利活动的不完全列举，实际上是从司法解释层面将挪用公款犯罪项下“营利活动”的范围在传统观点的基础上进行了拓展。根据该解释的立法本意，“一切以合法形式利用被挪用公款谋求经济利益的活动”都属于挪用公款犯罪项下的“营利活动”。

四、关于挪用公款罪中“超过三个月未还”的理解和认定

如何理解挪用公款罪中的“超过三个月未还”，主要有两种看法：一种观点认为，“超过三个月未还”是指三个月之内（包括三个月）未还的，一旦超过三个月，不管案发时是否已归还，就应视为犯罪，超过三个月但案发时已经归还了，只能作为从宽处罚的量刑情节。这种观点比较符合法条的字面含义，其用意在于从严惩处，涉及面较宽。① 另一种观点认为，“超过三个月未还”，是指超过三个月且在案发前未还的，如果虽然在三个月后，但案发前已归还的就不宜作为犯罪处理。“案发前”是指被司法机关、主管机关或者有关单位发现前。② 笔者同意后一种观点。这种观点比较符合司法实践的一般需要，有利于在定罪上贯彻区别对待的原则，控制刑事制裁而不致过宽，也是司法实践中的一般做法。行为人挪用数额较大的公款，虽然已超过三个月，但在案发前已自动归还的，其社会危害性已明显减轻，应该考虑不以犯罪论处。而且法律在“三个月”后加了“未还”两个字，也说明立法者也考虑到上述情况下可以不依法罪处罚的情况。否则没必要加“未还”两个字。但是，笔者也认为，如果挪用公款数额巨大或者特别巨大、情节和后果非常严重的，则应当定罪判刑。根据有关司法解释，如果数额巨大（500 万元以上）超过三个月归还的，仍然构成犯罪。

五、关于反复挪用同笔公款行为的认定

反复挪用同笔公款，是指行为人先后多次挪用同笔公款，每次使用后均归还的情形。对于反复挪用同笔公款，是以单次最高挪用的公款数额作为犯罪数额，而将反复挪用行为作为量刑情节考虑，还是累计每次挪用公款的总数额作为犯罪数额，实践中存在争议：

---

① 郭立新、杨迎泽主编：《刑法分则适用疑难问题解》，中国检察出版社 2000 年版，第 437 页。

② 龚培华、肖中华：《刑法疑难争议问题与司法对策》，中国检察出版社 2002 年版，第 583 页。

一种观点认为，行为人每次挪用行为均符合挪用公款罪的构成要件，都独立构成挪用公款罪，且为既遂，属于刑法理论上的连续犯，应比照多次盗窃、贪污、受贿犯罪数额累计计算的做法，对每次挪用公款的数额累计计算，以此作为挪用公款的总数额。[①]

另一种观点认为，尽管多次被挪用的公款共涉及多笔，但都是同一账户内的公款，且公款为种类物，因此，其挪用行为对其单位而言，属于间断性地侵犯单位一定数额公款的占有、使用和收益权，而不是同时侵犯了多笔公款的占有、使用和收益权，故在挪用公款数额的认定上，应以单次最高挪用的公款数额作为挪用公款的数额，其多次挪用公款的行为作为量刑情节考虑。[②]

笔者同意后一种观点，理由如下：

（一）挪用公款数额应为公款实际被占用的数额

挪用公款罪的客体为公款的占有、使用、收益权以及国家工作人员职务行为的廉洁性，如此，挪用公款数额应为公款实际被占有、使用、收益的数额。行为人反复挪用同笔公款归个人使用，进行非法活动，或者数额较大，进行营利活动，每次使用后均归还的；或者反复挪用同笔公款归个人使用，数额较大，每次超过三个月后均归还的，尽管每次挪用行为均是已经既遂的独立的犯罪行为，但由于行为人不是同时挪用几笔公款，而是连续或者间断地挪用同笔公款中不同或者相同数额的公款，加之公款属于种类物，因此，实际上被行为人占用的公款数额，或者说侵害公款占有、使用、收益权的数额，仅是单次最高挪用的公款数额。如果反复挪用的公款数额相同，则为单次挪用的公款数额，而不是累计计算的总数额。否则，就可能出现不符合常理现象，甚至造成罪刑不均衡。如某单位有一笔公款 100 万元，国家工作人员利用职务便利先后五次反复挪用 100 万元用于炒股，每次使用后很快归还，显然，该国家工作人员的行为对于其单位来说，侵害的是 100 万元公款的占有、使用和收益权，而不是 100 万元。再如某单位有一笔公款 50 万元，国家工作人员利用职务便利在两年内先后三次反复挪用 50 万元用于经商，

---

① 高劼玮：《对多次挪用同一账户内公款的犯罪数额应如何认定》，载《法制博览》2017 年第 8 期。

② 罗开卷：《反复挪用同笔公款的数额认定》，载《人民法院报》2013 年 3 月 28 日。

每次使用后很快归还，或者仅一次挪用 50 万元用于经商，也于两年内归还，显然，难以评价两种情况下何种行为的社会危害性孰轻孰重，但如果对前种行为的数额累计计算，就会导致不合理。

当然，如果反复挪用涉及不同笔公款的，则侵害了不同笔公款的占有、使用和收益权，此时，应累计不同笔公款实际被占用的数额，即累计每笔公款被单次最高挪用公款数额或者单次挪用公款数额（挪用数额相同的情况）。而且，上述反复挪用公款，是指反复挪用公款用于某一种活动的情况。对于反复挪用公款用于不同种活动的，由于用于不同种活动在构成挪用公款罪上的要件不同，故不宜直接以单次最高挪用的公款数额或者单次挪用的公款数额作为挪用公款数额，而应以社会危害性最为严重即处刑最重的某次挪用公款行为作为入罪的行为类型，以其数额作为定罪数额。此外，对于反复挪用公款，如果将公款用于一般活动，每次使用后在三个月内即归还，即使数额较大的，也不构成挪用公款罪。

（二）反复挪用公款不同于“多次挪用公款不还”和“以后次挪用的公款归还前次挪用的公款”

根据《1998 年解释》第 4 条的规定，多次挪用公款不还，挪用公款数额累计计算。显然，该规定是指多次挪用公款不还的情况，而不包括每次都归还的情形。且多次挪用公款不还，每次挪用公款的行为都侵害了不同公款的占有、使用和收益权，故应累计计算，否则就是轻处犯罪行为。该条还规定，多次挪用公款，并以后次挪用的公款归还前次挪用的公款，挪用公款数额以案发时未还的实际数额认定。该规定是考虑到行为人后次挪用的公款并没有使公款的占有、使用、收益权受到新的侵害，因为后次挪用的公款又归还了单位，此时公款仍归单位占有，挪用行为所侵害的公款数额只能是行为人实际占有、使用和收益的部分。相较之下，反复挪用公款，每次使用后均归还的情形，比以后次挪用的公款归还前次挪用的公款的社会危害性相对要小，如果在认定数额上反而累计计算，也显得不合理。

（三）将反复挪用行为作为从重情节或者“情节严重”考虑

反复挪用同笔公款，每次使用后均归还的，属于多次侵害同笔公款占有、使用和收益权的行为，与一次挪用行为相比，尽管被挪用的公款数额可能相同，但“反复”挪用的事实表明行为人具有更大的社会危害性和更深的主观恶性，从这个意义上来说，应处以较重的刑罚。基于此，应将反复挪用作为量刑情节考虑，确保罪刑均衡。

根据刑法规定，挪用公款情节严重的，处五年以上有期徒刑。所谓“情节严重”，根据《1998年解释》第3条的规定，是指挪用公款数额巨大，或者数额虽未达到巨大，但挪用公款手段恶劣；多次挪用公款；因挪用公款严重影响生产、经营，造成严重损失等情形。依此，对于反复挪用公款的数额为巨大的，将反复挪用作为从重量刑情节考虑即可实现罪刑均衡。而对于挪用公款数额较大的情形，是否将反复挪用作为“情节严重”考虑，笔者认为不能一概而论。第一，挪用公款数额接近巨大的起点时，应将反复挪用作为“情节严重”考虑。如《1998年解释》也规定，挪用公款数额虽未达到巨大，但多次挪用公款的，属于情节严重。显然，“多次挪用公款”应包括多次挪用公款、每次使用后均归还的反复挪用情形。第二，在挪用公款数额较大的情形下，如果反复挪用的次数非常多，判处五年以下有期徒刑不足以惩罚其罪的，宜将反复挪用作为“情节严重”考虑。第三，在挪用公款数额较大的情形下，如果反复挪用的次数不是很多，且将反复挪用作为从重情节能实现罪刑均衡的，宜作为从重量刑情节考虑。可见，反复挪用公款的事实仅是可以认定为情节严重，而不是必须认定为情节严重。①

六、对“多次挪用公款”构成“情节严重”的认定问题

《1998年解释》第3条将“多次挪用公款”规定为挪用公款“情节严重”的情形之一，由于该解释并未对“多次挪用公款”的情形作进一步的解释，因此产生了不同的认识。笔者认为，“多次挪用公款”既然作为挪用公款“情节严重”的加重处罚情节，则应当严格限定其条件，应以每次挪用公款均单独构成犯罪从严掌握。理由是：其一，从定罪处罚标准而言，多次挪用公款依照连续犯的理论，数额应当累计计算，《1998年解释》第4条明确规定：“多次挪用公款不还，挪用公款数额累计计算。”在司法实践中，对于多次挪用公款用于非法活动和营利活动以外的，每次挪用的时间都超过三个月，每次挪用的数额都未达到立案标准或者有的挪用数额较大，有的挪用数额未达到立案标准，对于此类情况，应以累计数

---

① 罗开卷：《反复挪用同笔公款的数额认定》，载《人民法院报》2013年3月28日。

额认定，作为定罪处罚的标准；而“多次挪用公款”作为刑法条款规定的“情节严重”的一个加重处罚情节，在理解有分歧的情况下，宜本着审慎的态度从严掌握标准，正如同样是法定加重处罚情节的“多次抢劫”“多次贩毒”，每次作案均单独构成了犯罪，《最高人民法院关于审理抢劫、抢夺刑事案件适用法律若干问题的意见》中就明确规定，“对于‘多次’的认定，应以行为人实施的每一次抢劫行为均已构成犯罪为前提”，如果不考虑挪用公款每次是否构成犯罪，只要挪用次数在三次以上就以“情节严重”处以五年以上刑罚，那么应当说与罪刑相适应的基本原则是背道而驰的。其二，就以上盗窃数额认定而言，“一年以内入户盗窃或在公共场所扒窃三次以上”就可定罪处罚，不考虑每次作案数额是否达到法定的起点标准，也不考虑累计作案数额是否达到法定的起点标准，这样的法律规定也并不是仅着眼于作案次数，而应同时考虑具备“一年以内”“入户盗窃”“在公共场所扒窃”这样的犯罪客观方面表现，应该说是对盗窃犯罪中两种较为特殊情形的特别规定，入户盗窃通常是非法侵入他人住宅罪与盗窃罪的竞合犯罪，而在公共场所扒窃在破坏公共秩序的同时侵害不特定多数人的财产安全，特别规定的目的是能够更有效地打击社会危害性相对较大的入户盗窃和公共场所扒窃的犯罪。

七、多次挪用公款的不同种用途的数额计算

多次挪用公款的不同种用途，是指行为人将两次以上挪用公款用于“营利活动”“非法活动”与“其他活动”中的某两种或全部。此时挪用数额如何计算，有下列观点：

1. 相同用途说。即将用途相同的公款相加，都构成犯罪的，按连续犯或者从重情节处理；都不构成犯罪的，不按犯罪对待；有的构成，有的不构成的，从重处理。该观点看似合理，也有其缺点：导致定罪量刑不合理。例如，三次分别挪用 20000 元，如果都用于一般消费的构成犯罪，而不同用途不构成犯罪，但是事实上后者重于前者。

2. 主要用途说。达到标准的累计计算，没有达到标准的，只作量刑参考；都没有达到标准的，按其主要用途适用法律；无法确定主要用途的，按从事一般活动对待。该做法也有缺点，即没有达到标准的数额不算在内不合理，因为不论是何种用途，国家对公款的占有使用和收益都是受到损害的。

3. 折中说。只有一种形式达到标准的，以该形式定罪，其他数额作参考。多种用途都构成犯罪的，累计计算。其不足之处与第二种情形一样。

4. 全额累计说。累计的数额达到了任何一项立案标准的，都应当以该数额为准进行处理。

笔者同意第四种观点。即如果行为人多次挪用公款，分别用于进行非法活动、营利活动和其他活动，即使其中用于某项活动的数额未达到该项的立案标准，或者分别来看各项用途都未达到各项的立案标准，但总和达到了某项的立案标准，从有利于保护公款所有权出发，应将用于各项活动的数额累计计算，累计数额达到任何一项立案标准的，都应当以该数额为准进行处理。理由是：（1）从刑法规定处罚挪用公款罪的价值取向看，主要是保护公款的所有权不被个人侵犯，而对单位财产权的危害大小主要取决于一次性或者累计数额的大小，与公款如何被使用则没有多大关系；（2）如果因为刑法对不同用途分别规定处罚条件，就对多次挪用而又用途不同的分别计算，达不到某项活动立案标准的就不计算在犯罪数额之内，各项活动均未达到立案标准，即使各项数额相加数额较大，也不能定罪处罚，这无异于“大事化小，小事化了”，导致对少数利用职权损公利私之徒的宽纵，不利于对挪用公款罪的惩治和预防；（3）如果未达到立案标准的数额不予计算，那么，假定行为人累计挪用数额巨大，计划进行非法活动、营利活动或其他活动等各项活动，但因种种原因尚未来得及实施即被破获，其数额应当怎样认定，必将成为难题。

按照上述累计的方法计算数额，有一种情况值得注意：即便多次挪用公款分别进行了上述三项活动，其中用于非法或营利活动以外的活动的公款，在三个月以内退还的，其退还的数额可以不计算在累计数额之内。这也符合刑法针对这种挪用情况规定以“超过三个月未还”为限的立法精神。

八、多次挪用公款，用后次挪用的公款归还前次挪用的公款如何处理

按司法解释规定，应以案发时尚未归还的实际数额认定。无论前次公款的用途怎样，均应照此办理。不过，对于上述情况数额的认定，也有一些较复杂的情况，值得研究。

其一，对于多次挪用公款进行非法活动或营利活动以外的活动，数额较大，以后次挪用的公款归还前次挪用的公款的，应当怎样处理。对此应当注意，其各次挪用的时间应分别计算。即在案发时用于其他活动的公款均未超过三个月，或者虽然有的超过三个月，但在案发前各项挪用的公款已全部归还的，即使累计数额较大，也不应定罪处罚，如果案发时尚有未归还的数额，且已超过三个月，则应以实际未还的数额认定，达到定罪标准的，依法定罪处罚。数额巨大的，不受时间、是否归还的限制。

其二，挪用公款数额较大，进行非法活动或者营利活动，后又挪用公款将前次挪用的公款全部归还，至案发时挪用的公款已全部归还，是否不应再定罪处罚。笔者认为，回答应当是否定的。因为刑法规定，对于挪用公款进行非法活动或者营利活动的，定罪没有挪用时间的限制，也未规定日后主动归还的不应定罪处罚，所以，如果因为用后次挪用的公款归还了前次挪用的公款，就可不定罪处罚，是不符合立法精神的，也是不适当的。因此，应累计计算。

九、以借贷形式挪用公款行为的认定

在当前的司法实践中，相当一批挪用公款归个人使用的案件是以借贷的形式出现的。挪用人与使用人之间往往订有合同、协议或是借据。对这种挪用行为如何定性，认识不一。一种意见认为，双方系借贷关系，属于民事法律调整的范畴，不能按犯罪处理。[①] 另一种意见认为，这种行为是以借贷为掩护的挪用行为，构成犯罪的，应按挪用公款罪处理。[②] 笔者认为，应结合具体案情进行分析，不能一概而论，关键是要正确区分合法借贷公款与擅自挪用公款的界限。挪用行为的特征是未经合法批准，擅自动用公款，虽然使用人出具借据，但由于挪用人是未经合法批准，擅自动用，财物合法所有者并不知道，更谈不上自愿，财物合法所有者与使用人之间并不存在什么借贷关系。使用人出具的借据只能证明其与挪用人之间的债务关系及有归还财物之意，不能因此否认挪用的行为性质。而借贷公款的特征是借贷双方自愿，借贷理由正常、合理，最关键的一点是借出方是财务的合法所有者或有权出借者，借出公款是经有权者同意的行为。实践中对于国有企业负责人未经集

---

① 王振勇、王为明：《办理挪用公款案件应注意的问题》，载《刑事司法指南》2000 年第 2 期。

② 郑广宇：《挪用公款罪相关实务问题探析》，载《人民检察》1999 年第 9 期。

体研究，将公款借出，是否构成挪用公款犯罪的案件，由于企业法人对内有公共财产支配权、企业资金调度权，对外有代表本单位进行民事活动的资格，所以在认定时除注意上述区别外，还应特别注意审查其行为是否是出于私利而擅自为之，要在挪用公款是否归个人使用上卡死证据。对于以签订联营协议或投资协议的形式将国有企业的公款借贷给或投资给私有公司、企业或个人，本单位以利润或投资回报的名义收取利息的，由于缺乏擅自挪用的特征，不构成挪用公款罪。对于将国有公司的公款以签订协议等方式借给私有公司、企业或个人使用，双方约定收取利息归国有单位所有的，由于缺少归个人使用的条件，也不能构成挪用公款罪。

国有企业的法人代表不直接将公款借给个人，而是通过集体单位与本单位签订借款协议或出具借据，再由该单位将公款转交给个人使用。由于行为人对公款流转过程进行了处理，因此，对此类行为性质的认定要注意从主客观结合方面进行考察。从形式上看，将公款借、贷给非私有公司、企业使用，没有违反有关规定，实际上把公款转移给个人使用是渗入共谋人员行为而产生的结果，将公款借、贷给非私有公司、企业使用不过是挪用公款归个人使用的手段。结合其主观上也在于将公款转移给个人使用的故意，对这种行为理应以挪用公款罪处理。

十、挪用公款转化为贪污的问题

挪用公款罪与贪污罪是两个不同的罪名，其构成要件有明显的差别，两罪的主要区别表现在主观方面，贪污罪的行为人的故意为非法侵吞、窃取、骗取公共财产，将其永久占为己有，不打算归还，其侵害的是公共财产的所有权；而挪用公款罪的行为人则不具有非法占有公款的故意，其目的仅是公款私用，用后即还，其侵害的是公款所有权中的占有、使用、收益权。实践中不少挪用公款行为在一定的情况下可转化成为贪污行为，而这种转化有时很难认定。由于涉及此罪与彼罪问题，有必要进行探讨。

（一）关于挪用公款以贪污论的法律规定

1997 年刑法第 384 条将“挪用公款数额巨大不退还的”规定“处十年以上有期徒刑或者无期徒刑”，而不再以贪污罪论处。1998 年 4 月，高法又发布了《1998 年解释》，该解释第 5 条对“挪用公款数额巨大不退还的”解释为“指挪用公款数额巨大，因客观原因在一审宣判前不能退还的”。《1998 年解释》解决了人们长期的争议，即挪用公款后客观上没有能力归还，但主观上想归还的，仍以挪用公款定罪处罚。

和以前的规定相比，《1998 年解释》更为科学合理。因为挪用公款行为人直接故意是取得公款使用权，用后再归还，而贪污罪行为人主观上具有永久占有公共财产所有权的故意，自始至终没有归还的打算。挪用公款人主观上并无永久占有公款的故意，只是因为资金本身的使用风险导致客观上无法归还，此时对行为人不能定贪污罪，而应定挪用公款罪，否则就违背了刑法的主客观相一致原则，成为客观归罪。同样，对行为人挪用公款后，客观上有归还能力，而主观上不想归还的，仍应以贪污罪定罪处罚。因为行为人虽然开始是基于挪用故意，但后来在有能力归还的前提下仍拒不归还，说明其主观故意已经转化，即由挪用故意转化成占有故意，故应以贪污罪处罚。

关于“不退还”还有两个具体问题：

1. 对于被司法机关搜缴出的赃款能否视为“退还”的问题。

办案机关在侦查终结前搜缴出赃款的，能否视为在侦查终结前退还，应根据具体情况确定。一般情况下，办案机关立案后，侦查终结前搜缴出赃款的，不应视为被告人或者其家属在侦查终结前退还赃款。如系挪用人或其家属主动向检察机关提供赃款去向，检察机关根据其提供的线索在侦查终结前搜缴出赃款的，可视为在侦查终结前退还。

2. 使用人不退还，对挪用人如何处理？

挪用人将公款挪给他人或单位使用，案发后侦查终结前，使用人“不退还”的情况，在司法实践中较为普遍。笔者认为，这类案件情况比较复杂，要具体分析，多数挪用人与使用人是共谋，指使或者参与策划取得挪用款，对构成共同犯罪的，应按共同犯罪的原则处理。对于使用人不退还的，挪用人、使用人，均应以贪污论处。但在量刑上应有所区别，对使用人的量刑相对要重于对挪用人的量刑。

（二）应以贪污罪处罚的几种情况

挪用公款后以贪污论处，实际上是一种转化犯的认定，而认定犯罪形态转化的重要标准是考察行为人主观故意是否转变，根据物质决定意识的辩证原理，行为人的主观故意应以客观方面来认定。哪些情况下可以认定挪用公款行为人的故意已经转化,《1998 年解释》中只规定了携带挪用的公款潜逃一种情形，根据《1998 年解释》第 6 条规定，该行为“依照刑法第三百八十二条、第三百八十三条的规定定罪处罚”。行为人携带挪用的公款潜逃，说明其主观故意已经转化，即由暂时使用转变为永久占有，客观上也占有了这些公款，这符合主客观相一致的原则，故应以贪污罪定罪处罚。

除此情形外，还有几种情形也应以贪污罪定罪处罚：

1. 有证据证明行为人有能力归还所挪用的公款而拒不归还，并隐瞒挪用的公款去向的，应当以贪污罪定罪处罚。

在司法实践中，某些人挪用公款后将挪用的公款予以隐藏。在司法机关追查时，编造各种理由来应付，竭力隐瞒赃款去向，拒绝交出赃款，等出狱后再慢慢享用。在这种情况下，若司法机关通过努力，查获了隐藏的公款，并且有证据证明行为人有能力归还所挪用的公款而拒不归还。对此，笔者认为应对犯罪嫌疑人（被告人）按贪污罪定罪处罚。因为此时行为人的主观故意已经转化成贪污故意。

2. 行为人挪用公款后挥霍无度致使公款不能退还的。

对挪用公款后肆意挥霍，造成公款损失的行为应如何定性，在司法实践中往往会出现不同认识。笔者认为，行为人挪用公款后大肆挥霍，数额特别巨大，明显超过他的偿还能力，实际上具备占有的故意，应定贪污罪。具体理由是：

（1）行为人将挪出的公款，没有进行个人营利和暂时使用，而是用于个人吃喝、娱乐等高消费，这种将公款进行消费的行为，根本不具备归还公款的可能性，可以认定其主观上就没有还款的意思，而并不属于客观上不能退还。

（2）挪用公款罪侵犯的客体是公款的占有、使用、收益权，但是行为人并不改变公款的所有权，不存在对公款进行再处分的行为，挪用公款的行为人主要是通过使用被挪用的公款来获取收益，对公款只是临时占有，如果行为人进行购房、购车和吃喝娱乐等消费实际是对公款进行再处分，其行为实质上是侵吞公款，侵犯了公款所有权的全部权能。

（3）挪用后肆意挥霍公款的行为人往往抱着一种侥幸的心理，想有机会就不还，没机会就还，说明他没有归还的决心，真要到了不能归还的时候，其会改变归还的意图，表明其主观上不想退还，并非客观事实上无法归还，挪用只是贪污犯罪的一种手段而已。至于是否平账不是所有贪污犯罪都需要具备的构成要件，只是手段之一，而不是定罪的依据。

3. 行为人挪用公款后采取虚假发票平帐、销毁有关账目等手段，使所挪用的公款已难以在单位财务账目上反映出来，且没有归还行为的，应当以贪污罪定罪处罚。

4. 行为人截取单位收入不入账，非法占有，使所占有的公款难以在单位财务账目上反映出来，且没有归还行为的，应当以贪污罪定罪处罚。

【办案依据】

一、刑法规定

第一百八十五条 商业银行、证券交易所、期货交易所、证券公司、期货经纪公司、保险公司或者其他金融机构的工作人员利用职务上的便利，挪用本单位或者客户资金的，依照本法第二百七十二条的规定定罪处罚。

国有商业银行、证券交易所、期货交易所、证券公司、期货经纪公司、保险公司或者其他国有金融机构的工作人员和国有商业银行、证券交易所、期货交易所、证券公司、期货经纪公司、保险公司或者其他国有金融机构委派到前款规定中的非国有机构从事公务的人员有前款行为的，依照本法第三百八十四条的规定定罪处罚。

第二百七十二条 公司、企业或者其他单位的工作人员，利用职务上的便利，挪用本单位资金归个人使用或者借贷给他人，数额较大、超过三个月未还的，或者虽未超过三个月，但数额较大、进行营利活动的，或者进行非法活动的，处三年以下有期徒刑或者拘役；挪用本单位资金数额巨大的，处三年以上七年以下有期徒刑；数额特别巨大的，处七年以上有期徒刑。

国有公司、企业或者其他国有单位中从事公务的人员和国有公司、企业或者其他国有单位委派到非国有公司、企业以及其他单位从事公务的人员有前款行为的，依照本法第三百八十四条的规定定罪处罚。

有第一款行为，在提起公诉前将挪用的资金退还的，可以从轻或者减轻处罚。其中，犯罪较轻的，可以减轻或者免除处罚。

第二百七十三条 挪用用于救灾、抢险、防汛、优抚、扶贫、移民、救济款物，情节严重，致使国家和人民群众利益遭受重大损害的，对直接责任人员，处三年以下有期徒刑或者拘役；情节特别严重的，处三年以上七年以下有期徒刑。

第三百八十四条 国家工作人员利用职务上的便利，挪用公款归个人使用，进行非法活动的，或者挪用公款数额较大、进行营利活动的，或者挪用公款数额较大、超过三个月未还的，是挪用公款罪，处五年以下有期徒刑或者拘役；情节严重的，处五年以上有期徒刑。挪用公款数额巨大不退还的，处十年以上有期徒刑或者无期徒刑。

挪用用于救灾、抢险、防汛、优抚、扶贫、移民、救济款物归个人使用的，从重处罚。

二、立法解释

（一）全国人民代表大会常务委员会《关于〈中华人民共和国刑法〉第三百八十四条第一款的解释》（2002年4月28日）

全国人民代表大会常务委员会讨论了刑法第三百八十四条第一款规定的国家工作人员利用职务上的便利，挪用公款“归个人使用”的含义问题，解释如下：

有下列情形之一的，属于挪用公款“归个人使用”：

（一）将公款供本人、亲友或者其他自然人使用的；

（二）以个人名义将公款供其他单位使用的；

（三）个人决定以单位名义将公款供其他单位使用，谋取个人利益的。

现予公告。

（二）全国人民代表大会常务委员会《关于〈中华人民共和国刑法〉第九十三条第二款的解释》（2000年4月29日，2009年修正）（参见本书贪污罪章）

三、司法解释

（一）《最高人民法院、最高人民检察院关于办理贪污贿赂刑事案件适用法律若干问题的解释》（2016年4月18日，法释〔2016〕9号）

第五条 挪用公款归个人使用，进行非法活动，数额在三万元以上的，应当依照刑法第三百八十四条的规定以挪用公款罪追究刑事责任；数额在三百万元以上的，应当认定为刑法第三百八十四条第一款规定的“数额巨大”。具有下列情形之一的，应当认定为刑法第三百八十四条第一款规定的“情节严重”：

（一）挪用公款数额在一百万元以上的；

（二）挪用救灾、抢险、防汛、优抚、扶贫、移民、救济特定款物，数额在五十万元以上不满一百万元的；

（三）挪用公款不退还，数额在五十万元以上不满一百万元的；

（四）其他严重的情节。

第六条 挪用公款归个人使用，进行营利活动或者超过三个月未还，数额在五万元以上的，应当认定为刑法第三百八十四条第一款规定的“数额较大”；数额在五百万元以上的，应当认定为刑法第三百八十四条第一款规定的“数额巨大”。具有下列情形之一的，应当认定为刑法第三百八十四条第一款规定的“情节严重”：

（一）挪用公款数额在二百万元以上的；

（二）挪用救灾、抢险、防汛、优抚、扶贫、移民、救济特定款物，数额在一百万元以上不满二百万元的；

（三）挪用公款不退还，数额在一百万元以上不满二百万元的；

（四）其他严重的情节。

（二）《最高人民法院关于审理挪用公款案件具体应用法律若干问题的解释》（1998年5月9日，法释〔1998〕9号）

为依法惩处挪用公款犯罪，根据刑法的有关规定，现对办理挪用公款案件具体应用法律的若干问题解释如下：

第一条 刑法第三百八十四条规定的，“挪用公款归个人使用”，包括挪用者本人使用或者给他人使用。

挪用公款给私有公司、私有企业使用的，属于挪用公款归个人使用。

第二条 对挪用公款罪，应区分三种不同情况予以认定：

（一）挪用公款归个人使用，数额较大、超过三个月未还的，构成挪用公款罪。

挪用正在生息或者需要支付利息的公款归个人使用，数额较大，超过三个月但在案发前全部归还本金的，可以从轻处罚或者免除处罚。给国家、集体造成的利息损失应予追缴。挪用公款数额巨大，超过三个月，案发前全部归还的，可以酌情从轻处罚。

（二）挪用公款数额较大，归个人进行营利活动的，构成挪用公款罪，不受挪用时间和是否归还的限制。在案发前部分或者全部归还本息的，可以从轻处罚；情节轻微的，可以免除处罚。

挪用公款存入银行、用于集资、购买股票、国债等，属于挪用公款进行营利活动。所获取的利息、收益等违法所得，应当追缴，但不计入挪用公款的数额。

（三）挪用公款归个人使用，进行赌博、走私等非法活动的，构成挪用公款罪，不受"数额较大"和挪用时间的限制。

挪用公款给他人使用，不知道使用人用公款进行营利活动或者用于非法活动，数额较大、超过三个月未还的，构成挪用公款罪；明知使用人用于营利活动或者非法活动的，应当认定为挪用人挪用公款进行营利活动或者非法活动。

第三条 挪用公款归个人使用，"数额较大、进行营利活动的"，或者"数额较大、超过三个月未还的"，以挪用公款一万元至三万元为"数额较大"的起点，以挪用公款十五万元至二十万元为"数额巨大"的起点。挪用公款"情节严重"，是指挪用公款数额巨大，或者数额虽未达到巨大，但挪用公款手段恶劣；多次挪用公款；因挪用公款严重影响生产、经营，造成严重损失等情形。

"挪用公款归个人使用，进行非法活动的"，以挪用公款五千元至一万元为追究刑事责任的数额起点。挪用公款五万元至十万元以上的，属于挪用公款归个人使用，进行非法活动，"情节严重"的情形之一。挪用公款归个人使用，进行非法活动，情节严重的其他情形，按照本条第一款的规定执行。

各高级人民法院可以根据本地实际情况，按照本解释规定的数额幅度，确定本地区执行的具体数额标准，并报最高人民法院备案。

挪用救灾、抢险、防汛、优抚、扶贫、移民、救济款物归个人使用的数额标准，参照挪用公款归个人使用进行非法活动的数额标准。

第四条 多次挪用公款不还，挪用公款数额累计计算；多次挪用公款，并以后次挪用的公款归还前次挪用的公款，挪用公款数额以案发时未还的实际数额认定。

第五条 "挪用公款数额巨大不退还的"，是指挪用公款数额巨大，因客观原因在一审宣判前不能退还的。

第六条　携带挪用的公款潜逃的，依照刑法第三百八十二条、第三百八十三条的规定定罪处罚。

第七条　因挪用公款索取、收受贿赂构成犯罪的，依照数罪并罚的规定处罚。

挪用公款进行非法活动构成其他犯罪的，依照数罪并罚的规定处罚。

第八条　挪用公款给他人使用，使用人与挪用人共谋，指使或者参与策划取得挪用款的，以挪用公款罪的共犯定罪处罚。

（三）《最高人民法院、最高人民检察院关于办理妨害预防、控制突发传染病疫情等灾害的刑事案件具体应用法律若干问题的解释》（2003年5月15日，法释〔2003〕8号）（参见本书贪污罪章）

（四）《最高人民法院关于挪用公款犯罪如何计算追诉期限问题的批复》（2003年10月10日，法释〔2003〕16号）

天津市高级人民法院：

你院津高法〔2002〕4号《关于挪用公款犯罪如何计算追诉期限问题的请示》收悉。经研究，答复如下：

根据刑法第八十九条、第三百八十四条的规定，挪用公款归个人使用，进行非法活动的，或者挪用公款数额较大、进行营利活动的，犯罪的追诉期限从挪用行为实施完毕之日起计算；挪用公款数额较大、超过三个月未还的，犯罪的追诉期限从挪用公款罪成立之日起计算。挪用公款行为有连续状态的，犯罪的追诉期限应当从最后一次挪用行为实施完毕之日或者犯罪成立之日起计算。

此复。

（五）《最高人民检察院关于挪用失业保险基金和下岗职工基本生活保障资金的行为适用法律问题的批复》（2003年1月30日，高检发释字〔2003〕1号）

辽宁省人民检察院：

你院辽检发研字〔2002〕9号《关于挪用职工失业保险金和下岗职工生活保障金是否属于挪用特定款物的请示》收悉。经研究，批复如下：

挪用失业保险基金和下岗职工基本生活保障资金属于挪用救济款物。挪用失业保险基金和下岗职工基本生活保障资金，情节严重，致使国家和人民群众利益遭受重大损害的，对直接责任人员，应当依照刑法第二百七十三条的规定，以挪用特定款物罪追究刑事责任；国家工作人员利用职务上的便利，挪用失业保险基金和下岗职工基本生活保障资金归个人使用，构成犯罪的，应当依照刑法第三百八十四条的规定，以挪用公款罪追究刑事责任。

此复。

（六）《最高人民检察院关于国家工作人员挪用非特定公物能否定罪的请示的批复》（2000年3月15日，高检发释字〔2000〕1号）

山东省人民检察院：

你院鲁检发研字〔1999〕第3号《关于国家工作人员挪用非特定公物能否定罪的请示》收悉。经研究认为，刑法第384条规定的挪用公款罪中未包括挪用非特定公物归个人使用的行为，对该行为不以挪用公款罪论处。如构成其他犯罪的，依照刑法的相关规定定罪处罚。

此复

（七）《最高人民检察院关于挪用国库券如何定性问题的批复》（1997年10月13日，高检发释字〔1997〕5号）

宁夏回族自治区人民检察院：

你院宁检发字〔1997〕43号《关于国库券等有价证券是否可以成为挪用公款罪所侵犯的对象以及以国库券抵押贷款的行为如何定性等问题的请示》收悉。关于挪用国库券如何定性的问题，经研究，批复如下：

国家工作人员利用职务上的便利，挪用公有或本单位的国库券的行为以挪用公款论；符合刑法第384条、第272条第2款规定的情形构成犯罪的，按挪用公款罪追究刑事责任。

四、会议纪要

最高人民法院《全国法院审理经济犯罪案件工作座谈会纪要》（2003年11月13日，法〔2003〕167号）

四、关于挪用公款罪

（一）单位决定将公款给个人使用行为的认定

经单位领导集体研究决定将公款给个人使用，或者单位负责人为了单位的利益，决定将公款给个人使用的，不以挪用公款罪定罪处罚。上述行为致使单位遭受重大损失，构成其他犯罪的，依照刑法的有关规定对责任人员定罪处罚。

（二）挪用公款供其他单位使用行为的认定

根据全国人大常委会《关于〈中华人民共和国刑法〉第三百八十四条第一款的解释》的规定，“以个人名义将公款供其他单位使用的”、“个人决定以单位名义将公款供其他单位使用，谋取个人利益的”，属于挪用公款“归个人使用”。在司法实践中，对于将公款供其他单位使用的，认定是否属于“以个人名义”，不能只看形式，要从实质上把握。对于行为人逃避财务监管，或者与使用人约定以个人名义进行，或者借款、还款都以个人名义进行，将公款给其他单位使用的，应认定为“以个人名义”。“个人决定”既包括行为人在职权范围内决定，也包括超越职权范围决定。“谋取个人利益”，既包括行为人与使用人事先约定谋取个人利益实际尚未获取的情况，也包括虽未事先约定但实际已获取了个人利益的情况。其中的“个人利益”，既包括不正当利益，也包括正当利益；既包括财产性利益，也包括非财产性利益，但这种非财产性利益应当是具体的实际利益，如升学、就业等。

（三）国有单位领导向其主管的具有法人资格的下级单位借公款归个人使用的认定

国有单位领导利用职务上的便利指令具有法人资格的下级单位将公款供个人使用的，属于挪用公款行为，构成犯罪的，应以挪用公款罪定罪处罚。

（四）挪用有价证券、金融凭证用于质押行为性质的认定

挪用金融凭证、有价证券用于质押，使公款处于风险之中，与挪用公款为他人提供担保没有实质的区别，符合刑法关于挪用公款罪规定的，以挪用公款罪定罪处罚，挪用公款数额以实际或者可能承担的风险数额认定。

（五）挪用公款归还个人欠款行为性质的认定

挪用公款归还个人欠款的，应当根据产生欠款的原因，分别认定属于挪用公款的何种情形。归还个人进行非法活动或者进行营利活动产生的欠款，应当认定为挪用公款进行非法活动或者进行营利活动。

（六）挪用公款用于注册公司、企业行为性质的认定

申报注册资本是为进行生产经营活动作准备，属于成立公司、企业进行营利

活动的组成部分。因此。挪用公款归个人用于公司、企业注册资本验资证明的，应当认定为挪用公款进行营利活动。

（七）挪用公款后尚未投入实际使用的行为性质的认定

挪用公款后尚未投入实际使用的，只要同时具备“数额较大”和“超过三个月未还”的构成要件，应当认定为挪用公款罪，但可以酌情从轻处罚。

（八）挪用公款转化为贪污的认定

挪用公款罪与贪污罪的主要区别在于行为人主观上是否具有非法占有公款的目的。挪用公款是否转化为贪污，应当按照主客观相一致的原则，具体判断和认定行为人主观上是否具有非法占有公款的目的。在司法实践中，具有以下情形之一的，可以认定行为人具有非法占有公款的目的：

1. 根据《最高人民法院关于审理挪用公款案件具体应用法律若干问题的解释》第六条的规定，行为人“携带挪用的公款潜逃的”，对其携带挪用的公款部分，以贪污罪定罪处罚。

2. 行为人挪用公款后采取虚假发票平帐、销毁有关帐目等手段，使所挪用的公款已难以在单位财务帐目上反映出来，且没有归还行为的，应当以贪污罪定罪处罚。

3. 行为人截取单位收入不入帐，非法占有，使所占有的公款难以在单位财务帐目上反映出来，且没有归还行为的，应当以贪污罪定罪处罚。

4. 有证据证明行为人有能力归还所挪用的公款而拒不归还，并隐瞒挪用的公款去向的，应当以贪污罪定罪处罚。

第三章　受贿罪

【立案追诉标准】

受贿案（刑法第 385 条、第 388 条、第 184 条第 2 款、第 163 条第 3 款）

一、受贿数额在三万元以上不满二十万元的，属于刑法规定的“数额较大”，应予立案。

二、受贿数额在一万元以上不满三万元，具有下列情形之一的，属于刑法规定的“其他较重情节”，应予立案：

（一）曾因贪污、受贿、挪用公款受过党纪、行政处分的；

（二）曾因故意犯罪受过刑事追究的；

（三）赃款赃物用于非法活动的；

（四）拒不交待赃款赃物去向或者拒不配合追缴工作，致使无法追缴的；

（五）造成恶劣影响或者其他严重后果的。

（六）多次索贿的；

（七）为他人谋取不正当利益，致使公共财产、国家和人民利益遭受损失的；

（八）为他人谋取职务提拔、调整的。

《最高人民法院、最高人民检察院关于办理贪污贿赂刑事案件适用法律若干问题的解释》（2016 年 4 月 18 日）

【犯罪构成及刑事责任】

受贿罪，是指国家工作人员利用职务上的便利，索取他人财物的，或者非法收受他人财物，为他人谋取利益的行为。构成本罪需要具备以下四个要件。

1. 客体要件。本罪的犯罪客体是国家工作人员职务行为的廉洁性，因索取他人财物而构成的受贿罪在侵犯职务行为的廉洁性的同时，还侵犯了被迫交付财物的他人的财产权利。

2. 客观要件。本罪在客观方面表现为利用职务上的便利，索取他人财物，或者非法收受他人财物并为他人谋取利益的行为。受贿罪的行为表现内容较多，下面逐一加以阐述：

（1）利用职务上的便利。是指利用本人职务范围内的权力，即自己职务上主管、负责或者承办某项公共事务的职权及其所形成的便利条件。它包括两种形式：

第一，直接利用本人职权、职务范围内的权力，即行为人直接利用本人职务范围内主管、负责、承办钱、物或者人事等各种权力，强调的是权钱交易的直接性。在这种情况下，行为人有独立地处理问题并做出一定行为的资格，无须他人的配合，就可以利用自己的职权，以实施或不实施自己的职务行为，为请托人谋取利益。

第二，利用与职务有关的便利条件，即虽然不是直接利用职权，但将本人的职权或地位，作用于他人的职权或职务，通过他人的职权或职务，为他人谋取利益，体现了权钱交易、权物交易的间接性。最典型的是通过命令、指示、指挥等方式，利用与自己有直接隶属关系的下级国家工作人员职务上的行为，为请托人谋取利益。

受贿罪中的利用职务之便与贪污罪中的利用职务之便，虽然概念相同，但内涵有所差别，如前者的职务范围较为广泛，包括主管、管理、经办钱、物或者人事等各种职权，而后者的职务范围则仅限于主管、管理、经手公共财物或者受委托管理、经营国有财产的职权；前者既包括直接利用本人的职权，还包括利用与职务相关的便利条件，而后者则一般仅限于直接利用本人的职权，不包括间接利用职务之便。

（2）索取、收受他人财物。利用职务上的便利索取他人财物和非法收受他人财物分别是受贿的两种形式。

所谓索取他人财物（即索贿），是指行为人利用职务上的便利，主动向他人索要或勒索并收取财物。索取贿赂的基本特征是行为人索要行为的主动性和他人交付财物的被动性。索贿行为既可以是明示的，即明确地向他人表达索取的要求，也可以是暗示的，即拐弯抹角地使他人领会其索取的意向；既可以是本人直接索取，也可以是通过他人间接索取。

所谓收受他人财物，是指行为人以许诺、着手或者已经在公务活动中为行贿人谋取利益为条件，被动地接受对方给付自己的财物。收受贿赂的基本特征是行贿人给付财物的主动性、自愿性和受贿人接受他人财物的被动性。至于其被动的程度，既可以是在行贿人主动给付财物后，连客套话都没有，理直气壮地接受；也可以是再三婉拒终而接受；还可以是行贿人当时留下财物本人并不知晓，当行贿人走后才发现并接受。

（3）为他人谋取利益。所谓为他人谋取利益，是指受贿人为他人谋求取得某种特定利益。这里所说的利益，既可以是合法的利益，也可以是非法的利益；可以是物质性利益，也可以是非物质性利益。为他人谋取利益包括四种情况：其一，已经许诺为他人谋取利益，但尚未实际进行；其二，正在实施为他人谋取利益的行为，但尚未取得成果；其三，为他人谋取利益已经取得一定进展，但尚未完全实现；其四，为他人谋取利益，已经全部实现了他人的要求。由此可以看出，为他人谋取利益，不能仅限于为他人谋取到了利益，只要许诺为他人谋取利益即可。这种许诺可以是明示的，也可以是默许的；可以是真实的，也可以是虚假的。虚假许诺，是指国家工作人员具有为他人谋取利益的职权或者职务条件，在他人有求于自己的职务行为时，并不打算为他人谋取利益，却又承诺为他人谋取利益。但虚假承诺构成受贿罪是有条件的：其一，一般只能在收受财物后作虚假承诺；其二，许诺的内容与国家工作人员的职务有关联；其三，因为许诺而在客观上形成了为他人谋取利益的约定。为他人谋取的利益是否兑现，为他人谋取利益在收受贿赂之前还是之后，均不影响受贿罪的构成。根据最高人民检察院有关立案标准的规定，索取他人财物的，不论是否“为他人谋取利益”，均可构成受贿罪。非法收受他人财物的，必须同时具备“为他人谋取利益”的条件，才能构成受贿罪。但是为他人谋取的利益是否正当，为他人谋取的利益是否实现，不影响受贿罪的认定。

为他人谋取利益是主观要件还是客观要件，学术界有不同意见。笔者认为，为他人谋利益，始自许诺，终至实现，是一种行为。因此，把“为他人谋取利益”理解为客观要件似乎更为适当。最高人民法院下发的《全国法院审理经济犯罪案件工作座谈会纪要》认为：“为他人谋取利益包括承诺、实施和实现三个阶段的行为。只要具有其中一个阶段的行为，如国家工作人员收受他人财物时，根据他人提出的具体请托事项，承诺为他人谋取利益的，就具备了为他人谋取利益的要件。明知他人有具体请托事项而收受其财物的，视为承诺为他人谋取利益。”这一规定事实上也把“为他人谋取利益”作为一种客观行为，但是该规定把“承诺”纳入客观行为的范畴中，从而扩大了上述“客观要件说”的范围。

（4）斡旋受贿。刑法第388条规定，国家工作人员利用本人职权或者地位形成的便利条件，通过其他国家工作人员职务上的行为，为请托人谋取不正当利益，索取或者收受请托人财物的，以受贿论处。这就是理论上所说的斡旋受贿或间接受贿，其客观方面表现为利用本人职权或者地位形成的便利条件，通过其他国家工作人员职务上的行为，为请托人谋取不正当利益，索取或者收受请托人财物的行为。斡旋受贿的须具有以下行为特征：

其一，利用本人职权或者地位形成的便利条件。这是利用职务上的便利的第二种形式，即所谓间接利用职务之便。这里所说的本人职权，是指在行为人职务范围内，并能对其他国家工作人员形成制约或者施加影响的权力，其中不包括直接利用本人掌握的职权。所谓地位，是指行为人所在的能对其他国家工作人员形成制约或者施加影响的领导岗位，或者在领导身边工作或负有特定职责并从事公务活动的工作岗位。这种地位是因职务产生的，不是因声望、名誉等所形成的一般社会地位。无论是利用本人职权还是利用本人地位形成的便利条件，都是源于本人的职务。如果行为人利用自己与其他国家工作人员的亲友关系，则不属于斡旋受贿行为。

其二，为请托人谋取不正当利益。这是受贿人用以同请托人进行权钱交易的条件。如果说索取贿赂形式的一般受贿罪，不要求行为人为他人谋取利益，收受贿赂形式的一般受贿罪，虽要求行为人为他人谋取利益，但不问谋取的是合法利益还是非法利益的话，斡旋受贿罪则要求必须是为请托人谋取不正当利益。所谓谋取不正当利益，是指谋取违反法律、法规、国家政策和国务院各部门规章规定的利益，以及要求国家工作人员或者有关单位提供违反法律、法规、国家政策和国务院各部门规章规定的帮助或方便条件。如果行为人通过其他国家工作人员职务上的行为为请托人谋取的是正当利益，从中索取或者收受了请托人的财物，则不能构成斡旋受贿。

其三，通过其他国家工作人员的职务行为，为请托人谋取不正当利益。这里的职务行为，是指其他国家工作人员实施的职权范围内的行为。通过其他国家工作人员的职务行为是以行为人利用职务之便为前提和基础的，同时也是行为人利用本人职权或者地位形成的便利条件的一种表现形式。

其四，索取或者收受请托人财物。在斡旋受贿罪中，行为人取得贿赂的形式也有两种，即索贿和收受。与一般受贿罪不同的是：斡旋受贿罪中，无论是索取贿赂的形式还是收受贿赂的形式，均以为请托人谋取不正当利益为必要。不像一般受贿罪那样，要求具备为他人谋取利益的要件只限于收受贿赂一种形式。

（5）收受回扣、手续费。刑法第 385 条第 2 款规定，国家工作人员在经济往来中，违反国家规定，在账外私自收受各种名义的回扣、手续费，归个人所有的，应当以受贿论处。所谓“违反国家规定”，是指违反全国人大及其常委会制定的法律、国务院制定的行政法规和行政措施、发布的决定和命令。《反不正当竞争法》等法律和国务院制定的有关决定对回扣、手续费的性质都有规定。确定行为的法律性质，应参照上述有关法律法规。所谓“回扣”，是指在商品交易中，卖方在收取的价款中扣除一部分返还给买方或者买方经办人的现金。所谓“手续费”是指多种费用的统称，如好处费、辛苦费、介绍费、酬劳费、活动费、信息费等。所谓账外暗中收受各种名义的回扣、手续费，是指未在依法设立的财务账目上按照财务会计制度如实记载。

为了有效惩治新型受贿犯罪行为，《受贿意见》规定将下列行为纳入了刑法规范：

①交易形式的受贿。国家工作人员利用职务上的便利为请托人谋取利益，以

下列交易形式收受请托人财物的，以受贿论处：以明显低于市场的价格向请托人购买房屋、汽车等物品的；以明显高于市场的价格向请托人出售房屋、汽车等物品的；以其他交易形式非法收受请托人财物的。

受贿数额按照交易时当地市场价格与实际支付价格的差额计算。

前款所列市场价格包括商品经营者事先设定的不针对特定人的最低优惠价格。根据商品经营者事先设定的各种优惠交易条件，以优惠价格购买商品的，不属于受贿。

②收受干股的受贿。国家工作人员利用职务上的便利为请托人谋取利益，收受请托人提供的干股的，以受贿论处。这里干股是指未出资而获得的股份。其中进行了股权转让登记，或者相关证据证明股份发生了实际转让的，受贿数额按转让行为时股份价值计算，所分红利按受贿孳息处理。股份未实际转让，以股份分红名义获取利益的，实际获利数额应当认定为受贿数额。

③以合作投资名义的受贿。国家工作人员利用职务上的便利为请托人谋取利益，由请托人出资，“合作”开办公司或者进行其他“合作”投资的，以受贿论处。受贿数额为请托人给国家工作人员的出资额。

国家工作人员利用职务上的便利为请托人谋取利益，以合作开办公司或者其他合作投资的名义获取“利润”，没有实际出资和参与管理、经营的，以受贿论处。

④以委托投资证券、期货或者其他委托理财的名义受贿。国家工作人员利用职务上的便利为请托人谋取利益，以委托请托人投资证券、期货或者其他委托理财的名义，未实际出资而获取“收益”，或者虽然实际出资，但获取“收益”明显高于出资应得收益的，以受贿论处。受贿数额，前一情形，以“收益”额计算；后一情形，以“收益”额与出资应得收益额的差额计算。

⑤以赌博形式受贿。根据《最高人民法院、最高人民检察院关于办理赌博刑事案件具体应用法律若干问题的解释》第 7 条规定，国家工作人员利用职务上的便利为请托人谋取利益，通过赌博方式收受请托人财物的，构成受贿。

实践中应注意区分贿赂与赌博活动、娱乐活动的界限。具体认定时，主要应当结合以下因素进行判断：赌博的背景、场合、时间、次数；赌资来源；其他赌博参与者有无事先通谋；输赢钱物的具体情况和金额大小。

根据《意见》第5条规定，国家工作人员在国家出资企业改制过程中利用职务上的便利为请托人谋取利益，事先约定在其不再具有国家工作人员身份后收受请托人财物，或者在身份变化前后连续收受请托人财物的，依照刑法第385条、第386条的规定，以受贿罪定罪处罚。①

3. 主体要件。本罪的主体是特殊主体，即必须是国家工作人员（刑法第93条规定）。另外，村民委员会等村民基层组织人员在从事规定的七种协助政府的行政管理工作：（1）救灾、抢险、防汛、优抚、移民、救济款物的管理和发放；（2）社会捐助公益事业款物的管理和发放；（3）土地的经营、管理和宅基地的管理；（4）土地征用补偿费用的管理和发放；（5）代征、代缴税款；（6）有关计划生育、户籍、征兵工作；（7）协助人民政府从事的其他行政管理工作时，利用职务上的便利，受贿为他人牟利或索贿的，可以构成受贿罪。根据2000年7月21日《最高人民法院关于国家工作人员利用职务上的便利为他人谋取利益离退休后收受财物行为如何处理问题的批复》规定，国家工作人员利用职务上的便利为请托人谋取利益，并与请托人事先约定，在其离退休后收受请托人财物，构成犯罪的，以受贿罪定罪处罚。《意见》第6条还规定，经国家机关、国有公司、企业、事业单位提名、推荐、任命、批准等，在国有控股、参股公司及其分支机构中从事公务的人员，应当认定为国家工作人员。具体的任命机构和程序，不影响国家工作人员的认定。经国家出资企业中负有管理、监督国有资产职责的组织批准或者研究决定，代表其在国有控股、参股公司及其分支机构中从事组织、领导、监督、经营、管理工作的人员，应当认定为国家工作人员。国家出资企业中的国家工作人员，在国家出资企业中持有个人股份或者同时接受非国有股东委托的，不影响其国家工作人员身份的认定。②

---

① 刘为波：《〈关于办理国家出资企业中职务犯罪案件具体应用法律若干问题的意见〉的理解与适用》，载中华人民共和国最高人民法院刑事审判第一、二、三、四、五庭主办：《刑事审判参考》（总第77集），法律出版社2010年版，第113页。

② 刘为波：《〈关于办理国家出资企业中职务犯罪案件具体应用法律若干问题的意见〉的理解与适用》，载中华人民共和国最高人民法院刑事审判第一、二、三、四、五庭主办：《刑事审判参考》（总第77集），法律出版社2010年版，第113页。

4. 主观要件。本罪在主观方面为故意，即行为人明知其利用职务上的便利，索取他人财物或者非法收受他人财物并为他人谋取利益的行为会损害国家工作人员职务行为的廉洁性而仍然决意为之。

根据《贪污贿赂解释》的规定，对犯受贿罪的，根据受贿所得数额及情节，分别依照下列规定处罚：

（1）受贿数额在三万元以上不满二十万元的，属于刑法规定的“数额较大”，依法判处三年以下有期徒刑或者拘役，并处罚金。

（2）受贿数额在一万元以上不满三万元，具有下列情形之一的，属于刑法规定的“其他较重情节”，依法判处三年以下有期徒刑或者拘役，并处罚金：①曾因贪污、受贿、挪用公款受过党纪、行政处分的；②曾因故意犯罪受过刑事追究的；③赃款赃物用于非法活动的；④拒不交待赃款赃物去向或者拒不配合追缴工作，致使无法追缴的；⑤造成恶劣影响或者其他严重后果的。⑥多次索贿的；⑦为他人谋取不正当利益，致使公共财产、国家和人民利益遭受损失的；⑧为他人谋取职务提拔、调整的。

（3）受贿数额在二十万元以上不满三百万元的，属于刑法规定的“数额巨大”，依法判处三年以上十年以下有期徒刑，并处罚金或者没收财产。

（4）受贿数额在十万元以上不满二十万元，具有前述（2）中八种情形之一的，属于刑法规定的“其他严重情节”，依法判处三年以上十年以下有期徒刑，并处罚金或者没收财产。

（5）受贿数额在三百万元以上的，属于刑法规定的“数额特别巨大”，依法判处十年以上有期徒刑、无期徒刑或者死刑，并处罚金或者没收财产。

（6）受贿数额在一百五十万元以上不满三百万元，具有前述（2）中八种情形之一的，属于刑法规定的“其他特别严重情节”，依法判处十年以上有期徒刑、无期徒刑或者死刑，并处罚金或者没收财产。

（7）受贿数额特别巨大，犯罪情节特别严重、社会影响特别恶劣、给国家和人民利益造成特别重大损失的，可以判处死刑。

符合前述规定的情形，但具有自首，立功，如实供述自己罪行、真诚悔罪、积极退赃，或者避免、减少损害结果的发生等情节，不是必须立即执行的，可以判处死刑缓期二年执行。

符合前述规定情形的，根据犯罪情节等情况可以判处死刑缓期二年执行，同时裁判决定在其死刑缓期执行二年期满依法减为无期徒刑后，终身监禁，不得减刑、假释。

对多次受贿未经处理的，累计计算受贿数额。

国家工作人员利用职务上的便利为请托人谋取利益前后多次收受请托人财物，受请托之前收受的财物数额在一万元以上的，应当一并计入受贿数额。

对贪污罪、受贿罪判处三年以下有期徒刑或者拘役的，应当并处十万元以上五十万元以下的罚金；判处三年以上十年以下有期徒刑的，应当并处二十万元以上犯罪数额二倍以下的罚金或者没收财产；判处十年以上有期徒刑或者无期徒刑的，应当并处五十万元以上犯罪数额二倍以下的罚金或者没收财产。

对刑法规定并处罚金的其他贪污贿赂犯罪，应当在十万元以上犯罪数额二倍以下判处罚金。

【疑难指导】

一、关于“贿赂”的界定

“贿赂”，主要研究行、受贿双方送、收什么构成犯罪，也就是“贿赂”的内容和范围问题。现行刑法第 385 条、第 387 条、第 388 条、第 389 条均明确将贿赂罪的犯罪对象规定为财物。过去，司法实践的一般做法也是将贿赂限定在财物的范围内，不包括物质性利益和非物质性利益。

随着对贿赂犯罪的打击力度不断加大，有些犯罪分子已经不热衷于对财物的追求，贿赂犯罪的手段不断翻新，方式更加隐蔽。一些人为了规避法律，采用货币、物品之外的方式贿赂对方，有的提供房屋装修、含有金额的会员卡、代币卡（券）、旅游服务等，有的通过虚设债权、减免债务等方式增加对方的财产价值等。特别是近年来随着贿赂犯罪由权钱交易发展到权利交易、权色交易，用设立债权、无偿劳务、免费旅游等财物以外的财产性利益以及晋职招工、迁移户口、提供女色等非财产性利益进行贿赂的案件频繁发生。对于这样一些案件特别是采用非财产性利益进行贿赂的案件能否认定为贿赂犯罪，理论上和实践中均存在不同认识。

刑法将“贿赂”规定为财物，为犯罪分子规避法律提供了机会。法律应当反映社会现实，社会的犯罪现象变化了，刑法就应当作相应的修改，否则对惩治犯罪不利。司法实践强烈建议扩大贿赂的范围，多数学者也赞同这种看法。

为适应新形势下惩治贿赂犯罪的客观需要，参酌我国加入的有关国际公约规定，综合考虑我国国情和司法操作的实效性，《商业贿赂意见》第7条规定：“商业贿赂中的财物，既包括金钱和实物，也包括可以用金钱计算数额的财产性利益，如提供房屋装修、含有金额的会员卡、代币卡（券）、旅游费用等。具体数额以实际支付的资费为准。”《商业贿赂意见》将贿赂的范围由财物扩大至财产性利益。财产性利益的数额认定，以实际支付的资费为准。收受银行卡的，不论受贿人是否实际取出或者消费，卡内的存款数额一般应全额认定为受贿数额。使用银行卡透支的，如果由给予银行卡的一方承担还款责任，透支数额也应当认定为受贿数额。

《贪污贿赂解释》第12条进一步规定，贿赂犯罪中的“财物”，包括货币、物品和财产性利益。财产性利益包括可以折算为货币的物质利益如房屋装修、债务免除等，以及需要支付货币的其他利益如会员服务、旅游等。后者的犯罪数额，以实际支付或者应当支付的数额计算。与《商业贿赂意见》相比，该司法解释有两个变化：一是将“金钱、实物”改为“货币、物品”，后者显然更加科学、严谨；二是对“财产性利益”作了更加具体的规定。值得注意的是，根据该解释“财产性利益”包括可以折算为货币的物质利益和需要支付货币的其他利益。这里“物质利益”和“其他利益”并列，说明“其他利益”不是“物质利益”，否则属于重复规定，显然“其他利益”是指“非物质性利益”，即只要这种“非物质性利益”需要支付货币，或者说可以用金钱来计算，就可以成为“贿赂”。

与“贿赂”范围相关联的一个问题是“性贿赂”的认定问题。“性贿赂”通常指的是国家工作人员接受他人提供的性服务为他人谋取利益的行为，即权色交易、以权谋色。在过去的长期司法实践中，通常不认定“性贿赂”行为构成犯罪，一般也不能认定为违法（如果不属卖淫嫖娼），主要依靠党纪、行政纪律予以处理，被定性为“作风问题”。接受性贿赂能否入罪，刑法学界争论激烈。笔者认为，接受性贿赂能否入罪，涉及将来贿赂罪如何修改完善的立法问题，在此不展开论述。根据以上的分析，笔者认为，对于“性贿赂”的行为应分两种情况分别加以处理：一是如果行为人为了谋取一个更高的职位或者待遇，向有关国家工作人员“投怀送抱”的行为，即行贿人本身就是“贿赂”的提供者，由于不以金钱为依托，没有支付货币，更无法折算，只是对自己身体的不道德处分，没有“权钱交易”，不符合上述解释的精神，不以受贿罪论处；二是如果行贿人支付金钱雇用他人提供性服务，实质上属于以权色交易为载体的权钱交易，有关国家工作人员享受了利益，并且这种利益支付了金钱，完全符合上述解释规定的精神，应按受贿罪论处。

二、如何理解受贿罪中的“利用职务上的便利”

刑法除了在第385条规定了“利用职务上的便利”构成的受贿罪外，又在第388条规定了“利用本人职权或者地位形成的便利条件”构成斡旋受贿罪。根据《全国法院审理经济犯罪案件工作座谈会纪要》的规定，刑法第385条第1款规定的“利用职务上的便利”，既包括利用本人职务上主管、负责、承办某项公共事务的职权，也包括利用职务上有隶属、制约关系的其他国家工作人员的职权。刑法第388条规定的“利用本人职权或者地位形成的便利条件”，是指行为人与被其利用的国家工作人员之间在职务上虽然没有隶属、制约关系，但是行为人利用了本人职权或者地位产生的影响和一定的工作联系，如单位内不同部门的国家工作人员之间、上下级单位没有职务上隶属、制约关系的国家工作人员之间、有工作联系的不同单位的国家工作人员之间等。除此之外，直接受贿（索贿除外）只要求“为他人谋取利益”（包括合法、非法），而间接受贿（包括索贿和收受贿赂）则要求“为他人谋取非法利益”，就是说从犯罪构成的角度看，后者比前者要轻。因此，区分两种职务之便，可能会影响犯罪的构成和轻重。

学界就对“利用职务上的便利”是否包括“利用本人职权或者地位形成的便利条件”产生了不同的认识。笔者认为，从刑法修订的本意来讲，前者不应当包含后者。新刑法在第385条规定了“利用职务上的便利”构成（直接）受贿罪之外，又在第388条另外规定了“利用本人职权或者地位形成的便利条件”构成（斡旋）受贿罪。因此，在新刑法施行后，对于受贿罪客观要件的理解，不应再将“利用职务上的便利”包括在“利用本人职权或者地位形成的便利条件”的范围内。否则刑法第385条与第388条的规定会在逻辑上发生矛盾。

1999年9月16日公布施行的《最高人民检察院关于人民检察院直接受理立案侦查案件立案标准的规定（试行）》中，也采纳了否定说观点，明确规定："利用职务上的便利，是指利用本人职务范围内的权力，即自己主管、负责或者承办某项公共事务的职权及其所形成的便利条件。"① 这一规定正确地区分了利用职务上的便利与斡旋受贿的界限，值得肯定。

同时，需要注意的是，这里的"利用职务上的便利"所包含的权力及其所形成的便利条件，实质上体现为行为人本人职务所产生的对于一定的公共事务或者一定的公职人员的管理、制约关系。因此，行为人利用与其本人在职务上有隶属、制约关系的国家工作人员的职权，实质上也是利用其本人的职权，不属于刑法第388条的"利用本人职权或者地位形成的便利条件"，理由是：那些具体实施职务行为的国家工作人员都是受该受贿行为人领导、管理和制约的。所谓"隶属"关系，是某一单位内部国家工作人员之间或者上下级单位的国家工作人员之间的一种管理和被管理、领导和被领导的关系。这里需要强调的是，利用本人职权并不局限于个人职责上的分工。担任单位领导职务的国家工作人员与单位内部职能部门及下级部门的国家工作人员之间，就是一种领导和被领导的关系，而不论该部门是否属于该领导所主管或者分管。因此，担任单位副职的国家工作人员，其职权并不仅限于其分管范围内的事项，其通过不属于自己分管单位的其他国家工作人员为他人谋取利益的，也属于利用职务上的便利为他人牟利。《全国法院审理经济犯罪案件工作座谈会纪要》也指出："担任单位领导职务的国家工作人员通过不属自己主管的下级部门的国家工作人员的职务为他人谋取利益的，应当认定为'利用职务上的便利'为他人谋取利益。"所谓"制约"关系，是指行为人虽然不直接领导、管理其他国家工作人员，但其职务范围内的权力能够派生出对于其他国家工作人员行为的约束力。这种"制约"关系，可能表现为单位内部或某一系统内上下级之间、各职能部门之间的约束关系，也可能表现为担任某种职务的国家工作人员在处理公共事务时，直接与有关单位或人员之间的约束关系。

---

① 载《最高人民检察院公报》1999年第6期。

2003年最高人民法院《全国法院审理经济犯罪案件工作座谈会纪要》也明确指出，刑法第385条第1款规定的“利用职务上的便利”，既包括利用本人职务上主管、负责或者承办某项公共事务的职权，也包括利用职务上有隶属、制约关系的其他国家工作人员的职权。担任单位领导职务的国家工作人员通过不属自己主管的下级部门的国家工作人员的职务为他人谋取利益的，应当认定为“利用职务上的便利”为他人谋取利益。对上述观点也予以了确认。

上述规定同时说明，刑法第388条“利用本人职权或者地位形成的便利条件”不包含利用职务上有隶属、制约关系的其他国家工作人员的职权（在该问题上，学界曾有争论）。行为人只是利用其职务对第三者具有非隶属、制约关系性的影响作用。这种影响力的上限还没有达到制约的程度，也就是请托人利益实现的根本原因在于第三者职务行为的行使，而不在于行为人职务行为的行使；其下限是超出亲友关系等一般社会关系的范围，否则不是犯罪。

三、关于“为他人谋取利益”的理解

根据刑法第385条第1款规定，国家工作人员利用职务上的便利，非法收受他人财物的，只有同时具备“为他人谋取利益”的要件，才能构成受贿罪。关于“为他人谋取利益”的认定主要集中在以下二个方面。

（一）“为他人谋取利益”是受贿罪的主观要件还是客观要件

“为他人谋取利益”究竟是一种“行为”还是一种“意图”，即属于客观要件，还是主观要件。对于这个问题，我国刑法学界历来存在“客观要件说”和“主观要件说”之争。“客观要件说”认为，“为他人谋取利益”属于受贿罪客观方面的行为要件。据此观点，受贿罪的构成必须要求行为人实施为他人谋取利益的行为，无此种行为即便是非法收受了他人财物，也不构成受贿罪。[①]“主观要件说”则认为，“为他人谋取利益”属于受贿罪的主观要件，即“只是受贿人的一种心理态度”或者说是“主观上的一种意图”。当然，这种主观态度或者意图必须有证据、事实来证明。[②] 近年来，将“为他人谋取利益”作为受贿罪的主观要件，

---

① 祝铭山主编：《中国刑法教程》，中国政法大学出版社1998年版，第711页。

② 王作富、陈兴良：《受贿罪构成新探》，载《政法论坛》1991年第1期。

逐渐获得了大多数人的共识。最高人民法院下发的《全国法院审理经济犯罪案件工作座谈会纪要》认为：“为他人谋取利益包括承诺、实施和实现三个阶段的行为。只要具有其中一个阶段的行为，如国家工作人员收受他人财物时，根据他人提出的具体请托事项，承诺为他人谋取利益的，就具备了为他人谋取利益的要件。明知他人有具体请托事项而收受其财物的，视为承诺为他人谋取利益。”该纪要似乎倾向于“客观要件说”的立场，主要是把“为他人谋取利益”当作一种行为，但是它把“承诺”也当作一种行为。也就是说，对于行为人收受他人财物的，承诺为他人谋取利益，受贿罪即告成立，而不论收受财物后，行为人是否实施了为他人谋取利益的行为，不论为他人谋取利益的行为达到何种程度，也不论为他人谋取的利益是否实现。

笔者认为这样规定是合理的：

第一，受贿罪的本质特征即社会危害性在于“权钱交易”，也就是侵害了国家工作人员职务行为的廉洁性。国家工作人员只要接受他人的请托并收受了请托人或其代理人的财物，其行为即具备了这一特征。

第二，从利益的实现方面来看，“为他人谋取利益”包括意图或承诺为他人谋取利益，正在为他人谋取、尚未谋取到利益，以及已为他人谋取到利益等不同阶段，是一个动态的过程。同时，已经实现的利益包括实现了全部利益和实现了部分利益。所以，在以“为他人谋取利益”为要件的受贿罪中，只要行为人有为他人谋取利益的承诺就足够了，即使其最终未为请托人谋取利益，也足以构成受贿罪的既遂。

第三，从刑法规范的角度看，既然行为人是否谋取利益以及所谋取的利益是否实现均不影响受贿罪的成立，那么，只要以谋取利益作为收受财物的交换条件的，不管事后有无实际的谋取利益行为，均不应当影响受贿罪的成立。例如，国家工作人员甲明知他人有具体的请托事项而接受了他人数额较大的财物，此后在工作中依法正常履行职务并为请托人谋取了正当利益，而国家工作人员乙明知他人有具体的请托事项而接受了他人数额较大的财物后拒绝为请托人谋取利益，即使是正当利益。很明显，甲的行为构成受贿罪。而如果以“没有为行贿人谋取利益的事实或行为”为理由认定乙的行为不构成受贿罪，则是非常不合理的。实际上，乙的行为同样符合“权钱交易”的特征，其拒绝为他人谋取利益，是对其过去承诺的违背。从某种意义上说，乙的主观心理更加不诚实，其行为更具有可罚性。倘若对乙的行为反而不以受贿罪论处，显然不符合一般的社会观念。

第四，刑法上将“为他人谋取利益”规定为受贿罪的构成要件，本意在于将“感情投资”和亲友之间馈赠的现象排除于受贿罪之外，但“明知他人有具体请托事项而收受其财物”的情形显然不属于“感情投资”，也不是“馈赠”，将此情形解释为受贿是合乎立法本意的。

（二）事后收受财物行为的认定

这里讨论的“事后收受财物的行为”是指行为人利用其职务之便为请托人谋取了利益之后，明知是自己的职务“报酬”而收受或向请托人要求、期约贿赂的行为，行为时双方没有关于贿赂的约定或案发后无充分证据证明有关于事后兑现贿赂的约定。对于在利用职务便利为他人谋利并约定事后收受贿赂时已认识到即将收受的财物是对自己职务行为的不正当报酬，产生了收受贿赂的故意，并且事后也确实收受了贿赂，这既符合受贿罪的主观要件，又符合受贿罪的客观要件，毫无疑问可以构成受贿罪。目前我国司法实践中，已确定无疑地将其作为受贿罪处理。因此，双方约定的事后受贿行为，不是研究的重点。实践中争议较多的是事前没有约定的事后收受财物行为，主要有两种观点：第一种观点认为，为了保证公务活动的廉洁性，公职人员即使在事先没有约定，在实施有利于行贿人的行为后收取非法报酬，事后索取或收受的也应按照受贿罪处理。[①] 第二种观点认为，公职人员没有事先约定过收取报酬，他在行使自己的职权时，并不受到报酬或贿赂的影响，不能体现受贿罪权钱交易的本质，所以不能把这种行为看作受贿。[②] 来

---

① 张明楷：《论受贿罪中的“为他人谋取利益”》，载《政法论坛》2004 年第 5 期；高铭暄：《刑法专论》（下编），高等教育出版社 2002 年版，第 840 页；童伟华：《受贿罪的构造》，兰州大学出版社 2004 年版，第 175 页。

② 刘生荣、胡云腾：《受贿罪客观方面几个实务问题》，转引自杨敦先、苏惠渔、刘生荣、胡云腾：《新刑法施行疑难问题研究与适用》，中国检察出版社 1999 年版，第 605 页；杨兴国：《贪污贿赂罪法律与司法解释应用问题解疑》，中国检察出版社 2002 年版，第 207 页；熊琦：《刑法解释中文本、法益与罪刑法定原则的博弈——兼论“解释熵值”在受贿罪中的应用》，载《法学》2017 年第 10 期。

看一个典型案例，被告人陈某原系某物资公司顾问。因涉嫌犯贪污罪、挪用公款罪于1997年5月6日被逮捕。安徽省合肥市人民检察院以被告人陈某犯受贿罪，向安徽省合肥市中级人民法院提起公诉。安徽省合肥市人民检察院起诉书指控：被告人陈某担任某物资公司总经理期间，利用职务之便，为他人谋取利益，于1993年春节前、1994年春节前后三次非法收受下属单位能源化工处处长兼某实业公司承包人李某所送33万元人民币、15万元港币，其行为已构成受贿罪。被告人陈某及其辩护人辩称，陈某的行为不构成犯罪。理由是：主持制定《关于能源化工处、某实业公司试行新的奖励办法的通知》《关于试行业务人员六项费用承包经营核算办法的报告》、申请原油配额、协调李某与财务部门之间关系等行为，均是陈某履行职务的正当行为；陈某未利用职务之便为李某谋取利益；没有受贿故意；李某所送的33万元人民币、15万元港币，其中20万元是陈某之子在某实业公司的工作所得，其余钱款系李某馈赠。[①]

对此，笔者同意第一种观点，理由如下：

1. 从犯罪客体的角度看，事后收受财物行为与主动索取财物、收受财物后违法行使职权等相比，其主观恶性、对公务活动的危害要小，但这种行为同样侵犯了受贿罪的客体——国家机关的廉政建设制度。公务人员是人民的公仆，公正廉洁是其最基本的品德，为了保证公务人员公正廉洁，国家制定了一系列廉政方面的制度，实施受贿犯罪必然要侵犯这一制度。不论是主动索取钱财、收受贿赂后违法行使职权或者事后收受财物，都是对廉洁制度的危害，构成犯罪的，应依法追究刑事责任。

2. 从犯罪客观方面看，根据刑法第385条的规定，受贿犯罪在客观上表现为：利用职务之便，索取他人财物，或者非法收受他人财物，使他人获取了利益。利用职务上的便利，是指利用职权或者与职务有关的便利条件。所谓索取他人财物，是指行为人利用职务之便主动勒索他人财物。所谓收受他人财物，是指行为人利用职务之便，以许诺或实际为他人谋利作为交换条件，接受他人交付的财物。为他人谋取利益，谋取的不仅限于非法利益，它也包括行为人应当取得的合法利益。

---

① 载《最高人民检察院公报》2000年第2期。

刑法中表述的“收受他人财物，为他人谋取利益”，将收受行为置于谋利行为之前，这只是表述问题，也是典型的受贿方式，但并不意味着只有先收受财物，后谋取利益才是受贿，而先谋利后收受财物就不构成受贿。

3. 从犯罪主观方面看，受贿罪是故意犯罪，且通常为直接故意，即明知对方送财物的目的与自己的职务行为有关而收受。处理此类案件时应注意，不能认为收受贿赂和为他人谋取利益是受贿犯罪不可分割的整体，行为人在实施上述行为时的主观故意应当是一致的，即行为人既要在收受财物时明知所收受的财物的性质，也要在为他人谋取利益时明知已收取了财物或将因此收受他人的财物。此类案件中，行为人明知所收受的财物的性质并希望收受是明确的，但对明知对方将送财物及希望为对方谋取利益以收受财物却无充分证据予以证实，因此，此类案件构成犯罪的主观要件并不完全具备。笔者认为，这种认识是不妥的。受贿罪中的行为可以由手段行为和目的行为两部分组成，前者是指利用职务上的便利，为他人谋取利益，而后者则是指收受他人贿赂，二者联系紧密。由于收受财物时双方均明知是基于受贿方此前利用职务便利为行贿方谋取利益的行为，因此，两个阶段的行为与后来表现出的故意构成了一个有机的整体。

4. 从社会效果看，如果对于事后收受财物，且在行使权力为行贿方谋利时双方无暗示、未约定以后给予好处，就属于受贿证据不足，不能认定犯罪，那么，刑法规定的受贿罪将会被行为人规避，受贿将大行其道地进行。这显然不是立法的本意。因此，对所谓的“事后受贿”，也应当依法定罪处刑。

5. 司法实践的判例也支持这种观点。在上述典型案例中，安徽省合肥市中级人民法院认为：原审被告人陈某身为国家工作人员，利用职务便利，根据下属部门承包经营人李某建议，制定新的承包经营政策，协调、帮助李某承包经营，在李某获取巨额利润后，非法收受李某所送 33 万元人民币、15 万元港币，其行为侵害了国家工作人员公务活动的廉洁性，已构成受贿罪，依法判处陈某有期徒刑十年。①

《贪污贿赂解释》第 13 条规定，履职时未被请托，但事后基于该履职事由收受他人财物的，应当认定为“为他人谋取利益”，构成犯罪的，应当依照刑法关于

① 载《最高人民检察院公报》2000 年第 2 期。

受贿犯罪的规定定罪处罚。该规定实际上为处理事后收受财物行为提供了法律依据。

这里还有一个问题，事后受贿行为是否以行为人为请托人谋取了利益为必需。此问题在实践中备受关注，大多持肯定态度，认为必须是行为人利用其职务行为为他人谋取了利益。笔者赞同这种理解，因为实践中该类案件的发生绝大多数是行为人为他人谋取了利益，正因如此，请托人才会感谢，行为人才会收受贿赂，这是一种“交易”惯例。作为例外的情形，行为人并没有出卖其职务，因为其未成功的职务行为对请托人无任何价值，事后其所送的财物已不具有职务的关联性，缺少与为他人谋利的对价关系，因此便不具有贿赂属性。

（三）“为他人谋取利益”要件能否取消

一段时间以来，不少专家学者主张取消“为他人谋取利益”要件，理由大概包括以下几点：一是符合受贿罪设立的目的。受贿罪侵犯的客体是国家机关及其工作人员的廉洁性。以此为出发点，非法收受他人财物本身就具备了侵犯国家机关工作人员廉洁性的危害性，具备了受贿罪的犯罪客体。因而，只要收受了贿赂，不管其是否“为他人谋取利益”，均已经构成了受贿罪，而不需要进一步“为他人谋取利益”的行为，许诺或主观目的。二是便于审判实践中的操作。取消“为他人谋取利益”的要件，可以避免司法机关在打击受贿罪中面临两难的处境，解决理论要求与人民群众对受贿概念理解不一致的矛盾。同样，取消“为他人谋取利益”这一要件，也减轻了司法机关在证明“为他人谋取利益”这一要件及收受他人财物与为他人谋取利益之间因果关系的困难。因为证明行为人利用职务上的便利收受了他人贿赂与证明其不仅收受了财物，而且还为他人谋取利益或有为他人谋取利益的目的或许诺谋利益相比，要简单得多，客观得多。取消“为他人谋取利益”这一要件，能自然地解决关于受贿罪既遂问题的矛盾与冲突。三是确保对收受贿赂行为的全面打击。取消“为他人谋取利益”这一要件，也可以使那些收受了他人财物，而又不为他人办事的人无法逃避受贿罪的刑事责任。因为现实中，只收受财物而不为他人谋取利益的行为，甚至是“帮倒忙”的行为，是不能构成受贿罪的，这样就使收受他人财物者有了逃脱的可能，只要其从一开始就不想、不承诺，实际上也没有“为他人谋取利益”的主观目的和客观行为，就不能构成受贿罪，对这种行为不作为受贿犯罪处理，不利于维护公务行为的廉洁性，更是人民群众所不能接受的。四是有现实依据。[①] 从各国刑法规定来看，只有少数国家规定构成受贿罪必须以为行贿人谋取利益作为要件，这些国家主要有俄罗斯、巴基斯坦、蒙古国、印度、新加坡等。但是大多数国家都没有将受贿人为行贿人谋取利益作为要件，如日本、韩国、德国、泰国、奥地利、丹麦。[②] 此外，随着全球化时代的到来，贿赂犯罪呈现跨国蔓延趋势。为联合打击犯罪，2003 年 10 月 31 日，第 58 届联合国大会通过《联合国反腐败公约》，2005 年 10 月 27 日，中国全国人大常委会批准该公约，同年 12 月 14 日公约对我国生效。该公约第 15 条、第 16 条规定，“公职人员受贿罪”的客观方面表现为“公职人员为其本人或者其他人员或实体直接或间接索取或者收受不正当好处，以作为其在执行公务时作为或者不作为的条件”的行为。公约并没有将“为他人谋取利益”作为公职人员受贿罪的成立要件。类似的规定还有《联合国打击跨国有组织犯罪公约》等。根据《联合国打击跨国有组织犯罪公约》第 8 条第 1 款第 b 项的规定，受贿罪是公职人员为其本人或其他人员或实体直接或间接索取或接受不应有的好处，以作为其在执行公务时作为或不作为的条件的行为。因此，无论从顺应严厉打击贪污贿赂犯罪的立法潮流，还是从更好地履行我国的国际义务来看，都应该取消“为他人谋取利益”的要件。

当然，另一种意见认为，“为他人谋取利益”应作为受贿罪的要件，这样规定才能体现权钱交易的特征。“索取”和“非法收受”，都是受贿，都是权钱交易，因此，构成犯罪的条件不应有区别，即均应以“为他人谋取利益”为要件。[③] 在 1997 年刑法修订中，最终还是采纳了保留“为他人谋取利益”的意见。这样一

---

① 刘明祥：《论受贿罪中的“为他人谋取利益”》，载《华中科技大学学报（社会科学版）》2004 年第 1 期；朱景晖：《论受贿罪中的“为他人谋取利益”》，载《鄂州大学学报》2004 年第 3 期；臧冬斌：《试析受贿罪中的“为他人谋取利益”》，载《中共郑州市委党校学报》2004 年第 4 期。

② 黄菊：《受贿罪中“为他人谋取利益”构成要件研究》，中国政法大学 2010 年硕士学位论文。

③ 杨兴国：《贪污贿赂罪法律与司法解释应用问题解疑》，中国检察出版社 2002 年版，第 196 页。

来，就把受贿受财和感情投资等较为边缘的受贿行为排除在受贿罪的构成要件范围之外。

笔者赞同取消“为他人谋取利益”这一要件的观点。同时，有关司法解释也开始作这方面的尝试。《贪污贿赂解释》第 13 条规定，履职时未被请托，但事后基于该履职事由收受他人财物的，应当认定为“为他人谋取利益”，构成犯罪的，应当依照刑法关于受贿犯罪的规定定罪处罚。国家工作人员索取、收受具有上下级关系的下属或者具有行政管理关系的被管理人员的财物价值三万元以上，可能影响职权行使的，视为承诺为他人谋取利益。这实际上肯定了事前没有约定，事后收受财物的行为和“感情投资”的行为在一定条件下可以构成受贿罪。也可以这样说，虽然现在刑法规定的受贿罪仍有“为他人谋取利益”的要件，但是实际上其所起的作用已经越来越小了，这也适应了司法实践惩治受贿罪的需要，也为最终取消“为他人谋取利益”这一要件打下基础。

四、交易型受贿罪的司法认定

《受贿意见》指出了三种交易型受贿犯罪类型：（1）以明显低于市场的价格向请托人购买房屋、汽车等物品；（2）以明显高于市场的价格向请托人销售房屋、汽车等物品；（3）以其他交易形式非法收受请托人财物。由此，通说认为，交易型受贿是指行为人利用职务便利为请托人谋利，主动提出或者应允以低买高卖、以物易物等方式，与请托人进行房屋、汽车等物品交易，从中赚取请托人财物的行为。

（一）收受房屋、汽车等物品未办理权属变更的定性

先来看一个例子：某市城市管理与建设局原局长刘某决定将该市某地块改造项目给某房地产公司实施开发。该公司总经理朱某为感谢刘某在项目上给予的帮助，提出将其开发的房产中的一套送给刘某，刘某同意。朱某即按照刘某提供的姓名“刘某某”办理了售房手续及发票，由于刘某不能提供“刘某某”的身份证明，所以该房产一直未办理房产登记，但刘某一直占有并使用该房产。调查中还发现，由于刘某在另一项目中给予了某开发公司帮助，该公司负责人李某提出将其从他人处购得的一户房子送给刘某，并将署有他人姓名的房屋所有权证和房屋钥匙给刘某。刘某将房子一直闲置。但在案发前，怕事情暴露，而将钥匙和房屋所有权证退还了李某。此种情形下刘某的行为如何认定。

对此有两种意见：一种意见认为，不能将收受房屋、汽车等物品未办理权属变更手续的都认定为受贿。《民法典》对于房屋等不动产规定了登记制度，并将其作为不动产物权取得、变更与终止的要件，对于船舶、汽车等特定动产也规定了登记制度，并将其作为特定动产所有权据以对抗第三人的要件。因此，如果对于房屋、汽车等物品没有进行权属变更登记，不能认定转移所有权，只是使用，换言之，不能认定非法收受、占有了房屋、汽车，不符合受贿罪的构成要件。[①] 另一种意见认为，是否办理权属变更手续不应影响受贿罪的认定。

笔者同意第二种观点。理由是：

1. 刑法上的占有和民法、物权法上的占有是不同的。刑法上的占有是对财产事实上的支配状态；民法、物权法上的占有是对财产法律上的所有状态。刑法上的占有，只要求具备占有的意思与占有事实即可构成，强调行为人对物的实际关联、支配，其对物的占有往往基于犯罪行为；民法、物权法上等占有要求法律上的合法性，其占有权的取得基于事实行为或法律行为。特别是，刑法上的占有，不管是动产还是不动产，犯罪行为人都不可能取得实质意义上的合法占有。因此，刑法上非法占有的认定标准与民法、物权法上合法占有的认定标准不完全一样，非法占有目的的实现并不以得到法律上的确认为条件，是否在法律上取得对房屋、汽车等的占有权和所有权，并不能对事实上占有房屋、汽车等的认定构成障碍。如盗窃或抢劫汽车，既不需要也不可能要求盗抢行为人办理汽车过户手续，但同样可以认定盗窃或者抢劫既遂。

2. 房产证、汽车所有权证等权属证书可以证明权利人对该房产、汽车等拥有所有权等权利，但不能说没有房产证、汽车所有权证等权属证书就说明房产、汽车占有人没有任何权利。换言之，经过登记，取得权属证书，可以有效对抗第三人，确保自己的合法权利，未经登记，未办理权属变更，不能有效对抗第三人，但不等于自己没有任何权利。

《受贿意见》采纳了第二种意见。其第 8 条第 1 款规定："国家工作人员利用

---

① 陈国庆主编：《新型受贿犯罪的认定与处罚》，法律出版社 2007 年版，第 2~7 页。

职务上的便利为请托人谋取利益，收受请托人房屋、汽车等物品，未变更权属登记或者借用他人名义办理权属变更登记的，不影响受贿的认定。”

根据以上的分析，刘某收受他人的住房虽然没有办理房产登记，或者以他人名义登记，但由于其实际控制着这些房产，因此，应认定为受贿罪既遂。

（二）交易型受贿犯罪数额的认定

在交易型受贿中，行为双方之间没有直接的财物的给付与收受，而是通过低价买入、高价售出这种市场交易方式来进行财物的转移与递转，因此从市场交易行为本身难以认定行为人收受财物的具体数额，其数额认定必须从两种价格的差额即“差价”入手。在交易型受贿中，这种“差价”是行为人实际支付的价格（贿赂价格）与价格基准之间的价格差额。在“差价”的计算方面有以下两个问题值得研究：

1. 数额认定基准的确定。

在交易型受贿数额认定基准上，刑法理论以及司法实践中存在“成本价格论”“评估价论”“市场价格论”等不同观点：成本价格论者认为，应以成本价格作为交易型受贿价格认定的基准。其理由如下：（1）从操作层面来看，如果一方面规定低于市场价格的可以认定为受贿，另一方面又规定优惠价格不属于受贿，二者之间存在一定的冲突和矛盾。因为优惠价格一般是低于市场价格的，如果承认优惠价格不属于受贿，实际上就架空了“市场价格”的规定，并将该条规定的关键点落在了什么是“优惠价格上”上。（2）从刑法规定来看，不宜将低于市场价格，高于成本价格的部分视为“他人财物”。（3）以“成本价”作为标准便于操作。（4）从打击面来看，以“市场价格”计算容易造成打击面过大的不利后果。

评估价论者认为，受贿案件中的商品的价值同样应当以市场价值即评估价值计算。

市场价格论者认为，应以市场价格作为交易型受贿数额认定的基准。其理由如下：（1）从符合法律规定并与有关司法解释规定相协调的角度看，以交易形式收受财物，行为人实际获取的是交易时当地市场价格与实际支付价格的差额，以此认定受贿数额符合刑法规定，且与当前的司法实践的实际做法相一致；（2）从情理的角度看，房屋、汽车以及其他物品的开发商、经销商作为一个市场主体，所从事的市场行为是为了获取利润而非保住成本，成本是开发商、经销商的实际财产，而利润是其期待利益，这一期待利益具有现实的可能性；（3）从便于司法操作的角度看，以“市场价”作为标准同样可以操作，而且对于房屋、汽车等物品进行评估，得出其市场价格是目前的惯常做法；（4）从打击面大小的角度看，现实生活中房屋、汽车等大宗商品成本价与市场价差额太大，以成本价计算有可能漏掉绝大多数这种形式的受贿犯罪，无疑会放纵犯罪，造成不好的社会反响。[①]

笔者赞同以市场价格作为数额认定的基准。除上述理由外，还因为：第一，以市场价格作为数额认定的基准符合市场规律，符合一般情理。从情理的角度来看，房屋、汽车等物品的拥有者，作为一个市场主体，所从事的市场行为是为了获取利润而非保住成本，成本是开发商的实际财产，而利润是其期待利益，这一期待利益具有现实的可能性，如果买卖双方依照市场规律进行交易，期待利益就可以转化为实际利益。第二，以市场价格作为数额认定的基准符合刑法的基本原理。成本价格论者认为，不应将低于市场价格，高于成本价格的部分视为“他人财物”。这是对刑法“他人财物”作狭义理解的缘故，实际上让利完全可以解释为刑法中的“他人财物”。第三，以市场价格作为数额认定的基准符合刑事法治的要求，有利于严密刑事法网。司法认定不能以打击范围过大为由，而提高其入罪的门槛，这不符合刑事法治的要求。因此，如果在司法认定中以成本价格作为数额认定的基准，就会漏掉大部分这种形式的犯罪，有损刑法的确定性、必究性。

2. 数额认定时间的确定。

在市场中，正常的房屋、汽车等物品的交易买卖行为需要办理一系列手续，如签订买卖合同、进行产权登记等，从办理手续到最后交付有一个过程。而交易型受贿正是采用了这样一种形式上的交易行为，国家工作人员和请托人双方为了掩盖其目的和行为，一般会签订合同，并且办理相关手续，也会经历这样一个过程。由于房屋、汽车等物品的价格随市场的波动性很大，如果这个过程时间间隔较长，在此期间的房屋、汽车等物品的市场价格有可能发生较大变化，也即很有

① 陈国庆主编：《新型受贿犯罪的认定与处罚》，法律出版社 2007 年版，第 7~12 页；潘君泽等：《涉房受贿案件的数额认定》，载《人民司法》2006 年第 11 期；刘志远主编：《新型受贿犯罪司法指南与案例评析》，中国方正出版社 2007 年版，第 8 页。

可能签合同时的价格、实际占有房屋、汽车等物品时的价格、产权变更登记的价格之间有很大不同，这时应如何认定受贿数额。实践中对认定市场价格的时间基点主要有以下几种观点：第一种观点认为，应以交付房屋、汽车时作为计算当地市场价格的时间基点。交付使用后，行为人才在事实上占有标的物，方可认为行贿人与受贿人的权钱交易完成。第二种观点认为，应以办理权属登记时为计算当地市场价格的时间基点。只有当房屋产权登记转移后，受贿人才取得房屋产权，受贿行为才得以完成。第三种观点认为，应将不动产和动产区别对待，对于国家工作人员低买高卖房屋等不动产的，应当将“交易时”界定为合同成立时，对于国家工作人员低买高卖汽车等动产的，应当将“交易时”界定为动产交付时。第四种观点认为，“交易时”应当是指受贿人已经实际占有或者控制房屋、汽车等物品时，也就是以受贿人实际占有和控制房屋、汽车物品时的市场价格作为基点来计算受贿数额。此时受贿行为已经既遂，受贿人已经现实享有受贿所得到的非法利益，当然应该从此时开始计算受贿数额。[①]

笔者认为应当以受贿人实际取得和控制房屋、汽车等物品时的市场价格来认定受贿数额。理由是：（1）此时受贿已经既遂，当然应该按照既遂时的价格来认定；（2）如果按照完成登记手续的时间来确定受贿数额的话，对于未办理登记手续，尤其是对于故意不去办理登记手续的，就无法确定数额；（3）尽管房屋的价值往往是越往后价值越高，似乎是以完成登记时的价格计算更有利于从重打击，但是汽车等其他物品并不是越往后价值越高，尤其是汽车的折旧相当厉害，如果以登记完成时为准，势必放纵犯罪。因此，是不是有可能放纵犯罪不是关键，关键是以何时为节点计算更符合犯罪既遂的理论。

（三）交易型受贿与优惠购物的界限

根据《受贿意见》的规定，交易型受贿的市场价格不包括经营者事先针对不特定人设定的各种优惠价格。于是，以这种优惠价格购买商品的，不属于受贿。所以在现实生活中，就有很多不法者打着“优惠购物”的幌子行受贿的事实。这

---

① 陈国庆主编：《新型受贿犯罪的认定与处罚》，法律出版社2007年版；谢杰等：《如何界定交易型受贿犯罪数额计算的基准时间》，载《检察日报》2007年11月5日；张名训：《新型受贿案件法律适用若干问题》，载《中国刑事法杂志》2007年第6期。

里所说的优惠购物必须具备以下特征：（1）“优惠价格”是经营者事先设定的。即“优惠价格”是在交易双方进行交易之前经营者就设定了的，并且是确定的，对社会公开的，任何消费者都可以知道这个优惠条件。而受贿一般是交易双方临时谈拢的价格，具有不确定性。（2）“优惠价格”针对“不特定人”。即这个“优惠价格”不是为某个或者某些国家工作人员量身定做，而是针对所有的消费者。当然这个不特定人也可以有一定的范围，如商家针对老客户打95折优惠的情况，也属于优惠购物，即这个“优惠价格”是针对老客户，作为正常的经营者来说，老客户就是一个不特定的范围，它虽然也有一定的范围，但却是一个很大的群体，不同于受贿只针对某一个人，或者某几个人，把大多数的消费者排除在外。（3）“优惠价格”的设定具有有因性。一般情况下，经营者让利都有其自身理由，如为了回笼资金进行其他投资，或者为了处理积压商品从而减少损失，又或者是为了减少运输、仓储等开支，总之，其实经营者设定这些优惠的最终目的还是实现其自身总体利益最大化。而用于贿赂的交易价格并不存在优惠的合法合理原因，买卖合同权利义务关系是不对等的，其做法也缺乏商业惯例依据，根本无视价格法律法规。其让利的唯一原因就是通过这种权钱交易的形式谋取不法利益。

（四）如何界定交易型受贿中的“明显”

《受贿意见》中对于构成交易型受贿犯罪的构成标准时用了一个表示程度的副词“明显”来修饰“低于”和“高于”，但是对于“明显低于”和“明显高于”如何认定？

1. 主观判断标准。有学者认为，《受贿意见》采用“明显”这样一个不确定、含糊的标准判断是否偏离市场价格，使司法解释并不能产生预期的作用。如果说刑法分则因为篇幅限制无法全面展开致使其无法充分归纳受贿罪的判断标准，那么司法解释就应当承担起赋予明确性要求完整内涵的使命。其前提便是提供可供司法实践贯彻执行的刑法规则，而非给出诸如“明显高于”等似是而非、模棱两可的价值符号。①

2. 绝对数额标准。有观点认为“各地司法机关可以确定一定比例以明确‘严

① 夏思杨：《对交易型受贿有必要规定价格比》，载《检察日报》2007年8月10日。

重低于’的操作标准，如低于市场价20%的为‘严重低于’等”，有的认为则应该是40%。[①]

3. 相对比例标准。有学者认为国家工作人员以低于或者等于成本价格的方式向请托人购买商品的，属于明显低买；国家工作人员向请托人出售商品，须计算市场价格与成本价格的差额，国家工作人员在成本价格的基础上附加高于该差额2倍利润的，属于明显高卖。[②]

4. 绝对数额与相对比例相结合的标准。在市场经济条件下，优惠让利是一种正常而普遍的销售方式。国家工作人员同样可以要求得到优惠，不能简单地将获得优惠认定为受贿的故意。因此应当区分优惠是正常的，还是非正常的。[③]

笔者赞同第4种观点，它从多个角度对行为进行评价，避免打击面过大，同时也不致使打击面过小而放纵犯罪，并且这种方法对于不同犯罪对象都适合，没有操作上的困难。在衡量“明显”的时候，应该有一个主观的预期，可以从两个方面加以把握和认定：一是看交易是否违背一般的常理；二是看交易价格差价是否悬殊。意思是看这个“明显”一般人是否容易看出来，这种交易不寻常是否为外人所容易发现。这也是刑法学回归常识主义刑法观的要求，即对犯罪的认定要慎重，需要考虑公众基于生活经验的规范感觉。

（五）关于收受干股及股份分红的认定

干股虽然不是一个严格的法律术语，但基本意思明确，主要有两种情形：一种是由他人实际出资、无偿转让的干股；另一种是没有资金依托的干股，其本身并无价值，其他股东的份额也无减损。后者不属于严格意义上的干股。故《受贿意见》规定，干股是指未出资而获得的股份，并区分两种情形分别予以规定。实践中对于国家工作人员利用职务上的便利为请托人谋取利益，收受请托人送的干股，并已进行股权转让登记的，认定为受贿没有分歧，但对于未进行股权转让登记

---

① 韩耀元、邱利军：《适用“两高意见”须注意十二个问题》，载《检察日报》2007年7月13日。

② 王思海：《“优惠价”购房与受贿犯罪的认定》，载《上海法制报》2006年6月20日。

③ 刘志远主编：《新型受贿犯罪司法指南与案例评析》，中国方正出版社2007年版，第10页。

的，以及收受干股分红的，能否认定为受贿以及受贿数额如何认定有争议。如这样一个案件：被告人甘某2001年任某镇党委副书记，挂点该镇某村。2002年某村委会将采砂权发包给本村26股村民承包，承包期6年，承包金115万元。2003年县政府要收回采砂权，村委会担心承包户起诉赔偿损失，遂出面找县政府领导及有关部门做工作，终使26股村民取得优先承包权继续承包采砂。26股村民为感谢村干部所做的工作，商量决定拿出4股给村干部，由村干部自行分配。村干部经过开会决定，除村干部每人各得半股外，拿出半股分给甘某。2002年承包户采砂经营亏本，送半股给甘某时当年采砂还未开始，是否可以获利不确定。结果当年采砂生意红火，年终分红半股获红利15.5万元，村干部分三次把半股分红的红利15.5万元送给甘某。①

本案在两个问题上有争议。第一个问题是对于被告人甘某收受的价值5万元的干股能否认定为受贿。对此，有两种意见。一种意见认为，甘某收受价值5万元的干股是利用职权暗中参股行为，属违纪行为，但不构成犯罪。另一种意见认为，甘某一无投资，二不参与经营管理，其利用自己是镇党委副书记的职务之便，采取收干股的方法收受财物，应认定为受贿罪。第二个问题是对于甘某收受的15.5万元分红如何定性。对此，也有两种意见。一种意见认为，甘某没有投入资金，不参与经营，不承担风险，当然不应获得分红，所谓15.5万元红利属于受贿所得，应认定为受贿数额。另一种意见认为，干股受贿只能以收受干股当时的价值来计算认定受贿数额，不能将干股产生的红利也计算为受贿，红利属非法所得，故15.5万元红利不属受贿。②

1. 未进行股权转让登记与已进行股权转让登记的干股的区别。

“干股”是指未出资而获得股份。股票和干股本质上相同，都反映了一定的股权份额。二者之间也有区别，股票是有价证券的一种，具有确定价值，且能自由转让。而干股如果未经依法登记本身不具有财产价值，不存在转让问题。当公司中止存续时，经过法定的清算程序，公司的剩余财产通常是归属于股东的，但未

① 罗曼：《“干股”受贿数额认定问题的探讨——一宗干股受贿案引发的对干股受贿数额认定的思考》，载《法制与社会》2007年第1期。

② 罗曼：《“干股”受贿数额认定问题的探讨——一宗干股受贿案引发的对干股受贿数额认定的思考》，载《法制与社会》2007年第1期。

经依法登记的干股无法要求分配剩余财产。但是，经过依法登记的干股实际上就是未支付股本金而取得的股票。因此，经过依法登记的干股同样具有股票不同于其他物品的特性，在这种情况下，国家工作人员已实实在在地取得了股权，其实质与收受股票或者银行存单一样。

因此，对于收受股票构成犯罪的，有关司法解释明确规定可定受贿罪；但对于干股，由于其转让的限制性，加之股权的取得、消灭和变更具有不同于其他物权、债权的特征，因此，收受干股不是一律都能认定为受贿的。如果收受请托人送的干股，并已进行股权转让登记的，无论是以其本人名义，还是以其指定的其他人名义，实际上与股票基本一样，干股本金都应认定为受贿数额。而未进行股份转让登记的干股本金，不应认定为受贿数额。

2. 干股的分红属于受贿还是受贿产生的孳息。

《受贿意见》征求意见稿曾规定："国家工作人员利用职务上的便利，为他人的公司、企业谋取利益，收受该公司、企业送的'干股'及股份分红的，应当认定为受贿。如果办理了股权登记手续，无论是以其本人还是以其指定的第三人名义进行登记，受贿数额为该'干股'的本金及股份分红数额。如果未办理股权登记手续的，受贿数额为该'干股'的股份分红数额。"[①] 这主要是考虑到，收受干股后所得分红与贪污或用公款所生利息不同，后者是法定利息，而且与公款本金相比，数额一般都很小，不可能超过本金，但前者往往以送干股为名，实际上是送分红，而且与干股本金相比，数额一般都很大，有的甚至比本金还大得多。因此，无论是已进行股权登记的干股，还是未进行股权登记的干股，其分红都应认定为受贿数额。

但有意见认为，未办理股权登记手续的干股，实际上是以送干股为名送分红，将分红认定为受贿数额没有问题。但是对于已经办理股权登记手续的干股，由于已将本金认定为受贿，再把因此产生的分红作为受贿，有重复评价之嫌，故应将分红作为受贿孳息处理。[②]

---

① 陈国庆主编：《新型受贿犯罪的认定与处罚》，法律出版社 2007 年版。

② 陈国庆主编：《新型受贿犯罪的认定与处罚》，法律出版社 2007 年版。

上述《受贿意见》规定，国家工作人员利用职务上的便利为请托人谋取利益，收受请托人提供的干股的，以受贿论处。进行了股权转让登记，或者相关证据证明股份发生了实际转让的，受贿数额按转让行为时的股份价值计算，所分红利按受贿孳息处理。股份未实际转让，以股份分红名义获取利益的，实际获利数额应当认定为受贿数额。

经过依法登记的干股同样具有股票的特性，即分红是其主要权利或者目的，同时分红又必须依附于干股股份而存在，不应将收受股份和收受红利割裂开来作独立理解。收受已进行股权转让登记的干股，受贿数额应按转让行为时的股份价值计算。换言之，此时的分红，只能作为受贿孳息处理。就像股票、存款的分红一样，不能作为受贿的数额。因为分红附属于已转让的干股而存在，如果再作为受贿数额，有重复评价之嫌。但是没经过转让登记的干股的分红，干股本身没有价值，行为人实际上以送干股为名送分红，分红作为受贿的数额。

有人担心，对于已进行股权转让登记的干股，如果仅认定干股股份为受贿数额，会给行、受贿双方带来规避法律的契机，如双方商定的干股份额很小，但分红数额却很大，如仅认定干股数额为受贿，会放纵犯罪。笔者认为这种担心是有道理的。因此，从禁止重复评价的原则上来讲，不宜将本金和分红同时作为受贿数额认定，但是这里讲的分红应当是针对干股本金的正常分红，不宜一律认定为孳息。对于超过正常分红的部分，应按照受贿罪处理。例如，国家工作人员收受价值 10 万元的干股，并已进行股权转让登记，应认定为受贿 10 万元。如果分红时，凡是持有 10 万股的，都按照 5 万元分红，则该国家工作人员因此分得的 5 万元，应认定为受贿孳息。如果该国家工作人员分得 20 万元，尽管仍以分红名义，但这时已不是正常分红，不宜再认定为受贿孳息，而是另一种变相行、受贿。

3. 如何理解“转让”？

《公司法》第 73 条规定，有限责任公司的股东之间可以相互转让其全部或者部分股权。转让股权后，公司应当注销原股东的出资证明书，向新股东签发出资证明书，并相应修改公司章程和股东名册中有关股东及其出资额的记载。因此，从《公司法》的角度看，是否进行股权转让登记是“转让”的标准。但是，刑法侧重客观事实的认定，因此，对于尚未登记但签署股权转让协议或者双方就股权转让达成其他真实意思表示，属于干股实际转让的，在刑法意义上也认为构成受贿。因此，《受贿意见》规定，进行了股权转让登记，或者相关证据证明股份发生了实际转让的，受贿数额按转让行为时的股份价值计算，所分红利按受贿孳息处理。

相应地，“转让”行为的时间认定，对于已经进行股权转让登记的，一般按照登记时间；未进行股权转让登记的，应当按照实际转让时间；但是对于先进行实际转让，后又进行股权转让登记的，如何认定转让时间，需要研究。按照上述原则，应当以受贿人实际取得股权时的股份价值来认定受贿数额。当然，由于股份，尤其是干股，不像房屋、汽车等物品直观，实践中尤其要注意如何有效获取干股转让行为发生事件的证据问题。具体操作时，应当注意收集产权交易中心办理股权过户手续的时间记录、股东名册相关变动的具体登记时间、股权转让合同生效时间约定、贿赂双方关于股权转让行为时间的供述等证据材料。

4. 收受干股的既、未遂问题。

《受贿意见》第2条规定，股份未实际转让，以股份分红名义获取利益的，实际获利数额应当认定为受贿数额。实践中对该条的解读有不同看法：第一种观点认为，此段规定表明，国家工作人员未通过股权转让控制干股产权的，此笔干股价值便不再予以认定，若其根据贿赂双方约定的干股比例实际收取红利的，仅以红利数额计入受贿数额。第二种观点认为，《受贿意见》将国家工作人员所获红利认定为受贿数额，并不绝对排除将未实际转让的股份认定为受贿未遂的数额。实践中部分国家工作人员收受的股权达到几千万股，但基于时间原因或者其他沟通障碍无法及时将股权过户至名下由其自由支配，同时亦没有收取任何红利。[①] 按照上述观点解读《受贿意见》，此类国家工作人员无法定罪处罚，显然与受贿未遂的实践判断规则不符，也与依法惩治受贿犯罪、加大受贿犯罪处罚力度的刑事政策相悖。

笔者同意后一种观点，干股受贿未遂应当具有区别于其他新型受贿犯罪的独立认定规则。首先，国家工作人员与请托人达成合意收受干股但并未进行股权转让的，应当认定为受贿未遂。受贿未遂是指国家工作人员着手实施受贿罪构成要

---

① 张志平：《认定“干股”受贿须注意三个要点》，载《检察日报》2007年7月20日。

件行为，由于意志外原因而未得逞。我国刑法理论与实务在如何认定受贿罪的既遂和未遂问题上存在“承诺说”“谋取利益说”“实际受贿说”“收受贿赂与谋取利益说”等观点。但他们认为，干股受贿的故意内容是利用职务上的便利为他人谋取利益以便非法收受他人干股，客观行为的目的是控制干股的实际产权。应当以行为人是否实际上取得或控制、占有收受的干股为标准进行受贿既未遂的判断。国家工作人员已经通过股权受让或实际控制被索取或者收受财物的，属于受贿得逞；干股因意志外原因未实际转让，即属于受贿未遂。[①] 其次，干股受贿未遂数额应当结合实际收取红利的受贿既遂数额，根据不同的情况分别采用不同的处理方法。在一般情况下受贿既遂的危害应重于受贿未遂，通常由既遂数额吸收未遂数额。但是在干股受贿中，未遂数额（干股价值）可能远高于既遂数额（红利数额），完全采用既遂吸收未遂的处理方法，难以达到刑罚目的。

5. 干股受贿犯罪数额的认定。

传统贿赂犯罪理论对干股受贿数额的认定方式：有的认为应将交易双方约定的干股比例乘以公司注册资本计入贿赂数额；有的则认为应以商业受贿人凭借干股收取的红利计算贿赂数额。[②] 为了解决股份受贿数额计算问题，《全国法院审理经济犯罪案件工作座谈会纪要》第 3 条第 7 项“涉及股票受贿案件的认定”中规定：（1）国家工作人员利用职务上的便利，索取或非法收受股票，没有支付股本金，为他人谋取利益，构成受贿罪的，其受贿数额按照收受股票时的实际价格计算；（2）行为人支付股本金而购买较有可能升值的股票，由于不是无偿收受请托人财物，不以受贿罪论处；（3）股票已上市且已升值，行为人仅支付股本金，其“购买”股票时的实际价格与股本金的差价部分应认定为受贿。由于上述规则未能对登记转让与实际转让进行区分，《受贿意见》第 2 条在《全国法院审理经济犯罪案件工作座谈会纪要》的基础上对干股受贿数额计算方法作了进一步的完善。但

① 李蕴辉、尹永政：《受贿罪未遂问题浅探》，载《中央政法管理干部学院学报》1999 年第 5 期；高铭暄：《新中国刑法学研究综述》，河南人民出版社 1986 年版，第 695 页；赵长青、张翔飞、廖忠洪：《贿赂罪个案研究》，四川大学出版社 1991 年版，第 69 页；夏强、任继鸿：《也谈受贿罪的既遂与未遂标准》，载《杭州商学院学报》2003 年第 1 期。

② 薛进展：《论商业贿赂的范围及其数额认定》，载《华东政法大学学报》2007 年第 3 期。

是，现阶段在查办干股受贿案件过程中出现了犯罪数额认定的若干疑难情形，亟须根据《受贿意见》第2条提出干股受贿数额计算的细化规则。

其一，股份价值与红利数额悬殊。《受贿意见》第2条规定，股份登记转让或者实际转让的，应当按照股份价值计算受贿数额，所分红利按照受贿孳息处理。但是，实践中有部分干股受贿案件，国家工作人员登记或者实际受让的股份数量相对较小，从请托人处获取的红利数额却相当之大。例如，某建筑工程公司转让国家工作人员干股，其股份价值为5万元，每年支付红利4万元，国家工作人员5年共收取红利达20万元。如果机械地适用《受贿意见》，只能将“小头”（股份价值）计入受贿数额，排除“大头”（红利数额），国家工作人员实施受贿犯罪的实际收益与其承受以犯罪数额为依据的刑罚成本之间势必出现严重不对等，显然与罪刑相适应原则相悖。实践中有观点指出，红利价值超过股份价值会产生股权转移的受贿数额反而低于股权未转移的受贿数额的不平衡情况，适当的处理方式是没收作为受贿孳息的红利。[①] 也有观点认为，在国家工作人员登记或实际受让的股份数额与分取红利悬殊的情况下，除了应当按照股份价值计算干股受贿数额之外，不能直接将全部红利按照受贿孳息处理。检察机关应当在红利中辨识出具有孳息性质的部分与具有独立贿赂性质的部分——根据公司年度利润与干股在公司股份所占的比例分取的红利，该笔数额属于受贿孳息，不能计入犯罪数额；超出比例收取“红利”的，该笔款项虽具红利之名，却有贿赂之实，不能混同于受贿孳息，应当与股份价值一并计入犯罪数额。[②] 笔者赞成后一种观点。

其二，以干股为名获取钱财的受贿。《受贿意见》第2条规定，国家工作人员业已登记或者实际受让股份的，应当按照股份价值计算受贿数额。但司法实践中，不仅有出资规范的公司提供干股，而且存在较多空壳公司向国家工作人员“转让”干股。这些空壳公司的股东在成立公司过程中通过虚报注册资本等手段逃避出资义务。因此，其转让给国家工作人员的干股根本没有实际资金对应，也就不存在可兹计算受贿数额的股份价值。然而，此类给付干股贿赂的空壳公司经营情况正

---

① 刘华：《〈关于办理受贿刑事案件适用法律若干问题的意见〉的学习与理解》，载《上海审判实践》2007年第7期。

② 薛进展：《若干新型受贿犯罪刑法适用问题研究》，载《经济刑法》2008年第2期。

常、公司收益良好，定期根据公司章程的约定，按照国家工作人员登记或者实际转让所得的“股份”比例分配红利。

若以静止的视角解读《受贿意见》第 2 条，在行贿公司具有虚假出资而导致受贿股份真实性缺失的情况下，由于不存在股份价值，无法计算受贿数额。国家工作人员通过股权转让并基于非真实性股份所收取的红利，又属于受贿孳息，同样不能计入犯罪数额。但该种静态解释与受贿犯罪刑法原理并不相符。作为受贿罪的犯罪对象，干股贿赂必须以财产性利益为内容，而并无实际出资的空壳公司给付国家工作人员的“股份”，没有任何现实资金或者财产性利益对应。在司法实践中，主要表现为公司负责人与受托人口头商定送干股，但没有进行登记，或者虽然经过登记但受托人实际上无法实现股东应有的控制力。此类缺乏财产利益性质的行为对象，既不属于贿赂，也不能称其为股份，因而不存在登记转让或者实际转让的现实依据与法律效果。笔者认为，在受贿股份真实性缺失的前提下，所谓的股份只是给付国家工作人员高额红利的借口，检察机关应当直接将所分红利计入犯罪数额；国家工作人员未分得红利的，由于股份没有对应价值，并未获取财产性利益，不能作为受贿处理。股权转让登记或者实际转让的，按照股份价值计算犯罪数额，只能适用于股份真实的公司，不能适用于出资实质瑕疵的空壳公司。

根据以上的分析，在典型案例中，甘某没有实际出资投资而获得干股，不参与经营管理，并且实际控制了该股份（不论是否实际进行了股权转让登记），其利用自己是镇党委副书记的职务之便，采取收干股的方法收受财物，应认定为受贿罪。受贿数额为转让行为时的股份价值。而其所分得的 15.5 万元分红只能按受贿孳息处理，强制收缴，不计入受贿的数额。

（六）合作投资型受贿的认定

国家工作人员以参与合作开办公司或者进行其他合作投资的形式收受财物，是近几年来出现的新问题，如何准确定性处理需要认真研究。

1. 关于合作投资型受贿的认定标准。

《受贿意见》第 3 条规定，国家工作人员利用职务上的便利为请托人谋取利益，由请托人出资，“合作”开办公司或者进行其他“合作”投资的，以受贿论处。受贿数额为请托人给国家工作人员的出资额。国家工作人员利用职务上的便利为请托人谋取利益，以合作开办公司或者其他合作投资的名义获取“利润”，没有实际出资和参与管理、经营的，以受贿论处。

根据这一规定，对于国家工作人员以本人或者他人（亲属或者其他关系密切人员）名义，参与合办公司或者进行其他合作投资，是否以受贿论处，主要从三个方面来判断：首先，考察行为人有无真正、实际地出资。无论是合作开办公司还是合作投资，投资者都必须真正地、实际地投资，如果国家工作人员没有实际投资，而由请托人出资，则构成受贿。这里须注意区分国家工作人员实际出资与虚假出资的界限。有的案件中，尽管国家工作人员与请托人有合作投资的协议，以及国家工作人员的出资证明，表面上看是真正出资，但事实上并没有出钱，实际上是虚假投资，旨在掩人耳目，属于受贿。有的案件中，国家工作人员向请托人借款，由请托人先行垫付资金，但究竟是以借款为名，还是真实借款，要认真审查。主要应当结合以下因素进行判断：（1）有无正当、合理的借款事由；（2）案发时借款时间的长短；（3）有无还款的意思表示及行为；（4）未还款的原因等。如果国家工作人员以借款为名，并未有还款的意思表示及行为，仍属于虚假投资。还有的案件中，国家工作人员有实际出资，但只是象征性出资，如公司注册资本 20 万元，国家工作人员只出资 2 万元，请托人则出资 18 万元。但在合作协议中，规定双方各出资一半。这表明，请托人为国家工作人员实际出资 8 万元，这 8 万元则为国家工作人员的受贿数额。其次，考察行为人是否实际参与经营。是否实际出资与是否参与经营相互关联、相互印证。从出资与经营的关系看，存在四种情况：（1）出资并参与经营；（2）出资但不参与经营；（3）不出资但参与经营；（4）既不出资也不参与经营。在第一、二种情况下，国家工作人员有实际出资，至于参与或者不参与经营、管理，皆为公司内部事务，因此，属于正常的生产经营活动，不构成犯罪。在第三、四种情况下，国家工作人员没有出资，无论是否派人参与经营，都属于受贿行为。受贿金额为请托人为国家工作人员出资的金额。最后，考察行为人是否承担经营的风险。共享收益、共担风险是一切合作、合伙的基本原则。因此，在判断国家工作人员是否受贿时，有必要考察公司风险分担情况。如果国家工作人员既不出资，也不参与经营，仅获取经营“利润”，则构成受贿。

2. 关于受贿数额的认定。

国家工作人员利用职务便利为请托人谋取利益，以开办公司等合作投资名义收受贿赂的，如何具体认定其受贿数额。根据《受贿意见》第3条规定，结合司法实践中的具体表现形式，应当区分不同情况予以认定：

一是国家工作人员既没有实际出资，又没有参与管理、经营，以合作开办公司或者进行其他合作投资名义获取“利润”。此种情形属于“虚假出资、虚假合作”，即国家工作人员出资数额没有明确，或者虽然协议中有明确的出资数额，但是国家工作人员只是虚假出资和虚假合作，都没有获取所谓“利润”的任何正当理由和法律依据，属于打着合办公司或者其他合作投资的幌子，行权钱交易之实的变相受贿行为，其获取的所谓“利润”数额应当认定为受贿数额。

二是国家工作人员没有出资，由请托人出资，合作开办公司或者进行其他合作投资。此种情形属于“虚假出资、真实合作”，即国家工作人员的出资额虽然由请托人出资，系虚假出资，但是其出资数额在协议中有明确记载，且国家工作人员参与了经营管理，并分担经营风险有真实合作成分。对于此种情形应当将出资额认定为受贿数额没有异议，但是对于经营利润应否计入受贿数额，司法实践中有不同意见。有意见认为，此类行为多发生在暴利行业，利润金额往往远大于出资额；出资额是该出而未出，利润额是不该得而非法得，收受利润应当视为一个连续的受贿行为。[①] 该指导性案例则认为，此种情形的受贿数额为请托人给国家工作人员的出资额，经营利润认定为受贿资本的非法孳息。其主要理由是：首先，将收受出资及其利润割裂开来合并计算，忽视了出资不同于其他物品的特殊性和利润对出资资本的依附性，有重复评价之嫌；其次，此种情形与前述第一种情形有所不同，国家工作人员虽然虚假出资，但是其参与经营管理，并分担经营风险，有真实合作成分。

三是国家工作人员有实际出资，但收取了超出出资比例应得的收益。此种情形是否一律属于受贿，司法实践中也有不同意见。有意见认为，此种情形应当一律认定为受贿，因为国家工作人员只是象征性出资，却获得额外的巨额利润。这

① 李怀胜：《合作投资型受贿若干问题探析》，载《人民检察》2006年第16期。

与以交易形式收受贿赂性质相同，属于变相受贿，受贿数额应以收益额与实际出资应得收益额的差额计算。[①] 笔者认为，此种情形是否属于受贿，关键看国家工作人员是否利用职务便利为其他合作人谋取利益。如果国家工作人员利用职务便利为其他合作人谋取利益，因为符合受贿权财交易的本质特征，则不论全体合作人是否明确约定不按出资比例分红，都应当将收取的超出出资比例的部分认定为受贿数额。

3. 关于"垫资"问题的处理。

司法实践中还有一种垫资的情形，即国家工作人员利用职务上的便利为请托人谋取利益，由请托人垫付资金，国家工作人员或者其指定的第三人以参与合作开办公司或者进行其他合作的形式，不参与经营管理而获取经营利润。对此，是否认定为受贿有不同意见。肯定意见认为，此种情形即使国家工作人员事后归还了请托人的垫付款，也应当以实际收受的利润部分追究受贿责任。因为由请托人垫付出资，只是一种更为隐蔽的受贿手段，归还出资的本意是掩盖非法收受的投资收益，同样属于打着合办公司或者其他合作投资的名义，行受贿之实的行为。反对意见认为，按照"谁出资，谁收益"的原则，既然是垫付，就意味着国家工作人员是投资方，自然可以获取投资的收益。[②] 笔者同意第一种意见。由于这一问题比较复杂，应当结合案件具体情况，根据是否真实出资、是否权钱交易这一根本判断标准，进行具体分析认定。此种情形下，判断国家工作人员是否真实出资，不能仅看是否有垫付出资的书面约定，应当根据以下因素综合判定：（1）有无正当合理的垫资事由和垫资原因；（2）双方平时关系如何、有无经济往来；（3）垫资方是否要求国家工作人员利用职务上的便利为其谋取利益；（4）国家工作人员是否利用职务上的便利为垫资方谋取利益；（5）垫资后是否有归还的意思表示和行为；（6）是否有归还能力；等等。具体有四种情况：

一是由请托人垫付资金，国家工作人员合作投资，事后并未归还请托人的垫资，且不实际参与经营而获取经营利润。这种情况下，国家工作人员既没有管理、

---

① 王鹏辉：《合作投资型受贿司法认定的问题研究》，兰州大学 2017 年硕士学位论文。

② 陈国庆主编：《新型受贿犯罪的认定与处罚》，法律出版社 2007 年版。

技术等经营上的付出，也没有资金上的风险，实际上属于以合作投资的名义获取利润，是假合作真受贿。

二是由请托人垫付资金，国家工作人员合作投资，事后自己通过正当途径归还请托人的垫资，但不实际参与经营而获取利润。这种情况下，国家工作人员虽然没有实际参与经营管理但应当认定其实际上出了资，而合作投资既可以管理和技术投资，也可以资金投资，因此如果国家工作人员所获取的利润与其投入的资金应得回报基本成正比，不构成受贿罪，如果差额巨大，则差额部分构成受贿罪的数额。

三是由请托人垫付资金，国家工作人员合作投资，不实际参与经营而获取经营利润，并以利润归还了请托人的垫资。对此有分歧，有的认为，这属于上述第三种情况，既然事后已用利润冲抵了垫款，其实质就是“借鸡生蛋”，仍应认定其实际出资，而合作开办公司既可以出人员、出管理、出技术，也可以出资。[①] 笔者认为，这种情况俗称“空手套白狼”，如果国家工作人员参与经营管理的，可适用上述第三种情况，一般不以受贿处理。但如果国家工作人员既不参与经营管理，又没有投资，而是要求请托人垫付资金，事后以利润冲抵的，一般应认定为受贿。因为，这种情况往往是公司有利润就冲抵“垫款”，没利润或者亏损就不冲抵，也不需要国家工作人员自己掏钱归还。因此，从头至尾，国家工作人员并未实际投资，也未参与经营管理，虽然所获利润被其全部或者部分用于冲抵垫款，似乎是归还投资，但实质上属于《受贿意见》第 3 条第 2 款规定的“没有实际出资和参与管理、经营”，却实际获得了“利润”的情形，应当以受贿论处。

四是由请托人垫付资金，国家工作人员“合作投资”，实际参与经营而获利，事后归还了请托人的垫资。一种意见认为，这种情况与第二种情况性质相同，有出资，还有管理，不能认定为受贿。另一种意见认为，这属于变相收回，受贿数额为实际“获利”数额。[②]

（七）委托理财型受贿的认定

委托理财是近年来我国逐渐兴起的投资理财的新方式，对于实现客户资金的

---

① 陈国庆主编：《新型受贿犯罪的认定与处罚》，法律出版社 2007 年版。

② 陈国庆主编：《新型受贿犯罪的认定与处罚》，法律出版社 2007 年版。

保值增值具有一定的作用，但也成为权钱交易滋生的领域。国家工作人员借委托请托人投资证券、期货或者其他委托理财的名义收受请托人财物的情况时有发生。《受贿意见》第 4 条规定：“国家工作人员利用职务上的便利为请托人谋取利益，以委托请托人投资证券、期货或者其他委托理财的名义，未实际出资而获取‘收益’，或者虽然实际出资，但获取‘收益’明显高于出资应得收益的，以受贿论处。受贿数额，前一情形，以‘收益’额计算；后一情形，以‘收益’额与出资应得收益额的差额计算。”实践中，以投资理财名义收受贿赂的情形十分复杂，实践中国家工作人员借委托他人投资证券、期货或者其他委托理财的名义收受他人财物，主要有三种情形：一是国家工作人员利用职务上的便利为他人谋取利益，未实际出资，借委托他人投资证券、期货或者其他委托理财的名义变相收受他人财物的；二是国家工作人员虽然实际出资，但是在他人未将出资实际用于投资活动的情况下，收受他人以盈利名义给付的财物的；三是他人虽然将出资实际用于投资活动，但所获收益与实际盈利明显不符的。对于第一种情形，既然没有出资，也就谈不上委托理财，更谈不上理财收益，应当以受贿处理。故《受贿意见》规定，国家工作人员利用职务上的便利为请托人谋取利益，以委托请托人投资证券、期货或者其他委托理财的名义，未实际出资而获取收益的，以受贿论处。但是第二种情形和第三种情形都有争议：

1. 关于第二种情形的认定。

第二种情形是《受贿意见》制定过程中争议较大的一个问题，多数意见认为对于此种情形的处理需持谨慎态度。理由是：第一，委托理财操作上较为复杂，做法不尽一致，具体投资时受托方不一定要为委托方开设专户，而且，作为一般等价物，在有实际投资的情况下，不易判断也不易区分钱款的出资者归属，所以，是否将出资实际用于具体投资活动，实践中很难认定。第二，收益回报不必须以实际用于投资为条件。一方面，受托方对于如何投资、何时投资有一个自主决定权；另一方面，约定高回报额虽不受法律保护，但这种违规做法实践中的确存在，在刑事和民事的司法认定上应有所区分并适当考虑。此外，作为受贿处理，还牵涉到委托方是否事先明知的问题。考虑到实际情况的复杂性，为避免客观归罪，《受贿意见》对此情形未作专门规定。应当注意，《受贿意见》未作规定，并不意味着此情形一律不以受贿处理，只是说此情形不再具有独立的认定意义，对于符合第三种情形，即所获收益与出资应得收益明显不符的，同样应当根据《受贿意见》的规定处理。

此外，有意见提出，应将通过把由他人补偿亏损方式变相受贿的情形一并规定进来。考虑到此种情形多出于真实的委托理财意思，且犯意产生于事后，在认定上有一定难度，故《受贿意见》未作规定。

2. 关于第三种情形的认定。

对于第三种情形，虽然存在真实委托理财的成分，但其性质与以交易形式收受贿赂相同，属于变相受贿，故《受贿意见》第4条规定，“国家工作人员利用职务上的便利为请托人谋取利益，以委托请托人投资证券、期货或者其他委托理财的名义……虽然实际出资，但获取‘收益’明显高于出资应得收益的，以受贿论处”。受贿数额以收益额与出资应得收益额的差额计算。在适用本规定时，应当注意坚持主客观相一致的刑事司法原则。现实生活中投资收益及其比例均具有不确定性，尤其是在具有高风险、高回报特点的证券、期货领域，所以，成立受贿，需以国家工作人员对于所获收益高于出资应得收益具有主观明知为条件。《受贿意见》之所以强调“明显高于”，意义即在于此。

那么如何认定“明显高于”就成为司法实践的关键，也是疑难问题。在这方面笔者赞同学者的意见，具体认定“明显”要从以下三方面考虑：首先，应当明确“应得收益”。判断国家工作人员从请托人处获取“收益”是否明显高于委托理财应得收益，前提是准确认定出资应得收益。司法机关可以委托价格事务所对房屋、汽车等贿赂商品进行估价。其次，应当准确把握“明显高于”的限度。委托理财型受贿明显高于应得收益的判断规则具有区别于交易型受贿明显偏离市场价格的独立性特征。实践部门对于明显偏离市场价格的司法认定提出了相对比例说、绝对数额说、成本价说、立案标准说等观点。[①] 但是，在证券价格波动较大的整体市场环境下，判断明显高于应得收益无法简单参照上述规则。对于权证、期货以及即将陆续登场的股指期货等证券衍生产品的资本投资而言，其保证金交易

① 张玉娟：《交易型受贿案件“明显偏离市场价格”的司法认定》，载《检察日报》2007年8月26日。

的杠杆效应导致投资收益与风险呈倍数放大，进一步加深了从价格技术角度认定明显高于等实质判断的实践难度。因此原则上应根据请托人接受委托后资本运作情况分析国家工作人员获取“利润”的真实性质，以此判断是否属于明显高于应得收益：（1）查明请托人向国家工作人员承诺能够确保收益或者分担损失，接受委托理财进行资本运作后实际出现亏损，请托人根据事先约定支付收益或者补足损失的，该部分利益违反合同法、证券法以及相关证券规则的规定，不具有委托理财合同的法律效力，属于明显高于应得收益的受贿利益；（2）在查询请托人操作证券期货投资的资金账户与证券账户后，若发现其接受国家工作人员的资金后尚未开展投资、投资尚未收益或者实际出现亏损的情况下，国家工作人员仍然收取“利润”的，得利部分应当属于明显高于出资应得收益；（3）查明请托人确实进行了投资运作并且其取得的巨大投资收益，在账户上具有客观反映的，即使国家工作人员接受利润的数额巨大，亦不能认定为明显高于应得收益，因为其在客观上不具有贿赂性质。最后，应当重视否定高额收益受贿性质的例外情况。委托理财利润明显高于出资应得收益的基础事实并不是构成受贿犯罪的终局性证明。国家工作人员若提出证据表明其是在认识到委托理财存在合理利润的前提下收取理财利益的，可以排除犯罪故意，否定收取投资“利润”行为的受贿性质。受贿罪属于故意犯罪，根据犯罪故意理论，对贿赂财物的认识或者明知是构成受贿犯罪主观要件的当然内容，如果基于正当理由在收受利润过程中对收益来源与合理数额产生认识错误，或在此之后对贿赂财物的性质不存在“明知”并进而生成事后故意，即使国家工作人员接受明显高于出资应得收益的“利润”，也应认为其没有受贿犯罪故意从而不构成受贿犯罪。

（八）关于以赌博的形式收受财物的认定

所谓赌博形式受贿，是指国家工作人员利用职务之便为请托人谋取利益，利用赌博方式收受请托人财物的行为。以赌博形式受贿，实际上是行贿方和受贿方以赌博作为贿赂工具，以掩盖实质性的受贿行为。通过赌博或者为国家工作人员赌博提供资金的形式实施行贿、受贿行为，构成犯罪的，依照刑法关于贿赂犯罪的规定定罪处罚。赌博形式受贿可以分为索取赌资型、收受贿赂型、赌博赢资型和代付赌债型等。2005 年《最高人民法院、最高人民检察院关于办理赌博刑事案件具体应用法律若干问题的解释》第 7 条规定，通过赌博或者为国家工作人员赌博提供资金的形式实施行贿、受贿行为，构成犯罪的，依照刑法关于贿赂犯罪的规定定罪处罚。从法律适用层面很简单，但实务方面由于赌博形式具有一定的掩饰性，如何认定假赌真贿赂是有难度的。《受贿意见》规定，实践中应注意区分贿赂与赌博活动、娱乐活动的界限。

1. 关于贿赂与赌博活动、娱乐活动的界限问题。

主要应当结合以下因素进行判断：（1）赌博的背景、场合、时间、次数。赌博的背景是指赌博活动赖以发生的主客观基础，客观基础是指参与赌博的国家工作人员是否利用职务之便为参与赌博的人谋取利益。主观基础是指国家工作人员和请托人是否具有行贿受贿的故意。所谓场合，是指参加赌博的人和地点是否适合，是否与行贿受贿有关，如参加赌博的人都是为了拉拢贿赂国家工作人员。地点主要表现在是否在相对隐蔽的地方，以便于国家工作人员受贿。（2）赌资来源，这是认定赌博受贿行为的重要方面，并非所有的赌博受贿都会由参与赌博的工作人员事先取得请托人的赌资，如赢资型赌博；在由请托人提供赌资的场合，如果国家工作人员盈利数额大，一般可以认定为赌博受贿行为。（3）其他赌博参与者有无事先通谋。“事先通谋”，主要从行贿人角度而言，即由请托人一方或者请托人委托、聘请的人来陪国家工作人员赌博，这些人之间是否存在通谋，即在赌博开始之前已经商量好，只能让国家工作人员赢，不能让国家工作人员输，目的是把财物变相输送给国家工作人员。（4）输赢钱物的具体情况和金额大小。从输赢的情况来判断赌博受贿行为是否成立：在输赢方面，要看国家工作人员与请托人共同进行赌博过程中，是否总是国家工作人员赢，请托人一方输。当然，在输赢金额不是很大的场合，需要通过多次来考察。对于赌博盈利金额大甚至巨大的情形，只要国家工作人员属于利用职务之便为请托人谋取利益而参与赌博，一两次即可认定为赌博受贿行为。对于一般获利较小金额的赌博，需要将每次赌博赢钱的金额累计综合分析。

2. 赌博受贿金额的计算问题。

根据不同的赌博类型，认定赌博中的受贿数额。（1）赌博赢资型受贿是较为典型的赌博受贿形式，通常情况下不存在请托人为国家工作人员提供赌资的问题，即使提供赌资也是象征性的，数额不会很大。这种赌博受贿行为原则上应把所得盈利作为受贿数额。（2）收受赌资型、索取赌资型、代付赌资型受贿数额，根据国家工作人员从请托人处直接获取的财物作为受贿数额。

（九）关于特定关系人挂名领取薪酬的认定

所谓特定关系人，是指与国家工作人员有近亲属、情妇（夫）以及其他共同利益关系的人。近亲属，是指夫、妻、父、母、子、女、同胞兄弟姊妹。情妇或情夫，根据现代汉语词典的解释，指“男女两人，一方或双方已有配偶，他们之间发生性爱的违法行为”，女方是男方的情妇，男方则是女方的情夫。实践中，一些人采取给特定关系人安排工作的方式感谢或者请托国家工作人员为自己谋利，对此种行为定性分歧较大。有的认为，“安排工作”不属于刑法中的“财物”，接受“安排工作”不能认定为受贿。有的认为，工作和工资是挂钩的，接受“安排工作”就等于是接受财物，可以认定为受贿。①

国家工作人员要求或者接受他人给特定关系人安排工作的情况较为复杂，主要有三种情况：一是特定关系人不实际工作，“挂名”领取薪酬的；二是特定关系人虽然参与工作但领取的薪酬明显高于该职位正常薪酬水平的；三是特定关系人是正常工作和领取薪酬的。由于接受安排工作获取薪酬与直接接受财物有区别，能否定为受贿，应区分情况定性处理：对于第一种情况，应当认定国家工作人员受贿。对于第二种情况，一般应当认定国家工作人员受贿。对于第三种情况，不宜认定为受贿。需要特别说明的是，对于第二种情况能否认定为受贿，争议较大，有意见认为，当前工资体系较为混乱，尤其是一些私营企业，有些岗位薪酬差别较大且不透明，如何认定实际领取的薪酬与正常薪酬明显不成比例，如何认定受贿数额，均存在困难，建议对该种情况不作规定。② 从理论上讲，将该种情况规定为受贿没有问题，实践中可根据具体案件具体处理。

五、如何理解收受贿赂后“及时”返还或上交

《受贿意见》第 9 条规定，国家工作人员收受请托人财物后及时退还或者上交

---

① 陈国庆主编：《新型受贿犯罪的认定与处罚》，法律出版社 2007 年版。

② 陈国庆主编：《新型受贿犯罪的认定与处罚》，法律出版社 2007 年版。

的，不是受贿。国家工作人员受贿后，因自身或者与其受贿有关联的人、事被查处，为掩饰犯罪而退还或者上交的，不影响受贿罪的认定。根据此规定，是否认定为“及时退还或者上交”就成为判断是否构成受贿罪的主要标准。但是长期以来，对于如何理解和认定“及时”一直存在不同的认识。应当说明的是，这项规定主要针对收受财物型受贿罪，对于索贿型受贿罪，由于行为人是主动索要财物，因此在行为人得到财物后犯罪即告既遂，事后返还财物不存在及时的问题。

司法实践中，不少人疑惑多长时间返还或者上交算是“及时”。笔者认为，上述《受贿意见》中所说的“及时”不完全是一个时间的概念。这里的“及时”主要是衡量行为人受贿故意的。有些案件虽然行为人从收到财物，到返还或者上交财物时间较长，但如果没有受贿的故意，仍可以认定为“及时”。在司法实践中，行为人案发前返还或者上交财物包括以下三种情形：

一是国家工作人员无收受财物的故意，行贿人送财物时国家工作人员确无法推辞而收下或者系他人代收，事后立即设法退还或者上交的。在这种情况下，国家工作人员显然没有权钱交易的想法，不具备受贿的主观故意，应认定为“及时”，不构成受贿罪。从司法实践来看，该种情形具体包括以下情况：（1）国家工作人员明确拒绝请托人给付的财物，但请托人强行将财物留下，国家工作人员事后及时退还或者上交；（2）由他人代为收受，国家工作人员知情后及时退回或上交；（3）让请托人放心，暂时接受财物，事后及时退回或上交；（4）请托人在国家工作人员不知情的情况下，暗地里将财物置于国家工作人员所在场所，国家工作人员发现后及时退还或者上交；（5）请托人将数额较大的财物伪装成价值微薄的小礼品送给国家工作人员，国家工作人员以为是小额礼品便接受。国家工作人员事后发现自己所接受的并非小额礼品，而是数额较大的财物而退还或者上交。

二是国家工作人员受贿后，因自身或者与其受贿有关联的人、事被查处，为掩饰犯罪而退还或者上交的。这种情形下，行为人客观上有收受他人财物，为他人谋取利益的行为，主观上具有权钱交易的主观故意，行为人退还或者上交财物完全是为了掩饰犯罪，逃避法律追究，不能视为“及时”，不影响受贿罪的成立。

三是收受财物，未立即退还或者上交，但在案发前自动退还或者如实说明情况上交的。这种情形在司法实践的认定中是最为困难的。有观点认为，在此种情形下，可以设定一个时间期限，如 3 个月，在此期限内返还或者上交的就视为“及时”，否则就按受贿罪定罪量刑。[①] 笔者认为，此种观点实际上又陷入了将“及时”作为完全的时间概念的错误观念中。针对此种情形，还是应该综合案件情况，作综合考虑。具体讲，应着重考虑以下因素：（1）考察行为人是否有不接受财物或退还的真实明确的意思表示。行为人是明确拒绝接受财物，或者明确表示了退还的想法，还是对收受财物含糊其词，或是欲退还留。（2）考察行为人是否有退还或上交财物的实际行动。行为人是不仅想退还或者上交财物，而且采取了退还或者上交财物的实际行动，还是一方面说想退还或者上交，但是另一方面没有任何实际行动，甚至对于收受财物照花不误。（3）考察行为人是否存在无法退还或上交的客观原因。考察是否有某种不可抗力或者合理的原因，使得行为人无法实施退还或者上交的行为，或者已经实施却无法完成。如果行为人只是找各种不合理的借口，为没有退还或者上交财物而辩护，则不排除其有受贿的故意。（4）考察行为人收受和退还财物间隔时间的长短。笔者认为，在没有阻碍归还或者上交客观原因的前提下，行为人收受财物到退还或者上交财物的时间不应太长。

六、经济往来中受贿罪与贪污罪的界定

受贿罪与贪污罪最容易发生混淆的是行为人在经济往来中收取他人财物的场合。先来看一个例子：陈某，系某县粮食局局长。陈某为本单位购买机械设备，该套设备市场中间价为 350 万元，陈某要求供货商给予自己 20 万元的好处费，供货商声称机械设备的利润非常低，除非将设备价格加价至 370 万元才可给予其 20 万元的好处费。陈某应允，双方遂签订了价款为 370 万元的购销合同，设备安装测试成功、货款兑付后，陈某获得了 20 万元的好处费。

刑法第 385 条第 2 款规定：“国家工作人员在经济往来中，违反国家规定，收受各种名义的回扣、手续费，归个人所有的，以受贿论处。”实践中有一种误解，认为只要行为人在经济往来中拿了对方返还的财物、手续费，就是受贿。笔者认为这种观点过于机械，没有考虑到司法实践的复杂情况。经济往来中，也有的国家工作人员以收取回扣、好处费、手续费、奖金等名义，假借经济往来之名，行

---

① 陈国庆主编：《新型受贿犯罪的认定与处罚》，法律出版社 2007 年版。

侵占本单位财物之实。还有的国家工作人员利用职务上的便利将他人或其他单位让利给本单位的回扣（合法或非法不限）据为己有。后两种情况都属于贪污行为。区分经济往来中受贿罪与贪污罪应主要从以下两个方面考察：

第一，考察回扣、好处费、手续费、奖金等各种财物的性质是否真实，即这些回扣、好处费、手续费、奖金实质上究竟是来源于交易对方，还是来源于行为人本单位，是行为人在本单位财产没有遭受损失的前提下收取不正当利益（出卖自己职务行为的对价），还是行为人将本来就属于单位的财物通过交易形式假借交易对方之手而迂回占有（以职务行为损公肥私）。对于行为人在经济往来中，明显背离市场规律，采取高价买进、低价卖出而后从交易对方套取回扣、奖金等，应当认定为贪污罪，因为这些财物原本属于行为人所在单位。

第二，考察交易对方是将回扣、好处费等各种财物给予行为人还是行为人所在单位。当交易对方明确表示给予行为人所在单位回扣、好处费（无论是合法还是非法）时，行为人将之据为己有的，属于贪污行为，因为此时，回扣、好处费等属于行为人单位或应上缴。当交易对方明确表示给予行为人回扣、好处费时，则不存在合法回扣的问题，属于上述第一种情形的定贪污，否则定受贿。

根据以上分析，在例子中，陈某就是以所谓“好处费”的名义收受回扣的，“好处费”不是来自卖家的少获得的利润，而是源自买方的多付出，因此是行贪污之实的贪污行为，不是受贿。

七、找下级单位“报销”行为的定性

司法实践中，经常出现上级单位到下级单位“报销”相关费用的情况。先来看一个例子：犯罪嫌疑人陈某，系某县粮食局局长、党委书记。陈某根据上级部门的文件通知精神，前往国外学习考察。考察期间，陈某给相关领导购买了箱包、皮具、保健品等纪念品折合人民币共计 45000 元。回国后，陈某以其个人名义将这些纪念品送给了相关领导。陈某考虑到这部分费用不便在单位的行政账上报销，便在一次检查工作之时向经济核算和支出独立的下属单位粮管所报销了此开支。陈某行为以何罪论处。有两种不同意见：第一种意见认为，陈某名义上是向下属单位报销个人开支 45000 元，实际上是利用其职务上的便利非法占有本单位的财物，应以贪污罪论处；第二种意见认为，该县粮食局粮管所在经济核算和支出上具有相对的独立性，陈某向下属单位报销个人开支45000元的行为不应认定为非法占有本单位的财物，而是一种索贿行为，应以受贿罪论处。

笔者认为，找下级单位“报销”行为的认定主要从两个方面去判断：一是考察此笔报销款是为行为人自己报销的，还是为行为人所在单位报销的，以此来判断是自然人犯罪还是单位犯罪；二是考察上下级单位财务部门的隶属关系，以此来判断犯罪的种类。据此，找下级单位报销的行为可以分为四种情况区别加以对待：

一是行为人是为自己报销，并且上下级财务部门互不隶属，彼此独立核算的情况。此时行为人实际上是利用上级的职务或者身份，强行在下级报销，具备了索贿的特征，按受贿罪定性。当然，如果下级单位有关人员主动要求给行为人报销有关费用，行为人顺水推舟的，则根据《贪污贿赂解释》第13条“国家工作人员索取、收受具有上下级关系的下属或者具有行政管理关系的被管理人员的财物价值三万元以上，可能影响职权行使的，视为承诺为他人谋取利益”的规定，考虑构成受贿罪。

二是行为人是为自己报销，并且上下级财务部门具有隶属关系，是统一管理核算的情况。此时行为人实际上在利用自己的职务之便，实施侵吞、骗取公款的行为，符合贪污罪的构成特征，按贪污罪定性。如果下级单位有关人员主动要求给行为人报销有关费用，或者予以协助的，考虑构成贪污罪的共同犯罪。

三是行为人是为单位报销，并且上下级财务部门互不隶属，彼此独立核算的情况。此时是单位以单位名义实施的索贿行为，具备单位受贿构成要件的，按照单位受贿罪定性。

四是行为人是为单位报销，并且上下级财务部门具有隶属关系，是统一管理核算的情况。此时是单位违反财务制度的行为，一般对相关人员按照违纪行为对待。如果造成重大财产损失，或者恶劣社会影响的，可以考虑对主管领导和直接责任人员以滥用职权罪追究责任。

综上，对于上述例子，笔者同意第二种观点，陈某构成受贿罪。

八、国家工作人员与非国家工作人员共同受贿问题

国家工作人员与非国家工作人员共同受贿的现象可以区分为两种情形：一是与国家工作人员有财产共有关系的人成立受贿罪的共犯；二是与国家工作人员没

有财产共有关系的人成立受贿罪的共犯。实践中发生率比较高的是前一种情形。

（一）与国家工作人员有财产共有关系的人成立的受贿罪共犯的认定

这些人主要是指国家工作人员的配偶、子女等，即通常所说的“近亲属”。有的近亲属，如已经成家并独立生活的子女，与国家工作人员之间虽无财产共有关系却有财产继承关系，所以也与配偶作为同一种情形予以考虑。根据《全国法院审理经济犯罪案件工作座谈会纪要》，国家工作人员的近亲属向国家工作人员代为转达请托事项，收受请托人财物并告知该国家工作人员，或者国家工作人员明知其近亲属收受了他人财物，仍按照近亲属的要求利用职权为他人谋取利益的，对该国家工作人员应认定为受贿罪，其近亲属以受贿罪共犯论处。

1. 实践中，问题较多的是国家工作人员利用职务上的便利为他人谋取利益，其配偶、子女收受他人财物，或者国家工作人员将其非法收受的财物交给其配偶、子女的情形。对此种情形，只要能够证实国家工作人员与其配偶、子女相互勾结，由国家工作人员利用职务上的便利为他人谋取利益，由其配偶、子女收受财物的，则属于共同犯罪中的分工问题，应当追究其配偶、子女受贿罪的刑事责任。

2. 配偶、子女作为共同受贿犯罪的帮助犯或者教唆犯。这是司法实践中常见的情形。配偶、子女作为帮助犯，主要表现在用各种方法为国家工作人员收受贿赂创造条件，如与国家工作人员共同商议收受贿赂事项，传递信息，沟通关系并收受财物；协助国家工作人员向请托人索取财物等。配偶、子女作为教唆犯，主要表现为诱导、劝说、催促甚至威逼国家工作人员索取财物，致使国家工作人员产生受贿犯罪的故意，并实施了受贿行为。对于上述情形，若能证明国家工作人员的配偶、子女实施了帮助或者教唆行为，就可以认定为受贿罪的共犯。但要注意的是，配偶、子女明知他人所送财物系国家工作人员为他人谋取利益所得而代为收受，但事先没有教唆或帮助行为，或者明知系国家工作人员受贿所得而与其共享的，属于知情不举，不能以受贿罪的共犯追究刑事责任。

3. 通常情况下，近亲属收受了他人送给国家工作人员的贿赂都会如实转告，但也不能排除个别相反的情况。少数国家工作人员的近亲属利用国家工作人员的特殊身份，主动向请托人索取贿赂，事后因不敢或不愿意将收受他人钱物的事告诉国家工作人员，而国家工作人员却利用职务便利为请托人谋取了利益。这种情况，笔者认为，由于国家工作人员与近亲属缺少共同受贿的意思联络，无共同受贿的故意，不能以共同受贿罪定罪处罚。国家工作人员如果利用职权为他人谋取利益，构成其他犯罪的，可依照刑法的有关规定处理。

（二）与国家工作人员没有财产共有关系的人成立受贿罪共犯的认定

近年来，高级干部受贿案件中行为人与其情人联手受贿的现象，特别引人注目。近亲属以外的其他人与国家工作人员通谋，由国家工作人员利用职务上的便利为请托人谋取利益，收受请托人财物后双方共同占有的，构成受贿罪共犯。这里“双方共同占有”有可能表现为“共同经手”或者“共同保管”，但更多的时候表现为双方共同意志支配下由一方实施的处分行为。司法实践中，对于国家工作人员利用职务上的便利为他人谋取利益，其关系人收受他人财物，或者国家工作人员将其非法收受的财物交由其关系人占有的，其关系人能否构成受贿罪的共犯，应根据具体案件的情节区别对待：

首先，国家工作人员的关系人利用国家工作人员职务上的便利，为请托人谋取利益，共同收受请托人的财物与国家工作人员分享的，构成受贿罪共犯。但是，促使行贿人向国家工作人员行贿，但没有与国家工作人员共同占有贿赂财物的，对关系人不能以受贿罪的共犯认定。

其次，国家工作人员利用职务上的便利为请托人谋取利益，并指定他人将财物送给其关系人，构成犯罪的，应以受贿罪定罪处罚。这种情况下，对于接受财物的关系人，不一定按照共犯处理，但不影响该国家工作人员成立受贿罪。

对于与国家工作人员有实际上的财产共有关系的人，要求国家工作人员利用职务上的便利为请托人谋取利益的，自己收受财物没有交给国家工作人员的，对国家工作人员及其关系人应以受贿罪的共犯论处。

根据《全国法院审理经济犯罪案件工作座谈会纪要》规定，近亲属以外的其他人与国家工作人员通谋，由国家工作人员利用职务上的便利为请托人谋取利益，收受请托人财物后双方共同占有的，构成受贿罪共犯。国家工作人员利用职务上的便利为他人谋取利益，并指定他人将财物送给其他人，构成犯罪的，应以受贿罪定罪处罚。

《受贿意见》第 6 条规定，国家工作人员利用职务上的便利为请托人谋取利益，要求或者接受请托人以给特定关系人安排工作为名，使特定关系人不实际工作却获取所谓薪酬的，以受贿论处。第 7 条规定，国家工作人员利用职务上的便利为请托人谋取利益，授意请托人以本意见所列形式，将有关财物给予特定关系人的，以受贿论处。特定关系人与国家工作人员通谋，共同实施前款行为的，对特定关系人以受贿罪的共犯论处。特定关系人以外的其他人与国家工作人员通谋，由国家工作人员利用职务上的便利为请托人谋取利益，收受请托人财物后双方共同占有的，以受贿罪的共犯论处。第 11 条规定，本意见所称“特定关系人”，是指与国家工作人员有近亲属、情妇（夫）以及其他共同利益关系的人。《受贿意见》首次将过去法律规定的“利害关系人”扩展为“特定关系人”。

九、受贿罪与非罪的界定

（一）受贿罪与接受赠与的界限

在受贿案件中，行贿人为达到其目的，常乘受贿人家中婚丧嫁娶之机以重礼，或借口赠与礼品以行贿之实。而受贿人也往往自认为接受送礼，最多属于不正之风，尚不构成犯罪，因而心安理得地加以接受，这种案件罪与非罪的界限，有时很难区分。如以下例子：田某利用担任医务处副处长及驱铅门诊负责人的便利，违反所属医院《新药临床验证管理办法》关于“药品临床试验应经过严格的审批程序”等规定，擅自决定与某制药公司签订临床观察协议，为该公司制作临床观察报告，并违规将报告提供给某制药公司；后田某以医务处副处长、铅中毒防治中心负责人的名义为某制药公司代理销售的药品——某颗粒向该院药事委员会提出进药申请。某制药公司为此共给其人民币 2 万元；为其支付旅游费人民币 8450 元，并给其美元 500 元（折合人民币 4107.25 元）。田某为某制药公司“某口服溶液”在医院进行临床观察后，向该公司经理刘某表示自己上下班不方便，要某制药公司为其购置轿车。刘某请示某制药公司董事长经同意后，为田某购买轿车 1 辆，价值人民币 188592.92 元。

案发后，田某辩称轿车是因私人感情而赠与，是民事赠与，其收受轿车时没有为某制药公司谋取利益，与职务无关，不是受贿。

礼尚往来是我国的民俗，不能把接受赠与认定为受贿罪。受贿罪的实质是“权钱交易”，而接受赠与是出于亲友、同事的情谊，二者有本质的不同，其界限要着重以下几方面把握：

1. 从双方的关系来看，双方是同学、同乡、亲友及其他私人关系，还是有利害关系的当事人与主管人的关系。正常赠与一般发生在有密切关系的个人之间，这种密切关系往往由来已久，且在赠与发生之后仍保持和发展这种关系；而贿赂则是发生在有利害关系的当事人与主管人之间，双方的利害关系是由于国家工作人员的特定身份而临时产生，且随贿赂目的得逞而逐渐淡化。

2. 从行为的动机来看，正常赠与是行为人基于亲情、友情而无偿将财物送与他人；而贿赂则是行贿人为使他人利用职务之便为自己谋取利益而将财物给予他人。

3. 从行为的方式来看，正常赠与一般是公开进行，为他人知悉；而贿赂则总是秘密进行，行为双方都采取各种手段掩盖、隐匿、毁灭可能被查获的罪证。

4. 从行为的时间上看，赠与发生的时间一般确定；而贿赂则必然发生在行贿人有求受贿人利用职务为其谋取利益之时。

5. 从行为的标的物来看，正常赠与的财物一般为私人财物；而用以贿赂的财物，既可能是国家、集体的，也可能是私人的，且标的物价值一般较大。

实践中要注意防止把那种“明礼暗贿”“形礼实贿”“以礼代贿”的受贿分子漏出法网，也要防止把一般的接受赠与行为认定为受贿罪而予以惩治。实践中有这样的情况，国家工作人员利用职务上的便利，为他人谋利益，收受物品后，只付少量现金。有人认为这是买便宜货，不构成受贿，这是不正确的。这往往是行贿、受贿双方的掩盖犯罪行为的一种手段，情节严重、数量较大的，应认定为受贿罪。

上述例子中，按照医院规定，儿童药品临床观察需要履行严格的审批程序，而田某未经过审批，擅自为某制药公司安排临床观察，利用职务身份为某制药公司向药委会进行采购药品申请，这些行为不仅严重违反医院的规定，也侵害了其他药商公平竞争的权利，违背了国家工作人员的职务廉洁性。田某身为具有上述事项决定权或影响权的国家工作人员，知道自己的权力对于某制药公司意味着利益，无论财物的取得是因其索要，还是纯粹收受，国家权力被作为商品用于“交换”不仅已经成为现实，更凸显田某权钱交易的主观故意。某制药公司正是考虑到田某是医院主管进药的医务处副处长，公司的某口服液在医院的临床观察排铅试验报告具有权威性，今后能给公司带来很大的经济利益，为了公司在医院的药物销售，才同意为田某买车。而且轿车这一金额巨大的财物作为礼品，即使田某辩解称轿车来自对方的私人感情赠与，但田某与某制药公司之间“来而无往”的赠与，其价值已经超出了私人赠与关系基础的价格。因此，应认定田某取得的轿车的行为构成受贿罪。

（二）正当借贷关系和以借为名的受贿行为的界限

司法实践中，有些受贿案件受贿人是以借为名索取、收受贿赂，一旦事发，则以所谓“借贷（款）”“借用”进行搪塞、掩盖其受贿行为。由于这种案件的行为人以“借”方的面貌出现，有其一定的狡诈性和复杂性。如下面的例子：凌某原系某国有公司设备部部长。与该设备部有业务关系的某工厂厂长卢某（该厂生产的产品大量提供给上述公司的下属各部门使用，且设备部下属的土炉室直接使用该厂的产品）在得知凌某买房需要钱时，送给凌某人民币10万元。凌某起初不肯收，在卢某称是借给他的之后，收下该笔钱款，并说以后归还。但此后凌某一直未归还。凌某的行为是否构成受贿罪存在争议。

正常借贷和以借为名的受贿行为历来是司法认定的疑难问题。为统一认识，规范执法司法机关也先后出台有关文件对此加以规定。2003年最高人民法院颁布的《全国法院审理经济犯罪案件工作座谈会纪要》中规定了对以借款为名索取或者非法收受财物行为认定的方法。随着社会经济的发展，《受贿意见》又对于收受贿赂物品未办理权属变更的认定问题作出了规定。这两份文件强调，在具体认定时不能仅看是否有书面借款手续，以及在认定以房屋、汽车等物品为对象的受贿时，应注意与借用的区分，不能仅看双方交代或者书面协议，结合这两份文件，以借为名受贿方式的认定应当着重从以下几方面考察：

1. 有无正当、合理的借款、借用事由。具体需要从以下几方面查清事实：借款和借用财物的事由；向请托人借款和借用财物的理由；借款和借用时自身的经济状况和收入情况；有无借款和借用的必要；借款和借用的用途是否必要和恰当等。

2. 款项的去向、借用的时间长短、是否实际使用。需要查清：有无约定借款和借用的期限；借款的去向和借用财物的名义用途、实际用途以及二者是否一致；

在完成名义用途后，有无归还财物；如果未归还而是另作他用，请托人是否知情并同意等。

3. 双方平时关系如何、有无经济往来。需要查清：双方结识的原因和时间；双方平时个人及家庭的交往情况；在涉嫌受贿的借款和借用行为之前和之后，双方有无其他经济上的往来等。以借为名收受贿赂的案件，一般双方当事人之间具有利益关系。所谓利益关系是指借贷双方相互有利可图。一般来说，利益关系是当事人产生以借为名的受贿的犯意、动机的基础和必要条件，是办理这类案件应考虑的重要因素。

4. 出借方是否要求国家工作人员利用职务上的便利为其谋取利益。需要查清：请托人借款和借用财物给国家工作人员的原因；请托人有无明示或暗示要求国家工作人员为其提供帮助或谋取利益；国家工作人员是否为请托人谋取了利益等。

5. 借款和借用后是否有归还的意思表示及行为。需要查清：借款和借用之前、当时或之后双方有无约定归还期限；借款和借用之后请托人有无要求归还的意思表示或行为；国家工作人员有无主动要求归还的意思表示或行为等。

6. 是否有归还的能力和条件。需要查清：借款和借用后国家工作人员的家庭经济条件情况；借款和借用后有无归还的客观经济条件和时间空间条件；归还财物后是否造成国家工作人员生活的实质困难；如果借款和借用后一直没有归还的能力，其当初找请托人借款或借用的理由和心理状态等。

7. 未归还的原因。综合上述事实，进一步查清：借款后没有还款的真实原因。

8. 其他。需要查清：双方有无书面协议；是否约定了利息、使用费；债权上是否有保证、质押、抵押等担保措施等。

在上述例子中，被告人虽然在借款时具有正当理由，但在此后具备全部或部分归还能力的情况下始终未有还款行为，且10万元的借款数额业已明显超出其与相对人平日关系的正常度。而按照其本人的供述，其主观上虽有归还的想法，但态度并不坚决，故而没有还款。同时，根据借款人卢某的证词，10万元借款原本即想赠送给被告人，在借贷给凌某后，实质上也不期待凌某归还。由此可见，在借款事实发生后，借款人并不期待被告人归还借款，被告人也并不打算归还该笔借款，该借款行为已符合“名借实贿”特征，被告人应构成“非法收受他人财物”。

同时，被告人作为国有企业的营业主管，拥有负责审批单位各部门设备维修、部件更换的权力。利用该权力，被告人可以为与其单位有业务往来的财物给予人所在单位在现时或将来谋取各种合法乃至非法利益。虽然在案发时，被告人尚未实际为财物给予人谋取利益或便利，但在其非法收受他人财物之时，已经以实际行动默示对将来随时会发生的“权钱交易”的认可和许诺。因此，被告人的行为业已符合“为他人谋取利益”的客观要件。

因此，作为国家工作人员的被告人凌某，利用职务上形成的便利条件，非法收受他人财物，为他人谋取利益，其行为已构成受贿罪，应当追究刑事责任。

另外，实践中还有两种情况：一是国家工作人员确属借用房屋、汽车，但对于正常的物业管理费、水电费、汽车保险费、汽油费等，均由出借房屋、汽车的请托人承担；二是请托人将自己用于出租收取租金的房屋、汽车无偿借给国家工作人员使用，或者自己出资为国家工作人员租用他人的出租房屋、汽车，数额少则数千元，多则数万元。

有意见认为，所谓使用，是指特定的权利主体依照财产的性质和用途，在不损害物之本身或变更其性质的情形下对财产加以利用。即发挥财产的使用价值，满足生产生活需求，实现权利人的利益，是所有权权能中一项重要的核心权能。因此，使用权是所有权的重要组成部分，对于因使用而产生的这些费用应该“谁使用、谁承担”，国家工作人员只使用房屋、汽车，却不承担费用的结果，就是将费用转嫁给请托人。换言之，这部分本该由国家工作人员承担的费用由请托人承担，与请托人送钱给国家工作人员没有本质区别，属于变相受贿，应认定为受贿。也有人认为，住房的使用权虽不直接表现为财物，但它必定与一定财物所有权的权能相联系。接受使用权，在计算受贿数额时，以住房的实际价格或者购房价格计赃恐怕不合理，可以考虑以相同类型房屋平均年出租价格乘以使用年限计赃。[①]

笔者认为，房屋、汽车等物品的使用权属于财产性利益，不属于现行刑法规定中的财物，确系借用他人房屋、汽车的，不能认定为受贿，但如果是由他人支付物业管理费、水费、电费、汽车保险费、维修费、汽油费等各种费用，或者代

---

① 孙国祥：《贪污贿赂犯罪疑难问题学理与判解》，中国检察出版社2003年版，第289页。

付房屋、汽车租金的，国家工作人员表面上看没有收受现金，但实质上也是收受财物。因为，国家工作人员本应支出上述各种费用，但因请托人予以免除或者代为支付而不再由自己支付，实际上等于以另一种方式增加了收入，这与收受现金或者其他财物没有实质区别。这部分本该由自己支付却由他人支付的费用，应该认定为受贿。《商业贿赂意见》第 7 条规定，商业贿赂中的财物，既包括金钱和实物，也包括可以用金钱计算数额的财产性利益，如提供房屋装修、含有金额的会员卡、代币卡（券）、旅游费用等。具体数额以实际支付的资费为准。据此，上述利益属于财产性利益，应构成受贿罪。但从当前实际来看，一些房屋一年的物业管理费几万元，换言之，国家工人员借住请托人的房屋，只要有一年的物业管理费，国家工作人员就构成受贿罪，打击面似乎宽了些。因此，办理类似案件时各地应根据具体情况予以把握。

（三）受贿罪与取得合法报酬的界限

合法报酬，是指一些在国家研究、学术机构工作的科研人员，在国有公司、企业工作的工程技术人员，在法律、政策允许的范围内，利用业余、休息时间，用自己的知识和能力，为他人进行某项工作或提供咨询服务而获得的报酬。合法报酬应当视为合法收入而不是受贿行为。如为本单位推销产品、承揽业务，而按规定取得的报酬；经本单位领导批准，为外单位提供业务而按规定获得的奖励等，都属于合法收入。对这些合法收入要坚决依法保护。在承认和保护合法报酬的同时，也要防止某些国家工作人员以收取“合法报酬”为掩护，行索贿受贿之实。在认定科技人员受贿案件时，应注意把握以下问题：

一是考察科技人员是否具备国家工作人员身份。刑法第 385 条明确将国家工作人员规定为受贿罪主体。科技人员要构成本罪，必须具备国家工作人员的身份。只有依法受公共组织委托从事具有公务性质的科技活动，以及在科技活动中具有行政管理职责的科技人员，才能成为受贿罪的主体。凡从事不具有公务性质的科学活动或业余兼职从事科技活动的科技人员，则不能构成受贿罪主体。

二是正确认定科技人员索取或收受财物是否是利用职务之便完成的。科技人员利用职务上的便利为他人谋取利益，索取或非法收受他人财物的受贿行为，主要有以下情形：（1）科技人员利用关键技术向对方索取财物。科技人员根据本单位的指派、委托从事技术活动，利用手中的关键技术，刁难对方，索取对方财物，应以受贿罪论处；（2）科技人员在技术咨询等活动当中，提供了合同约定以外的技术服务或劳务，收取相应报酬，一般说来是允许的，但科技人员利用职务上的便利索取或收受合理报酬以外的利益时，就有构成受贿罪的可能。

三是正确认定业余兼职的含义及科技人员在业余兼职中收取报酬与受贿罪的界限。科技人员在业余兼职中收取报酬是合法的，是受法律保护的。但是，如果科技人员兼职是受主管部门或单位任命或委派，则可通过利用职务上的便利索取或非法收受他人财物，为他人谋取利益而构成受贿罪。

【办案依据】

一、刑法规定

第九十三条 本法所称国家工作人员，是指国家机关中从事公务的人员。

国有公司、企业、事业单位、人民团体中从事公务的人员和国家机关、国有公司、企业、事业单位委派到非国有公司、企业、事业单位、社会团体从事公务的人员，以及其他依照法律从事公务的人员，以国家工作人员论。

第一百六十三条 公司、企业或者其他单位的工作人员，利用职务上的便利，索取他人财物或者非法收受他人财物，为他人谋取利益，数额较大的，处三年以下有期徒刑或者拘役，并处罚金；数额巨大或者有其他严重情节的，处三年以上十年以下有期徒刑，并处罚金；数额特别巨大或者有其他特别严重情节的，处十年以上有期徒刑或者无期徒刑，并处罚金。

公司、企业或者其他单位的工作人员在经济往来中，利用职务上的便利，违反国家规定，收受各种名义的回扣、手续费，归个人所有的，依照前款的规定处罚。

国有公司、企业或者其他国有单位中从事公务的人员和国有公司、企业或者其他国有单位委派到非国有公司、企业以及其他单位从事公务的人员有前两款行为的，依照本法第三百八十五条、第三百八十六条的规定定罪处罚。

第一百八十四条 银行或者其他金融机构的工作人员在金融业务活动中索取他人财物或者非法收受他人财物，为他人谋取利益的，或者违反国家规定，收受各种名义的回扣、手续费，归个人所有的，依照本法第一百六十三条的规定定罪处罚。

国有金融机构工作人员和国有金融机构委派到非国有金融机构从事公务的人员有前款行为的，依照本法第三百八十五条、第三百八十六条的规定定罪处罚。

第三百八十五条 国家工作人员利用职务上的便利，索取他人财物的，或者非法收受他人财物，为他人谋取利益的，是受贿罪。

国家工作人员在经济往来中，违反国家规定，收受各种名义的回扣、手续费，归个人所有的，以受贿论处。

第三百八十六条 对犯受贿罪的，根据受贿所得数额及情节，依照本法第三百八十三条的规定处罚。索贿的从重处罚。

第三百八十八条 国家工作人员利用本人职权或者地位形成的便利条件，通过其他国家工作人员职务上的行为，为请托人谋取不正当利益，索取请托人财物或者收受请托人财物的，以受贿论处。

第三百九十九条 司法工作人员徇私枉法、徇情枉法，对明知是无罪的人而使他受追诉、对明知是有罪的人而故意包庇不使他受追诉，或者在刑事审判活动中故意违背事实和法律作枉法裁判的，处五年以下有期徒刑或者拘役；情节严重的，处五年以上十年以下有期徒刑；情节特别严重的，处十年以上有期徒刑。

在民事、行政审判活动中故意违背事实和法律作枉法裁判，情节严重的，处五年以下有期徒刑或者拘役；情节特别严重的，处五年以上十年以下有期徒刑。

在执行判决、裁定活动中，严重不负责任或者滥用职权，不依法采取诉讼保全措施、不履行法定执行职责，或者违法采取诉讼保全措施、强制执行措施，致使当事人或者其他人的利益遭受重大损失的，处五年以下有期徒刑或者拘役；致使当事人或者其他人的利益遭受特别重大损失的，处五年以上十年以下有期徒刑。

司法工作人员收受贿赂，有前三款行为的，同时又构成本法第三百八十五条规定之罪的，依照处罚较重的规定定罪处罚。

二、立法解释

（一）全国人民代表大会常务委员会《关于〈中华人民共和国刑法〉第三百一十三条的解释》（2002年8月29日）

全国人民代表大会常务委员会讨论了刑法第三百一十三条规定的“对人民法院的判决、裁定有能力执行而拒不执行，情节严重”的含义问题，解释如下：

刑法第三百一十三条规定的“人民法院的判决、裁定”，是指人民法院依法作出的具有执行内容并已发生法律效力的判决、裁定。人民法院为依法执行支付令、生效的调解书、仲裁裁决、公证债权文书等所作的裁定属于该条规定的裁定。

下列情形属于刑法第三百一十三条规定的“有能力执行而拒不执行，情节严重”的情形：

（一）被执行人隐藏、转移、故意毁损财产或者无偿转让财产、以明显不合理的低价转让财产，致使判决、裁定无法执行的；

（二）担保人或者被执行人隐藏、转移、故意毁损或者转让已向人民法院提供担保的财产，致使判决、裁定无法执行的；

（三）协助执行义务人接到人民法院协助执行通知书后，拒不协助执行，致使判决、裁定无法执行的；

（四）被执行人、担保人、协助执行义务人与国家机关工作人员通谋，利用国家机关工作人员的职权妨害执行，致使判决、裁定无法执行的；

（五）其他有能力执行而拒不执行，情节严重的情形。

国家机关工作人员有上述第四项行为的，以拒不执行判决、裁定罪的共犯追究刑事责任。国家机关工作人员收受贿赂或者滥用职权，有上述第四项行为的，同时又构成刑法第三百八十五条、第三百九十七条规定之罪的，依照处罚较重的规定定罪处罚。

现予公告。

（二）全国人民代表大会常务委员会《关于〈中华人民共和国刑法〉第九十三条第二款的解释》（2000年4月29日，2009年修正）（参见本书贪污罪章）

三、司法解释

（一）《最高人民法院、最高人民检察院关于办理贪污贿赂刑事案件适用法律若干问题的解释》（2016年4月18日，法释〔2016〕9号）

第一条 贪污或者受贿数额在三万元以上不满二十万元的，应当认定为刑法第三百八十三条第一款规定的“数额较大”，依法判处三年以下有期徒刑或者拘役，并处罚金。

贪污数额在一万元以上不满三万元，具有下列情形之一的，应当认定为刑法

第三百八十三条第一款规定的“其他较重情节”，依法判处三年以下有期徒刑或者拘役，并处罚金：

（一）贪污救灾、抢险、防汛、优抚、扶贫、移民、救济、防疫、社会捐助等特定款物的；

（二）曾因贪污、受贿、挪用公款受过党纪、行政处分的；

（三）曾因故意犯罪受过刑事追究的；

（四）赃款赃物用于非法活动的；

（五）拒不交待赃款赃物去向或者拒不配合追缴工作，致使无法追缴的；

（六）造成恶劣影响或者其他严重后果的。

受贿数额在一万元以上不满三万元，具有前款第二项至第六项规定的情形之一，或者具有下列情形之一的，应当认定为刑法第三百八十三条第一款规定的“其他较重情节”，依法判处三年以下有期徒刑或者拘役，并处罚金：

（一）多次索贿的；

（二）为他人谋取不正当利益，致使公共财产、国家和人民利益遭受损失的；

（三）为他人谋取职务提拔、调整的。

第二条 贪污或者受贿数额在二十万元以上不满三百万元的，应当认定为刑法第三百八十三条第一款规定的“数额巨大”，依法判处三年以上十年以下有期徒刑，并处罚金或者没收财产。

贪污数额在十万元以上不满二十万元，具有本解释第一条第二款规定的情形之一的，应当认定为刑法第三百八十三条第一款规定的“其他严重情节”，依法判处三年以上十年以下有期徒刑，并处罚金或者没收财产。

受贿数额在十万元以上不满二十万元，具有本解释第一条第三款规定的情形之一的，应当认定为刑法第三百八十三条第一款规定的“其他严重情节”，依法判处三年以上十年以下有期徒刑，并处罚金或者没收财产。

第三条 贪污或者受贿数额在三百万元以上的，应当认定为刑法第三百八十三条第一款规定的“数额特别巨大”，依法判处十年以上有期徒刑、无期徒刑或者死刑，并处罚金或者没收财产。

贪污数额在一百五十万元以上不满三百万元，具有本解释第一条第二款规定的情形之一的，应当认定为刑法第三百八十三条第一款规定的“其他特别严重情节”，依法判处十年以上有期徒刑、无期徒刑或者死刑，并处罚金或者没收财产。

受贿数额在一百五十万元以上不满三百万元，具有本解释第一条第三款规定的情形之一的，应当认定为刑法第三百八十三条第一款规定的“其他特别严重情节”，依法判处十年以上有期徒刑、无期徒刑或者死刑，并处罚金或者没收财产。

第四条 贪污、受贿数额特别巨大，犯罪情节特别严重、社会影响特别恶劣、给国家和人民利益造成特别重大损失的，可以判处死刑。

符合前款规定的情形，但具有自首，立功，如实供述自己罪行、真诚悔罪、积极退赃，或者避免、减少损害结果的发生等情节，不是必须立即执行的，可以判处死刑缓期二年执行。

符合第一款规定情形的，根据犯罪情节等情况可以判处死刑缓期二年执行，同时裁判决定在其死刑缓期执行二年期满依法减为无期徒刑后，终身监禁，不得减刑、假释。

第十二条 贿赂犯罪中的“财物”，包括货币、物品和财产性利益。财产性利益包括可以折算为货币的物质利益如房屋装修、债务免除等，以及需要支付货币的其他利益如会员服务、旅游等。后者的犯罪数额，以实际支付或者应当支付的数额计算。

第十三条 具有下列情形之一的，应当认定为“为他人谋取利益”，构成犯罪的，应当依照刑法关于受贿犯罪的规定定罪处罚：

（一）实际或者承诺为他人谋取利益的；

（二）明知他人有具体请托事项的；

（三）履职时未被请托，但事后基于该履职事由收受他人财物的。

国家工作人员索取、收受具有上下级关系的下属或者具有行政管理关系的被管理人员的财物价值三万元以上，可能影响职权行使的，视为承诺为他人谋取利益。

第十五条 对多次受贿未经处理的，累计计算受贿数额。

国家工作人员利用职务上的便利为请托人谋取利益前后多次收受请托人财物，受请托之前收受的财物数额在一万元以上的，应当一并计入受贿数额。

第十六条 国家工作人员出于贪污、受贿的故意，非法占有公共财物、收受他人财物之后，将赃款赃物用于单位公务支出或者社会捐赠的，不影响贪污罪、受贿罪的认定，但量刑时可以酌情考虑。

特定关系人索取、收受他人财物，国家工作人员知道后未退还或者上交的，应当认定国家工作人员具有受贿故意。

第十七条 国家工作人员利用职务上的便利，收受他人财物，为他人谋取利益，同时构成受贿罪和刑法分则第三章第三节、第九章规定的渎职犯罪的，除刑法另有规定外，以受贿罪和渎职犯罪数罪并罚。

第十八条 贪污贿赂犯罪分子违法所得的一切财物，应当依照刑法第六十四条的规定予以追缴或者责令退赔，对被害人的合法财产应当及时返还。对尚未追缴到案或者尚未足额退赔的违法所得，应当继续追缴或者责令退赔。

第十九条 对贪污罪、受贿罪判处三年以下有期徒刑或者拘役的，应当并处十万元以上五十万元以下的罚金；判处三年以上十年以下有期徒刑的，应当并处二十万元以上犯罪数额二倍以下的罚金或者没收财产；判处十年以上有期徒刑或者无期徒刑的，应当并处五十万元以上犯罪数额二倍以下的罚金或者没收财产。

对刑法规定并处罚金的其他贪污贿赂犯罪，应当在十万元以上犯罪数额二倍以下判处罚金。

（二）《最高人民法院、最高人民检察院关于办理赌博刑事案件具体应用法律若干问题的解释》（2005年5月13日，法释〔2005〕3号）

第七条 通过赌博或者为国家工作人员赌博提供资金的形式实施行贿、受贿行为，构成犯罪的，依照刑法关于贿赂犯罪的规定定罪处罚。

（三）《最高人民法院关于国家工作人员利用职务上的便利为他人谋取利益离退休后收受财物行为如何处理问题的批复》（2000年7月21日，法释〔2000〕21号）

江苏省高级人民法院：

你院苏高法〔1999〕65号《关于国家工作人员在职时为他人谋利，离退休后收受财物是否构成受贿罪的请示》收悉。经研究，答复如下：

国家工作人员利用职务上的便利为请托人谋取利益，并与请托人事先约定，在其离退休后收受请托人财物，构成犯罪的，以受贿罪定罪处罚。

此复。

四、司法文件

（一）《最高人民法院、最高人民检察院关于办理国家出资企业中职务犯罪案件具体应用法律若干问题的意见》[①]（2010年11月26日，法发〔2010〕49号）

五、关于改制前后主体身份发生变化的犯罪的处理

国家工作人员在国家出资企业改制前利用职务上的便利实施犯罪，在其不再具有国家工作人员身份后又实施同种行为，依法构成不同犯罪的，应当分别定罪，实行数罪并罚。

国家工作人员利用职务上的便利，在国家出资企业改制过程中隐匿公司、企业财产，在其不再具有国家工作人员身份后将所隐匿财产据为己有的，依照刑法第三百八十二条、第三百八十三条的规定，以贪污罪定罪处罚。

国家工作人员在国家出资企业改制过程中利用职务上的便利为请托人谋取利益，事先约定在其不再具有国家工作人员身份后收受请托人财物，或者在身份变化前后连续收受请托人财物的，依照刑法第三百八十五条、第三百八十六条的规定，以受贿罪定罪处罚。

六、关于国家出资企业中国家工作人员的认定

经国家机关、国有公司、企业、事业单位提名、推荐、任命、批准等，在国有控股、参股公司及其分支机构中从事公务的人员，应当认定为国家工作人员。具体的任命机构和程序，不影响国家工作人员的认定。

经国家出资企业中负有管理、监督国有资产职责的组织批准或者研究决定，代表其在国有控股、参股公司及其分支机构中从事组织、领导、监督、经营、管理工作的人员，应当认定为国家工作人员。

国家出资企业中的国家工作人员，在国家出资企业中持有个人股份或者同时接受非国有股东委托的，不影响其国家工作人员身份的认定。

七、关于国家出资企业的界定

本意见所称“国家出资企业”，包括国家出资的国有独资公司、国有独资企

---

① 刘为波：《〈关于办理国家出资企业中职务犯罪案件具体应用法律若干问题的意见〉的理解与适用》，载中华人民共和国最高人民法院刑事审判第一、二、三、四、五庭主办：《刑事审判参考》（总第77集），法律出版社2010年版，第113页。

业，以及国有资本控股公司、国有资本参股公司。

是否属于国家出资企业不清楚的，应遵循“谁投资、谁拥有产权”的原则进行界定。企业注册登记中的资金来源与实际出资不符的，应根据实际出资情况确定企业的性质。企业实际出资情况不清楚的，可以综合工商注册、分配形式、经营管理等因素确定企业的性质。

八、关于宽严相济刑事政策的具体贯彻

办理国家出资企业中的职务犯罪案件时，要综合考虑历史条件、企业发展、职工就业、社会稳定等因素，注意具体情况具体分析，严格把握犯罪与一般违规行为的区分界限。对于主观恶意明显、社会危害严重、群众反映强烈的严重犯罪，要坚决依法从严惩处；对于特定历史条件下、为了顺利完成企业改制而实施的违反国家政策法律规定的行为，行为人无主观恶意或者主观恶意不明显，情节较轻，危害不大的，可以不作为犯罪处理。

对于国家出资企业中的职务犯罪，要加大经济上的惩罚力度，充分重视财产刑的适用和执行，最大限度地挽回国家和人民利益遭受的损失。不能退赃的，在决定刑罚时，应当作为重要情节予以考虑。

（二）《最高人民法院、最高人民检察院关于办理商业贿赂刑事案件适用法律若干问题的意见》（2008年11月20日）

为依法惩治商业贿赂犯罪，根据刑法有关规定，结合办案工作实际，现就办理商业贿赂刑事案件适用法律的若干问题，提出如下意见：

一、商业贿赂犯罪涉及刑法规定的以下八种罪名：（1）非国家工作人员受贿罪（刑法第一百六十三条）；（2）对非国家工作人员行贿罪（刑法第一百六十四条）；（3）受贿罪（刑法第三百八十五条）；（4）单位受贿罪（刑法第三百八十七条）；（5）行贿罪（刑法第三百八十九条）；（6）对单位行贿罪（刑法第三百九十一条）；（7）介绍贿赂罪（刑法第三百九十二条）；（8）单位行贿罪（刑法第三百九十三条）。

二、刑法第一百六十三条、第一百六十四条规定的“其他单位”，既包括事业单位、社会团体、村民委员会、居民委员会、村民小组等常设性的组织，也包括为组织体育赛事、文艺演出或者其他正当活动而成立的组委会、筹委会、工程承包队等非常设性的组织。

三、刑法第一百六十三条、第一百六十四条规定的“公司、企业或者其他单位的工作人员”，包括国有公司、企业以及其他国有单位中的非国家工作人员。

四、医疗机构中的国家工作人员，在药品、医疗器械、医用卫生材料等医药产品采购活动中，利用职务上的便利，索取销售方财物，或者非法收受销售方财物，为销售方谋取利益，构成犯罪的，依照刑法第三百八十五条的规定，以受贿罪定罪处罚。

医疗机构中的非国家工作人员，有前款行为，数额较大的，依照刑法第一百六十三条的规定，以非国家工作人员受贿罪定罪处罚。

医疗机构中的医务人员，利用开处方的职务便利，以各种名义非法收受药品、医疗器械、医用卫生材料等医药产品销售方财物，为医药产品销售方谋取利益，数额较大的，依照刑法第一百六十三条的规定，以非国家工作人员受贿罪定罪处罚。

五、学校及其他教育机构中的国家工作人员，在教材、教具、校服或者其他物品的采购等活动中，利用职务上的便利，索取销售方财物，或者非法收受销售方财物，为销售方谋取利益，构成犯罪的，依照刑法第三百八十五条的规定，以受贿罪定罪处罚。

学校及其他教育机构中的非国家工作人员，有前款行为，数额较大的，依照刑法第一百六十三条的规定，以非国家工作人员受贿罪定罪处罚。

学校及其他教育机构中的教师，利用教学活动的职务便利，以各种名义非法收受教材、教具、校服或者其他物品销售方财物，为教材、教具、校服或者其他物品销售方谋取利益，数额较大的，依照刑法第一百六十三条的规定，以非国家工作人员受贿罪定罪处罚。

六、依法组建的评标委员会、竞争性谈判采购中谈判小组、询价采购中询价小组的组成人员，在招标、政府采购等事项的评标或者采购活动中，索取他人财物或者非法收受他人财物，为他人谋取利益，数额较大的，依照刑法第一百六十三条的规定，以非国家工作人员受贿罪定罪处罚。

依法组建的评标委员会、竞争性谈判采购中谈判小组、询价采购中询价小组中国家机关或者其他国有单位的代表有前款行为的，依照刑法第三百八十五条的规定，以受贿罪定罪处罚。

七、商业贿赂中的财物，既包括金钱和实物，也包括可以用金钱计算数额的财产性利益，如提供房屋装修、含有金额的会员卡、代币卡（券）、旅游费用等。具体数额以实际支付的资费为准。

八、收受银行卡的，不论受贿人是否实际取出或者消费，卡内的存款数额一般应全额认定为受贿数额。使用银行卡透支的，如果由给予银行卡的一方承担还款责任，透支数额也应当认定为受贿数额。

九、在行贿犯罪中，“谋取不正当利益”，是指行贿人谋取违反法律、法规、规章或者政策规定的利益，或者要求对方违反法律、法规、规章、政策、行业规范的规定提供帮助或者方便条件。

在招标投标、政府采购等商业活动中，违背公平原则，给予相关人员财物以谋取竞争优势的，属于“谋取不正当利益”。

十、办理商业贿赂犯罪案件，要注意区分贿赂与馈赠的界限。主要应当结合以下因素全面分析、综合判断：（1）发生财物往来的背景，如双方是否存在亲友关系及历史上交往的情形和程度；（2）往来财物的价值；（3）财物往来的缘由、时机和方式，提供财物方对于接受方有无职务上的请托；（4）接受方是否利用职务上的便利为提供方谋取利益。

十一、非国家工作人员与国家工作人员通谋，共同收受他人财物，构成共同犯罪的，根据双方利用职务便利的具体情形分别定罪追究刑事责任：

（1）利用国家工作人员的职务便利为他人谋取利益的，以受贿罪追究刑事责任。

（2）利用非国家工作人员的职务便利为他人谋取利益的，以非国家工作人员受贿罪追究刑事责任。

（3）分别利用各自的职务便利为他人谋取利益的，按照主犯的犯罪性质追究刑事责任，不能分清主从犯的，可以受贿罪追究刑事责任。

（三）《最高人民法院、最高人民检察院关于办理受贿刑事案件适用法律若干问题的意见》（2007年7月8日）

为依法惩治受贿犯罪活动，根据刑法有关规定，现就办理受贿刑事案件具体适用法律若干问题，提出以下意见：

一、关于以交易形式收受贿赂问题

国家工作人员利用职务上的便利为请托人谋取利益，以下列交易形式收受请托人财物的，以受贿论处：

（1）以明显低于市场的价格向请托人购买房屋、汽车等物品的；

（2）以明显高于市场的价格向请托人出售房屋、汽车等物品的；

（3）以其他交易形式非法收受请托人财物的。

受贿数额按照交易时当地市场价格与实际支付价格的差额计算。

前款所列市场价格包括商品经营者事先设定的不针对特定人的最低优惠价格。根据商品经营者事先设定的各种优惠交易条件，以优惠价格购买商品的，不属于受贿。

二、关于收受干股问题

干股是指未出资而获得的股份。国家工作人员利用职务上的便利为请托人谋取利益，收受请托人提供的干股的，以受贿论处。进行了股权转让登记，或者相关证据证明股份发生了实际转让的，受贿数额按转让行为时股份价值计算，所分红利按受贿孳息处理。股份未实际转让，以股份分红名义获取利益的，实际获利数额应当认定为受贿数额。

三、关于以开办公司等合作投资名义收受贿赂问题

国家工作人员利用职务上的便利为请托人谋取利益，由请托人出资，“合作”开办公司或者进行其他“合作”投资的，以受贿论处。受贿数额为请托人给国家工作人员的出资额。

国家工作人员利用职务上的便利为请托人谋取利益，以合作开办公司或者其他合作投资的名义获取“利润”，没有实际出资和参与管理、经营的，以受贿论处。

四、关于以委托请托人投资证券、期货或者其他委托理财的名义收受贿赂问题

国家工作人员利用职务上的便利为请托人谋取利益，以委托请托人投资证券、期货或者其他委托理财的名义，未实际出资而获取“收益”，或者虽然实际出资，但获取“收益”明显高于出资应得收益的，以受贿论处。受贿数额，前一情形，以“收益”额计算；后一情形，以“收益”额与出资应得收益额的差额计算。

五、关于以赌博形式收受贿赂的认定问题

根据《最高人民法院、最高人民检察院关于办理赌博刑事案件具体应用法律若干问题的解释》第七条规定，国家工作人员利用职务上的便利为请托人谋取利益，通过赌博方式收受请托人财物的，构成受贿。

实践中应注意区分贿赂与赌博活动、娱乐活动的界限。具体认定时，主要应当结合以下因素进行判断：(1) 赌博的背景、场合、时间、次数；(2) 赌资来源；(3) 其他赌博参与者有无事先通谋；(4) 输赢钱物的具体情况和金额大小。

六、关于特定关系人“挂名”领取薪酬问题

国家工作人员利用职务上的便利为请托人谋取利益，要求或者接受请托人以给特定关系人安排工作为名，使特定关系人不实际工作却获取所谓薪酬的，以受贿论处。

七、关于由特定关系人收受贿赂问题

国家工作人员利用职务上的便利为请托人谋取利益，授意请托人以本意见所列形式，将有关财物给予特定关系人的，以受贿论处。

特定关系人与国家工作人员通谋，共同实施前款行为的，对特定关系人以受贿罪的共犯论处。特定关系人以外的其他人与国家工作人员通谋，由国家工作人员利用职务上的便利为请托人谋取利益，收受请托人财物后双方共同占有的，以受贿罪的共犯论处。

八、关于收受贿赂物品未办理权属变更问题

国家工作人员利用职务上的便利为请托人谋取利益，收受请托人房屋、汽车等物品，未变更权属登记或者借用他人名义办理权属变更登记的，不影响受贿的认定。

认定以房屋、汽车等物品为对象的受贿，应注意与借用的区分。具体认定时，除双方交代或者书面协议之外，主要应当结合以下因素进行判断：(1) 有无借用的合理事由；(2) 是否实际使用；(3) 借用时间的长短；(4) 有无归还的条件；(5) 有无归还的意思表示及行为。

九、关于收受财物后退还或者上交问题

国家工作人员收受请托人财物后及时退还或者上交的，不是受贿。

国家工作人员受贿后，因自身或者与其受贿有关联的人、事被查处，为掩饰犯罪而退还或者上交的，不影响认定受贿罪。

十、关于在职时为请托人谋利，离职后收受财物问题

国家工作人员利用职务上的便利为请托人谋取利益之前或者之后，约定在其离职后收受请托人财物，并在离职后收受的，以受贿论处。

国家工作人员利用职务上的便利为请托人谋取利益，离职前后连续收受请托人财物的，离职前后收受部分均应计入受贿数额。

十一、关于“特定关系人”的范围

本意见所称“特定关系人”，是指与国家工作人员有近亲属、情妇（夫）以及其他共同利益关系的人。

十二、关于正确贯彻宽严相济刑事政策的问题

依照本意见办理受贿刑事案件，要根据刑法关于受贿罪的有关规定和受贿罪权钱交易的本质特征，准确区分罪与非罪、此罪与彼罪的界限，惩处少数，教育多数。在从严惩处受贿犯罪的同时，对于具有自首、立功等情节的，依法从轻、减轻或者免除处罚。

五、会议纪要

最高人民法院《全国法院审理经济犯罪案件工作座谈会纪要》（2003年11月13日，法〔2003〕167号）

三、关于受贿罪

（一）关于“利用职务上的便利”的认定

刑法第三百八十五条第一款规定的“利用职务上的便利”，既包括利用本人职务上主管、负责、承办某项公共事务的职权，也包括利用职务上有隶属、制约关系的其他国家工作人员的职权。担任单位领导职务的国家工作人员通过不属自己主管的下级部门的国家工作人员的职务为他人谋取利益的，应当认定为“利用职务上的便利”为他人谋取利益。

（二）“为他人谋取利益”的认定

为他人谋取利益包括承诺、实施和实现三个阶段的行为。只要具有其中一个阶段的行为，如国家工作人员收受他人财物时，根据他人提出的具体请托事项，承诺为他人谋取利益的，就具备了为他人谋取利益的要件。明知他人有具体请托事项而收受其财物的，视为承诺为他人谋取利益。

（三）“利用职权或地位形成的便利条件”的认定

刑法第三百八十八条规定的“利用本人职权或者地位形成的便利条件”，是指行为人与被其利用的国家工作人员之间在职务上虽然没有隶属、制约关系，但是行为人利用了本人职权或者地位产生的影响和一定的工作联系，如单位内不同部门的国家工作人员之间、上下级单位没有职务上隶属、制约关系的国家工作人员之间、有工作联系的不同单位的国家工作人员之间等。

（四）离职国家工作人员收受财物行为的处理

参照《最高人民法院关于国家工作人员利用职务上的便利为他人谋取利益离退休后收受财物行为如何处理问题的批复》规定的精神，国家工作人员利用职务上的便利为请托人谋取利益，并与请托人事先约定，在其离职后收受请托人财物，构成犯罪的，以受贿罪定罪处罚。

（五）共同受贿犯罪的认定

根据刑法关于共同犯罪的规定，非国家工作人员与国家工作人员勾结，伙同受贿的，应当以受贿罪的共犯追究刑事责任。非国家工作人员是否构成受贿罪共犯，取决于双方有无共同受贿的故意和行为。国家工作人员的近亲属向国家工作人员代为转达请托事项，收受请托人财物并告知该国家工作人员，或者国家工作人员明知其近亲属收受了他人财物，仍按照近亲属的要求利用职权为他人谋取利益的，对该国家工作人员应认定为受贿罪，其近亲属以受贿罪共犯论处。近亲属以外的其他人与国家工作人员通谋，由国家工作人员利用职务上的便利为请托人谋取利益，收受请托人财物后双方共同占有的，构成受贿罪共犯。国家工作人员利用职务上的便利为他人谋取利益，并指定他人将财物送给其他人，构成犯罪的，应以受贿罪定罪处罚。

（六）以借款为名索取或者非法收受财物行为的认定

国家工作人员利用职务上的便利，以借为名向他人索取财物，或者非法收受财物为他人谋取利益的，应当认定为受贿。具体认定时，不能仅仅看是否有书面借款手续，应当根据以下因素综合判定：

(1) 有无正当、合理的借款事由;

(2) 款项的去向;

(3) 双方平时关系如何、有无经济往来;

(4) 出借方是否要求国家工作人员利用职务上的便利为其谋取利益;

(5) 借款后是否有归还的意思表示及行为;

(6) 是否有归还的能力;

(7) 未归还的原因;等等。

(七) 涉及股票受贿案件的认定

在办理涉及股票的受贿案件时,应当注意:

(1) 国家工作人员利用职务上的便利,索取或非法收受股票,没有支付股本金,为他人谋取利益,构成受贿罪的,其受贿数额按照收受股票时的实际价格计算。

(2) 行为人支付股本金而购买较有可能升值的股票,由于不是无偿收受请托人财物,不以受贿罪论处。

(3) 股票已上市且已升值,行为人仅支付股本金,其"购买"股票时的实际价格与股本金的差价部分应认定为受贿。

【指导性案例】

一、最高人民法院指导性案例第3号潘某梅、陈甲受贿案①

(最高人民法院审判委员会讨论通过,2011年12月20日发布)

【关键词】

刑事 受贿罪 "合办"公司受贿 低价购房受贿 承诺谋利 受贿数额计算 掩饰受贿退赃

【裁判要点】

1. 国家工作人员利用职务上的便利为请托人谋取利益,并与请托人以"合办"公司的名义获取"利润",没有实际出资和参与经营管理的,以受贿论处。

---

① 载最高人民法院,https://www.court.gov.cn/shenpan-xiangqing-4216.html,2022年6月17日访问。

2. 国家工作人员明知他人有请托事项而收受其财物，视为承诺“为他人谋取利益”，是否已实际为他人谋取利益或谋取到利益，不影响受贿的认定。

3. 国家工作人员利用职务上的便利为请托人谋取利益，以明显低于市场的价格向请托人购买房屋等物品的，以受贿论处，受贿数额按照交易时当地市场价格与实际支付价格的差额计算。

4. 国家工作人员收受财物后，因与其受贿有关联的人、事被查处，为掩饰犯罪而退还的，不影响认定受贿罪。

【相关法条】

《中华人民共和国刑法》第三百八十五条第一款

【基本案情】

2003年8、9月间，被告人潘某梅、陈甲分别利用担任某街道工委书记、某办事处主任的职务便利，为某房地产开发公司总经理陈某在某创业园区低价获取100亩土地等提供帮助，并于9月3日分别以其亲属名义与陈某共同注册成立某工贸公司（简称工贸公司），以“开发”上述土地。潘某梅、陈甲既未实际出资，也未参与该公司经营管理。2004年6月，陈某以工贸公司的名义将该公司及其土地转让给某体育用品公司，潘某梅、陈甲以参与利润分配名义，分别收受陈某给予的480万元。2007年3月，陈甲因潘某梅被调查，在美国出差期间安排其驾驶员退给陈某80万元。案发后，潘某梅、陈甲所得赃款及赃款收益均被依法追缴。

2004年2月至10月，被告人潘某梅、陈甲分别利用担任某街道工委书记、某办事处主任的职务之便，为某置业发展公司在某创业园购买土地提供帮助，并先后4次各收受该公司总经理吴某某给予的50万元。

2004年上半年，被告人潘某梅利用担任某街道工委书记的职务便利，为某发展公司受让某大厦项目减免100万元费用提供帮助，并在购买对方开发的一处房产时接受该公司总经理许某某为其支付的房屋差价款和相关税费61万余元（房价含税费121.0817万元，潘支付60万元）。2006年4月，潘某梅因检察机关从许某某的公司账上已掌握其购房仅支付部分款项的情况而补还给许某某55万元。

此外，2000年春节前至2006年12月，被告人潘某梅利用职务便利，先后收受某办事处一党支部书记兼某商贸公司总经理高某某人民币201万元和美元49万元、某房地产集团范某某美元1万元。2002年至2005年间，被告人陈甲利用职务便利，先后收受某办事处一党支部书记高某某21万元、某办事处副主任刘某8万元。

综上，被告人潘某梅收受贿赂人民币792万余元、美元50万元（折合人民币398.1234万元），共计收受贿赂1190.2万余元；被告人陈甲收受贿赂559万元。

【裁判结果】

江苏省南京市中级人民法院于2009年2月25日以（2008）宁刑初字第49号刑事判决，认定被告人潘某梅犯受贿罪，判处死刑，缓期二年执行，剥夺政治权利终身，并处没收个人全部财产；被告人陈甲犯受贿罪，判处无期徒刑，剥夺政治权利终身，并处没收个人全部财产。宣判后，潘某梅、陈甲提出上诉。江苏省高级人民法院于2009年11月30日以同样的事实和理由作出（2009）苏刑二终字第0028号刑事裁定，驳回上诉，维持原判，并核准一审以受贿罪判处被告人潘某梅死刑，缓期二年执行，剥夺政治权利终身，并处没收个人全部财产的刑事判决。

【裁判理由】

法院生效裁判认为：关于被告人潘某梅、陈甲及其辩护人提出二被告人与陈某共同开办工贸公司开发土地获取“利润”480万元不应认定为受贿的辩护意见。经查，潘某梅时任某街道工委书记，陈甲时任某街道办事处主任，对某创业园区的招商工作、土地转让负有领导或协调职责，二人分别利用各自职务便利，为陈某低价取得创业园区的土地等提供了帮助，属于利用职务上的便利为他人谋取利益；在此期间，潘某梅、陈甲与陈某商议合作成立工贸公司用于开发上述土地，公司注册资金全部来源于陈某，潘某梅、陈甲既未实际出资，也未参与公司的经营管理。因此，潘某梅、陈甲利用职务便利为陈某谋取利益，以与陈某合办公司开发该土地的名义而分别获取的480万元，并非所谓的公司利润，而是利用职务便利使陈某低价获取土地并转卖后获利的一部分，体现了受贿罪权钱交易的本质，属于以合办公司为名的变相受贿，应以受贿论处。

关于被告人潘某梅及其辩护人提出潘某梅没有为许某某实际谋取利益的辩护意见。经查，请托人许某某向潘某梅行贿时，要求在受让某大厦项目中减免100万元的费用，潘某梅明知许某某有请托事项而收受贿赂；虽然该请托事项没有实现，但“为他人谋取利益”包括承诺、实施和实现不同阶段的行为，只要具有其中一项，就属于为他人谋取利益。承诺“为他人谋取利益”，可以从为他人谋取利益的明示或默示的意思表示予以认定。潘某梅明知他人有请托事项而收受其财物，应视为承诺为他人谋取利益，至于是否已实际为他人谋取利益或谋取到利益，只是受贿的情节问题，不影响受贿的认定。

关于被告人潘某梅及其辩护人提出潘某梅购买许某某的房产不应认定为受贿的辩护意见。经查，潘某梅购买的房产，市场价格含税费共计应为121万余元，潘某梅仅支付60万元，明显低于该房产交易时当地市场价格。潘某梅利用职务之便为请托人谋取利益，以明显低于市场的价格向请托人购买房产的行为，是以形式上支付一定数额的价款来掩盖其受贿权钱交易本质的一种手段，应以受贿论处，受贿数额按照涉案房产交易时当地市场价格与实际支付价格的差额计算。

关于被告人潘某梅及其辩护人提出潘某梅购买许某某开发的房产，在案发前已将房产差价款给付了许某某，不应认定为受贿的辩护意见。经查，2006年4月，潘某梅在案发前将购买许某某开发房产的差价款中的55万元补给许某某，相距2004年上半年其低价购房有近两年时间，没有及时补还巨额差价；潘某梅的补还行为，是由于许某某因其他案件被检察机关找去谈话，检察机关从许某某的公司账上已掌握潘某梅购房仅支付部分款项的情况后，出于掩盖罪行目的而采取的退赃行为。因此，潘某梅为掩饰犯罪而补还房屋差价款，不影响对其受贿罪的认定。

综上所述，被告人潘某梅、陈甲及其辩护人提出的上述辩护意见不能成立，不予采纳。潘某梅、陈甲作为国家工作人员，分别利用各自的职务便利，为他人谋取利益，收受他人财物的行为均已构成受贿罪，且受贿数额特别巨大，但同时鉴于二被告人均具有归案后如实供述犯罪、认罪态度好，主动交代司法机关尚未掌握的同种余罪，案发前退出部分赃款，案发后配合追缴涉案全部赃款等从轻处罚情节，故一、二审法院依法作出如上裁判。

二、最高人民检察院指导性案例第75号金某某受贿案①

（最高人民检察院第十三届检察委员会第四十二次会议决定，2020年7月16日发布）

【关键词】

职务犯罪　认罪认罚　确定刑量刑建议

【要旨】

对于犯罪嫌疑人自愿认罪认罚的职务犯罪案件，应当依法适用认罪认罚从宽制度办理。在适用认罪认罚从宽制度办理职务犯罪案件过程中，检察机关应切实履行主导责任，与监察机关、审判机关互相配合，互相制约，充分保障犯罪嫌疑人、被告人的程序选择权。要坚持罪刑法定和罪责刑相适应原则，对符合有关规定条件的，一般应当就主刑、附加刑、是否适用缓刑等提出确定刑量刑建议。

【相关规定】

《中华人民共和国刑法》第六十七条第三款，第三百八十三条第一款第三项、第二款、第三款，第三百八十五条第一款，第三百八十六条

《中华人民共和国刑事诉讼法》第十五条，第一百七十三条，第一百七十四条第一款，第一百七十六条，第二百零一条

《最高人民法院、最高人民检察院关于办理职务犯罪案件认定自首、立功等量刑情节若干问题的意见》第三部分

【基本案情】

被告人金某某，女，某医院原党委书记、院长。

2007年至2018年，被告人金某某在担任某医院党委书记、院长期间，利用职务上的便利，为请托人在承建工程项目、销售医疗设备、销售药品、支付货款、结算工程款、职务晋升等事项上提供帮助，非法收受他人财物共计人民币1161.1

---

① 载最高人民检察院，https：//www. spp. gov. cn/jczdal/202007/t20200721_ 473570. shtml，2022年6月17日访问。

万元、4000欧元。

【检察工作情况】

（一）提前介入全面掌握案情，充分了解被调查人的认罪悔罪情况。某省检察机关在提前介入金某某案件过程中，通过对某省监察委员会调查的证据材料进行初步审查，认为金某某涉嫌受贿犯罪的基本事实清楚，基本证据确实充分。同时注意到，金某某到案后，不但如实交代了监察机关已经掌握的受贿170余万元的犯罪事实，还主动交代了监察机关尚未掌握的受贿980余万元的犯罪事实，真诚认罪悔罪，表示愿意接受处罚，并已积极退缴全部赃款。初步判定本案具备适用认罪认罚从宽制度条件。

（二）检察长直接承办，积极推动认罪认罚从宽制度适用。某省监察委员会调查终结后，于2019年1月16日以金某某涉嫌受贿罪移送某省人民检察院起诉，某省人民检察院于同月29日将案件交由某市人民检察院审查起诉，某市人民检察院检察长作为承办人办案。经全面审查认定，金某某受贿案数额特别巨大，在某省医疗卫生系统有重大影响，但其自愿如实供述自己的罪行，真诚悔罪，愿意接受处罚，全部退赃，符合刑事诉讼法规定的认罪认罚从宽制度适用条件，检察机关经慎重研究，依法决定适用认罪认罚从宽制度办理。

（三）严格依法确保认罪认罚的真实性、自愿性、合法性。一是及时告知权利。案件移送起诉后，某市人民检察院在第一次讯问时，告知金某某享有的诉讼权利和认罪认罚相关法律规定，加强释法说理，充分保障其程序选择权和认罪认罚的真实性、自愿性。二是充分听取意见。切实保障金某某辩护律师的阅卷权、会见权，就金某某涉嫌的犯罪事实、罪名及适用的法律规定，从轻处罚建议，认罪认罚后案件审理适用的程序等，充分听取金某某及其辩护律师的意见，记录在案并附卷。三是提出确定刑量刑建议。金某某虽然犯罪持续时间长、犯罪数额特别巨大，但其自监委调查阶段即自愿如实供述自己的罪行，尤其是主动交代了监察机关尚未掌握的大部分犯罪事实，具有法定从轻处罚的坦白情节；且真诚悔罪，认罪彻底稳定，全部退赃，自愿表示认罪认罚，应当在法定刑幅度内相应从宽，检察机关综合上述情况，提出确定刑量刑建议。四是签署具结书。金某某及其辩护律师同意检察机关量刑建议，并同意适用普通程序简化审理，在辩护律师见证下，金某某自愿签署了《认罪认罚具结书》。

2019年3月13日，某市人民检察院以被告人金某某犯受贿罪，向某市中级人民法院提起公诉，建议判处金某某有期徒刑十年，并处罚金人民币五十万元，并建议适用普通程序简化审理。2019年4月10日，某市中级人民法院公开开庭，适用普通程序简化审理本案。经过庭审，认定起诉书指控被告人金某某犯受贿罪事实清楚、证据确实充分，采纳某市人民检察院提出的量刑建议并当庭宣判，金某某当庭表示服判不上诉。

【指导意义】

（一）对于犯罪嫌疑人自愿认罪认罚的职务犯罪案件，检察机关应当依法适用认罪认罚从宽制度办理。依据刑事诉讼法第十五条规定，认罪认罚从宽制度贯穿刑事诉讼全过程，没有适用罪名和可能判处刑罚的限定，所有刑事案件都可以适用。职务犯罪案件适用认罪认罚从宽制度，符合宽严相济刑事政策，有利于最大限度实现办理职务犯罪案件效果，有利于推进反腐败工作。职务犯罪案件的犯罪嫌疑人自愿如实供述自己的罪行，真诚悔罪，愿意接受处罚，检察机关应当依法适用认罪认罚从宽制度办理。

（二）适用认罪认罚从宽制度办理职务犯罪案件，检察机关应切实履行主导责任。检察机关通过提前介入监察机关办理职务犯罪案件工作，即可根据案件事实、证据、性质、情节、被调查人态度等基本情况，初步判定能否适用认罪认罚从宽制度。案件移送起诉后，人民检察院应当及时告知犯罪嫌疑人享有的诉讼权利和认罪认罚从宽制度相关法律规定，保障犯罪嫌疑人的程序选择权。犯罪嫌疑人自愿认罪认罚的，人民检察院应当就涉嫌的犯罪事实、罪名及适用的法律规定，从轻、减轻或者免除处罚等从宽处罚的建议，认罪认罚后案件审理适用的程序及其他需要听取意见的情形，听取犯罪嫌疑人、辩护人或者值班律师的意见并记录在案，同时加强与监察机关、审判机关的沟通，听取意见。

（三）依法提出量刑建议，提升职务犯罪案件适用认罪认罚从宽制度效果。检察机关办理认罪认罚职务犯罪案件，应当根据犯罪的事实、性质、情节和对社会的危害程度，结合法定、酌定的量刑情节，综合考虑认罪认罚的具体情况，依法决定是否从宽、如何从宽。对符合有关规定条件的，一般应当就主刑、附加刑、是否适用缓刑等提出确定刑量刑建议。对于减轻、免除处罚，应当于法有据；不具备减轻处罚情节的，应当在法定幅度以内提出从轻处罚的量刑建议。

三、最高人民检察院指导性案例第76号
张某受贿，郭某行贿、职务侵占、诈骗案[①]

（最高人民检察院第十三届检察委员会第四十二次会议决定，2020年7月16日发布）

【关键词】

受贿罪　改变提前介入意见　案件管辖　追诉漏罪

【要旨】

检察机关提前介入应认真审查案件事实和证据，准确把握案件定性，依法提出提前介入意见。检察机关在审查起诉阶段仍应严格审查，提出审查起诉意见。审查起诉意见改变提前介入意见的，应及时与监察机关沟通。对于在审查起诉阶段发现漏罪，如该罪属于公安机关管辖，但犯罪事实清楚，证据确实充分，符合起诉条件的，检察机关在征得相关机关同意后，可以直接追加起诉。

【相关规定】

《中华人民共和国刑法》第六十七条第一款，第二百六十六条，第二百七十一条第一款，第三百八十三条第一款第一项，第三百八十五条第一款，第三百八十六条，第三百八十九条第一款，第三百九十条

《最高人民法院、最高人民检察院关于办理贪污贿赂刑事案件适用法律若干问题的解释》第一条第一款，第七条第一款，第十一条第一款，第十九条

《最高人民法院、最高人民检察院关于办理诈骗刑事案件具体应用法律的若干问题的解释》第一条，第三条

【基本案情】

被告人张某，男，某街道办事处环卫所原副所长。

---

① 载最高人民检察院，https：//www.spp.gov.cn/jczdal/202007/t20200721_473570.shtml，2022年6月17日访问。

被告人郭某，女，某物业公司原客服部经理。

2014年11月，甲小区和乙小区被某街道办事处确定为环卫项目示范推广单位。按照规定，两小区应选聘19名指导员从事宣传、指导、监督、服务等工作，政府部门按每名指导员每月600元标准予以补贴。上述两小区由某物业公司负责物业管理，两小区19名指导员补贴款由该物业公司负责领取发放。2014年11月至2017年3月，郭某在担任该物业公司客服部经理期间，将代表物业公司领取的指导员补贴款共计人民币33.06万元据为己有。郭某从物业公司离职后，仍以物业公司客服部经理名义，于2017年6月、9月，冒领指导员补贴款共计人民币6.84万元据为己有。2014年11月至2017年9月期间，张某接受郭某请托，利用担任某街道办事处环卫所职员、副所长的职务便利，不严格监督检查上述补贴款发放，非法收受郭某给予的人民币8.85万元。2018年1月，张某担心事情败露，与郭某共同筹集人民币35万元退还给物业公司。2018年2月28日，张某、郭某自行到某区监察委员会接受调查，并如实供述全部犯罪事实。

【检察工作情况】

（一）提前介入准确分析案件定性，就法律适用及证据完善提出意见。调查阶段，某区监委对张某、郭某构成贪污罪共犯还是行受贿犯罪存在意见分歧，书面商请某区人民检察院提前介入。主张认定二人构成贪污罪共犯的主要理由：一是犯罪对象上，郭某侵占并送给张某的资金性质为国家财政拨款，系公款；二是主观认识上，二人对截留的补贴款系公款的性质明知，并对截留补贴款达成一定共识；三是客观行为上，二人系共同截留补贴款进行分配。

检察机关分析在案证据后认为，应认定二人构成行受贿犯罪，主要理由：一是主观上没有共同贪污故意。二人从未就补贴款的处理使用有过明确沟通，郭某给张某送钱，就是为了让张某放松监管，张某怠于履行监管职责，就是因为收受了郭某所送贿赂，而非自己要占有补贴款。二是客观上没有共同贪污行为。张某收受郭某给予的钱款后怠于履行监管职责，正是利用职务之便为郭某谋取利益的行为，但对于郭某侵占补贴款，在案证据不能证实张某主观上有明确认识，郭某也从未想过与张某共同瓜分补贴款。三是款项性质对受贿罪认定没有影响。由于二人缺乏共同贪占补贴款的故意和行为，不应构成贪污罪共犯，而应分别构成行贿罪和受贿罪，并应针对主客观方面再补强相关证据。检察机关将法律适用和补充完善证据的意见书面反馈给某区监委。某区监委采纳了检察机关的提前介入意见，补充证据后，以张某涉嫌受贿罪、郭某涉嫌行贿罪，于2018年11月12日将两案移送起诉。

（二）审查起诉阶段不囿于提前介入意见，依法全面审查证据，及时发现漏罪。案件移送起诉后，检察机关全面严格审查在案证据，认为郭某领取和侵吞补贴款的行为分为两个阶段：第一阶段，郭某作为上述物业公司客服部经理，利用领取补贴款的职务便利，领取并将补贴款非法占为己有，其行为构成职务侵占罪；第二阶段，郭某从物业公司客服部经理岗位离职后，仍冒用客服部经理的身份领取补贴款并非法占为己有，其行为构成诈骗罪。

（三）提起公诉直接追加指控罪名，法院判决予以确认。检察机关在对郭某行贿案审查起诉时发现，郭某侵吞补贴款的行为构成职务侵占罪和诈骗罪，且犯罪事实清楚，证据确实充分，已符合起诉条件。经与相关机关沟通后，检察机关在起诉时追加认定郭某构成职务侵占罪、诈骗罪。

2018年12月28日，某区人民检察院对张某以受贿罪提起公诉；对郭某以行贿罪、职务侵占罪、诈骗罪提起公诉。2019年1月17日，某区人民法院作出一审判决，以受贿罪判处张某有期徒刑八个月，缓刑一年，并处罚金人民币十万元；以行贿罪、职务侵占罪、诈骗罪判处郭某有期徒刑二年，缓刑三年，并处罚金人民币十万一千元。

【指导意义】

（一）检察机关依法全面审查监察机关移送起诉案件，审查起诉意见与提前介入意见不一致的，应当及时与监察机关沟通。检察机关提前介入监察机关办理的职务犯罪案件时，已对证据收集、事实认定、案件定性、法律适用等提出意见。案件进入审查起诉阶段后，检察机关仍应依法全面审查，可以改变提前介入意见。审查起诉意见改变提前介入意见的，检察机关应当及时与监察机关沟通。

（二）对于监察机关在调查其管辖犯罪时已经查明，但属于公安机关管辖的犯罪，检察机关可以依法追加起诉。对于监察机关移送起诉的案件，检察机关在审查起诉阶段发现漏罪，如该罪属于公安机关管辖，但犯罪事实清楚，证据确实充分，符合起诉条件的，经征求监察机关、公安机关意见后，没有不同意见的，可以直接追加起诉；提出不同意见，或者事实不清、证据不足的，应当将案件退回监察机关并说明理由，建议其移送有管辖权的机关办理，必要时可以自行补充侦查。

（三）根据主客观相统一原则，准确区分受贿罪和贪污罪。对于国家工作人员收受贿赂后故意不履行监管职责，使非国家工作人员非法占有财物的，如该财物又涉及公款，应根据主客观相统一原则，准确认定案件性质。一要看主观上是否对侵吞公款进行过共谋，二要看客观上是否共同实施侵吞公款行为。如果具有共同侵占公款故意，且共同实施了侵占公款行为，应认定为贪污罪共犯；如果国家工作人员主观上没有侵占公款故意，只是收受贿赂后放弃职守，客观上使非国家工作人员任意处理其经手的钱款成为可能，应认定为为他人谋取利益，国家工作人员构成受贿罪，非国家工作人员构成行贿罪。如果国家工作人员行为同时构成玩忽职守罪的，以受贿罪和玩忽职守罪数罪并罚。

第四章　单位受贿罪

【立案追诉标准】

单位受贿案件（刑法第387条）

涉嫌下列情形之一的，应予立案：

一、单位受贿数额在10万元以上的；

二、单位受贿数额不满10万元，但具有下列情形之一的；

（一）故意刁难、要挟有关单位、个人，造成恶劣影响的；

（二）强行索取财物的；

（三）致使国家或者社会利益遭受重大损失的；

《最高人民检察院关于人民检察院直接受理立案侦查案件立案标准的规定（试行）》①（1999年9月16日）

【犯罪构成及刑事责任】

单位受贿罪，是指国家机关、国有公司、企业、事业单位、人民团体，索取、非法收受他人财物，为他人谋取利益，情节严重，或者在经济往来中，在账外暗中收受各种名义的回扣、手续费的行为。构成本罪需要具备以下四个要件。

1. 客体要件。本罪侵犯的客体，是国有单位正常管理活动和声誉。

本罪的对象是财物、回扣、手续费。其所有权人既可以是单位也可以是自然

① 载《最高人民检察院公报》1999年第6期。

人；其主要包括有价值或使用价值的商品、物品、有价证券、货币等。

2. 客观要件。本罪在客观表现上，有两项内容：

（1）索取、非法收受他人的财物，为他人谋取利益，情节严重的行为。如商业银行利用发放贷款的职务便利，向申请贷款的单位或个人索要好处费、回扣等。索取是指主动向他人索要；收受是指非主动地接受；为他人谋取利益既包括非法利益，也包括正当利益。至于是否实现了为他人谋取利益，并不影响本罪成立。在这里，无论是索取贿赂形式还是收受贿赂形式，都要求同时具备为他人谋取利益的要件，而且必须是情节严重的。所谓情节严重，主要是指索取、收受他人大量财物或者索取、收受他人财物，为他人谋取利益，给国家利益造成重大损害的。

（2）在经济往来中，在账外暗中收受各种名义的回扣、手续费的行为。如果国家机关、国有公司、企业、事业单位、人民团体实施了索取、收受他人财物，为他人谋取利益的行为但索取、收受的财物不足定罪标准，并且没有其他严重情节，则应按一般单位受贿行为对待，不宜按犯罪处理。另外，对于实施了索取、收受他人财物的行为，但没有为他人谋取利益的，或者对于收受回扣和手续费在账上记载的，也不宜按犯罪论处。

3. 主体要件。本罪的主体是国有单位，包括：国家机关、国有公司、企业、事业单位、人民团体。这里国家机关是指国家的权力机关、行政机关、审判机关、检察机关和军队中的机关。国有公司、企业是指财产完全属于国家所有的公司、企业。国有事业单位是指国家主办的文化、体育、教育、卫生、科研机构。人民团体是指由国家预算划拨经费的政治性群众组织，如各民主党派、各级工会组织、共青团、妇联、工商联等。集体经济组织、中外合资企业、中外合作企业、外商独资企业和私营企业，不能成为单位受贿罪的主体。

4. 主观要件。本罪在主观方面表现为直接故意。即国有公司、企业、事业单位、机关、团体具有索取或者收受贿赂，为他人谋取利益的动机、目的。单位受贿罪的这种故意，是经单位决策机构的授权或同意，由其直接负责的主管人员和其他直接责任人员故意收受或索取贿赂的行为表现出来的，是法人整体意志的体现。

刑法第387条规定，犯单位受贿罪，对单位判处罚金，并对其直接负责的主管人员和其他直接责任人员，处五年以下有期徒刑或者拘役。

【疑难指导】

一、国家机关能否成为单位受贿罪的主体

虽然现行刑法规定单位犯罪主体包含国家机关，但是目前多数专家学者的观点认为，单位犯罪的主体不应包括国家机关，笔者也赞同这一观点，理由如下：

第一，国家机关是代表国家行使管理职能的机关，它在活动中体现的是国家的意志，这种意志与犯罪意志不能共存。因为犯罪是反抗现行统治关系和统治秩序的机器，二者是互相矛盾，互不相容的。犯罪行为不论是否打着机关的名义，都是自然人犯罪，而非机关犯罪。

第二，将机关作为犯罪主体在司法操作上具有极大的困难。即使能够审理，作出判决，然而，对国家机关判处的罚金必然用国家财政拨款来缴付，而罚金又要上缴国库，这实际上相当于国家的自我惩罚。

第三，追究国家机关的刑事责任，会招致严重的恶果。犯罪是反抗现行统治关系和统治秩序的最严重的行为。如果一个国家机关被定罪，那么，它在所谓犯罪行为期间制定的规章、条例等是否还能自然有效？

二、单位内设机构能否成为本罪的主体

司法实践中，单位内设机构受贿行为时有发生，如何认定存在争议。来看一个例子：朱某某，系某医院骨科主任，该院骨科耗材供应商丁某与朱某某约定给予该院骨科耗材回扣。骨科需要使用耗材时，由朱某某把关，由骨科直接向供应商要求供货。朱某某分 6 次收取了丁某给予的回扣费 135572 元，并将这些钱发放给该院骨科医生，朱某某个人得款约 18000 元。该案在认定中有不同意见：第一种意见认为，某医院骨科可以成为单位受贿罪的主体。其理由是：朱某某身为骨科主任，代表的是某医院骨科收取供应商的回扣，且回扣发放给了骨科医生。某医院骨科作为一个单位，而不是医生个人收受了贿赂。同时，某医院骨科在与丁某的经济交往中虽不是一个结算单位，但事实上具有其自身的利益，应当认为可以成为单位受贿罪的主体。第二种意见认为，某医院骨科不具有独立的法人资格，也不是法人的分支机构，不能对外独立承担民事责任，因此不能认为是单位受贿罪的犯罪主体。朱某某等医生收受供应商的回扣，应当认定为非国家工作人员受

贿罪。对于某医院骨科其他医生不能决定耗材使用或者不明白分发钱款性质的，不应追究刑事责任。

双方的争议焦点是国有事业单位的内设机构能否成为单位受贿罪的主体。笔者认为，单位内设机构可以成为单位犯罪的主体。主要理由是：（1）刑法和立法解释对于单位的范围没有作出具体界定。但从立法背景看，之所以采用单位犯罪的概念而不采用法人犯罪的概念，是考虑到目前在社会生活中还存在大量不具有法人资格的组织，采用法人犯罪的概念不利于打击此类犯罪。（2）有关规范性文件关于单位犯罪的主体规定是作广义理解的。（3）目前关于单位犯罪的一般构成要件是以单位名义实施，违法所得归单位所有。判断单位的内设机构是否能够成为单位犯罪的主体，关键还是要看是否符合单位犯罪的要件。单位的内设机构经过集体研究决定或者负责人决策，以该内设机构的名义收受贿赂，且违法所得归该内设机构所有的，以自然人共同犯罪追究责任不完全符合其行为特征，而将责任归于所属单位也不合适，应当以单位犯罪追究该内设机构的刑事责任。（4）对于单位的内设机构是否能够成为单位犯罪的主体问题，不能认为刑法规定单位承担刑事责任的形式是罚金，拥有独立的财产或者经费是单位承担刑事责任的基础，单位的内设机构并没有独立的财产，不具有承担刑事责任的能力。而实际上是否承担罚金是内设机构承担刑事责任的形式问题，不影响犯罪的认定。

刑法规定对单位犯罪实行双罚制，即承担单位犯罪的刑事责任主体有两个：单位以及单位直接负责的主管人员和其他直接责任人员。如果因为单位没有可供执行罚金的财产而否认单位犯罪的成立，那么不仅单位无法被判处罚金刑，单位直接负责的主管人员和其他直接责任人员的刑事责任也将无法追究。而且刑法关于单位犯罪的规定，有的只追究单位直接负责的主管人员和其他直接责任人员的责任。如果单位的内设机构因为没有独立的财产或者经费而被排除在单位犯罪之外，其直接负责的主管人员和其他直接责任人员的刑事责任将无法追究，显然会放纵犯罪。

此外，对于有独立的财产或者经费的单位犯罪案件，尽管刑法规定了对单位判处罚金刑，但实际判处与否以及判处多少，也是根据案件的具体情况决定的，并不是必须一律判处罚金。对于没有独立财产或者经费的单位内设机构而言，由于情况特殊，也完全可以对单位不判处罚金，只追究其直接负责的主管人员和其他直接责任人员的刑事责任。对没有独立财产或者经费的单位能否判处罚金以及能否实际执行罚金，不能成为决定该单位能否成立单位犯罪的理由。否定说与刑法关于单位犯罪的立法宗旨不相符合。

三、涉嫌犯罪单位已不存在的案件如何处理

司法实践中，在处理单位受贿案件时，时常会遇到这种情况，原来实施单位受贿的单位已经由于种种原因并入新的单位或者被收购等，因被撤销、注销、吊销执照或者宣告破产等而不再存在，此时能否继续追诉？

单位和自然人不同，自然人是有生命的机体，其生命的过程从出生一直延续到死亡为止，任何人都不例外。而单位是一种社会组织结构形式，存在的过程与自然人有不同之处。自然人的死亡表现为生命机能的终结，单位的死亡则表现为社会有机体的消失并不复存在；自然人的死亡形式可能表现为不同情况，如因疾病、事故、被害、战争等，单位的死亡也同样会有多种形式。从司法实践中看，单位的死亡主要表现为以下几种形式：（1）破产，是指债务人因不能清偿到期债务，由法院依照破产法规定的程序宣告其破产的制度；（2）依法被撤销，是指单位因法定事由或其他行政命令、措施等被有权机关依法予以撤销的情况；（3）解散，是指单位因活动期届满或者其他法定事由，经单位决议或自动予以解散的行为。

单位被撤销，意味着该单位在法律上的生命已经死亡，相应地引起刑罚权的消灭，刑法不能再追究该单位的刑事责任。因此，在刑事诉讼过程中，司法机关应当在单位死亡后取消其犯罪主体地位，检察机关也不能将撤销单位再作为被告向人民法院提起公诉。《刑事诉讼法》第15条第5项规定，因被告人死亡的，不追究刑事责任，已经追究的，应当撤销案件，或者不起诉，或者终止审理，或者宣告无罪。根据刑事诉讼法的规定，被告单位撤销后，针对犯罪主体单位的刑罚权已经消失是无可异议的。但实践中大量的案件都给国家和社会利益造成严重的危害，如果轻易不予追究，是否轻纵了其中的犯罪分子。2002年7月4日最高人民检察院第9届检察委员会第111次会议针对四川省人民检察院（川检发研〔2001〕25号）《关于对已注销的单位原犯罪行为是否应当追诉的请示》作出的

《最高人民检察院关于涉嫌犯罪单位被撤销、注销、吊销营业执照或者宣告破产的应如何进行追究问题的批复》规定，涉嫌犯罪的单位被撤销、注销、吊销营业执照或者宣告破产的，应当根据刑法关于单位犯罪的相关规定，对实施犯罪行为的该单位直接负责的主管人员和其他直接责任人员追究刑事责任，对该单位不再追诉。

根据上述司法解释规定精神，类似上述单位在犯罪后被撤销的，司法机关应当依法追究犯罪过程中具有直接责任的主管人员和其他直接责任人员的刑事责任。

从诉讼主体的角度出发，在被告单位撤销后，刑罚消灭的主体只是被告单位，而该单位应当承担刑事责任的主管人员和其他直接责任人员主体并没有随之消灭。因此，尽管单位已不能再作为本案的诉讼主体，但案件不能撤销，有关本案犯罪的自然人并没有死亡，对该单位直接负责的主管人员和其他直接责任人员等自然人仍应作为单位犯罪案件被告人依法继续审理。当然，对于应当由单位承担的那部分刑事责任，如罚金，不应当转嫁于有关的自然人犯罪主体。单位直接负责的主管人员和其他直接责任人员只应当就自己在单位犯罪过程中所起作用的那部分罪责承担刑事责任。

【办案依据】

一、刑法规定

第三百八十七条 国家机关、国有公司、企业、事业单位、人民团体，索取、非法收受他人财物，为他人谋取利益，情节严重的，对单位判处罚金，并对其直接负责的主管人员和其他直接责任人员，处五年以下有期徒刑或者拘役。

前款所列单位，在经济往来中，在帐外暗中收受各种名义的回扣、手续费的，以受贿论，依照前款的规定处罚。

二、司法文件

《最高人民法院、最高人民检察院关于办理商业贿赂刑事案件适用法律若干问题的意见》（2008年11月20日）（参见本书受贿罪章）

【指导性案例】

最高人民检察院指导性案例第73号某县图书馆及赵某、徐某某单位受贿、私分国有资产、贪污案①

（最高人民检察院第十三届检察委员会第四十二次会议决定，2020年7月16日发布）

（参见本书贪污罪章）

① 载最高人民检察院，https：//www.spp.gov.cn/jczdal/202007/t20200721_473570.shtml，2022年6月17日访问。

第五章　利用影响力受贿罪

【立案追诉标准】

利用影响力受贿案（刑法第 387 条）

利用影响力受贿罪的定罪量刑适用标准，参照受贿罪的规定执行。

《最高人民法院、最高人民检察院关于办理贪污贿赂刑事案件适用法律若干问题的解释》（2016 年 4 月 18 日）

【犯罪构成及刑事责任】

利用影响力受贿罪，是指国家工作人员的近亲属或其他与该国家工作人员关系密切的人，通过该国家工作人员职务上的行为，或利用该国家工作人员职权或地位形成的便利条件，通过其他国家工作人员职务上的行为，或离职的国家工作人员或者其近亲属以及其他与其关系密切的人，利用该离职的国家工作人员原职权或者地位形成的便利条件，通过其他国家工作人员职务上的行为，为请托人谋取不正当利益，索取请托人财物，或者非法收受请托人财物，数额较大或有其他严重情节的行为。《刑法修正案（七）》新增了利用影响力受贿罪，首次将“影响力”犯罪纳入到刑事范畴中。构成本罪需要具备以下四个要件。

1. 客体要件。对于本罪侵犯的客体，刑法学界看法不一。根据我国目前理论界的通说，受贿罪侵犯的客体是国家工作人员职务行为的廉洁性。而本罪的行为人是利用国家工作人员的职务行为或者利用国家工作人员职权或地位形成的便利条件，为请托人谋取不正当利益，使国家工作人员的职权受到损害，从而侵犯了公职人员职务行为的正当性。国家工作人员的职权是国家依法授予的，也只能在职权范围内依法行使才是正当的，一切基于“近亲属”“关系密切”的人情关系而超越职权、滥用职权都是不正当的行为。因此，笔者支持将利用影响力受贿罪侵犯的客体定位为对职务行为正当性的侵犯。

2. 客观要件。本罪在客观方面有两种表现：

一是关系密切人通过该国家工作人员职务上的行为，为请托人谋取不正当利益，索取请托人财物，或者非法收受请托人财物，数额较大或有其他严重情节的行为；或是关系密切人，利用该国家工作人员职权或地位形成的便利条件，通过其他国家工作人员职务上的行为，为请托人谋取不正当利益，索取请托人财物，或者非法收受请托人财物，数额较大或有其他严重情节的行为。

二是离职的国家工作人员或其关系密切人，利用该离职的国家工作人员原职权或地位形成的便利条件，通过其他国家工作人员职务上的行为，为请托人谋取不正当利益，索取请托人财物，或者非法收受请托人财物，数额较大或有其他严重情节的行为。

在司法认定中应注意以下问题：

（1）本罪的交易条件是为请托人谋取不正当利益。利用影响力受贿的条件是为“请托人谋取不正当利益”。不正当利益，是指谋取违反法律、法规、国家政策和国务院各部门规章规定的利益，以及要求国家工作人员或者有关单位提供违反法律、法规、国家政策和国务院各部门规章规定的帮助和方便条件。本罪中规定的“不正当利益”是包括物质利益和非物质利益在内极为宽泛的概念，它与受贿犯罪以“谋取利益”为条件的范畴是不同的。也就是说，如果行为人为请托人谋取的是“正当利益”，则不符合本罪的客观要件，所以，这也是本罪与受贿犯罪构成上的区别之一。

（2）本罪的交易对象是财物。行为人为请托人谋取不正当利益，其对价物的内容是财物。所以，行为人在客观方面实施的标志性行为就是“索取请托人财物或者收受请托人财物”。

（3）（原）职权或者地位形成的便利条件。（原）职权或者地位形成的便利条件的含义，学界有不同的看法。对此，可以参照2003年最高人民法院《全国法院审理经济犯罪案件工作座谈会议纪要》对刑法第388条规定的“利用本人职权或者地位形成的便利条件”的解释办理，即指行为人与被其利用的国家工作人员之间在职务上虽然没有隶属、制约关系，但是行为人利用了本人职权或者地位产生的影响和一定的工作联系，如单位内不同部门的国家工作人员之间，上下级单位没有职务上隶属、制约关系的国家工作人员之间，有工作联系的不同单位的国家工作人员之间等。

3. 主体要件。利用影响力受贿罪为特殊主体，即包括年满 16 周岁，具有刑事责任能力的国家工作人员的近亲属或者其他与该国家工作人员关系密切的人；离职的国家工作人员或者其近亲属以及其他与其关系密切的人。本罪属自然人犯罪，不包括单位。在司法认定中有以下问题需要注意：

（1）近亲属的范畴。我国关于近亲属的范畴，在不同的部门法中具有不同的规定。笔者认为，《刑事诉讼法》第 108 条第 6 项将祖父母、外祖父母、孙子女、外孙子女以及同父异母或者同母异父的兄弟姐妹、养兄弟姐妹、继兄弟姐妹等非同胞兄弟姐妹等亲属排除出近亲属之列，不仅与我国民事、行政方面的法律规定及司法解释相矛盾，与我国的传统的亲属观念不相符合，也缺乏现实合理性。因此，考虑到传统的亲属伦理观念、现实合理性以及利用影响力受贿罪的立法目的在于惩治特定人员利用影响力受贿的行为等因素，对于利用影响力受贿罪中的“近亲属”而言，《刑事诉讼法》第 108 条第 6 项规定的“近亲属”范围明显过窄，应予适当扩大。

（2）关系密切人的范畴。从司法实践中来看，“关系密切人”应由法律或法规规定采用事后推定法进行判断，以利于在实践中把握。即如果行为人可以通过该国家工作人员职务上的行为，或者利用该国家工作人员职权或者地位形成的便利条件，通过其他国家工作人员职务上的行为，为请托人谋取不正当利益，索取请托人财物或者收受请托人财物，则可以推定行为人与该国家工作人员关系密切，其就应认定为“关系密切人”。

（3）离职的国家工作人员。根据刑法第 93 条的规定，国家工作人员指包括国家机关中从事公务的人员；国有公司、企业、事业单位、人民团体中从事公务的人员；国家机关、国有公司、企业、事业单位委派到非国有公司、企业、事业单位、社会团体从事公务的人员；其他依照法律从事公务的人员。离职的国家工作人员即指曾经是国家工作人员，但由于离休、退休、辞职、辞退等原因，现在已经不再行使国家管理职能，从事与职权相联系的公共事务以及监督、管理国有财产的职务活动的人。

（4）利用影响力受贿罪的主体可由国家工作人员构成。《刑法修正案（七）》并没有指出主体一定是非国家工作人员。国家工作人员也可以作为关系密切的人，只要双方没有共同受贿的故意，同样也可以构成利用影响力受贿罪。

上述犯罪主体的范围较“特定关系人”范围要大些，但也必须严格掌握界限，不能把单纯利用亲情、人情关系为请托人谋取不正当利益的人都视为本罪主体。

4. 主观要件。行为人主观方面是出于故意，其目的是索取或收受请托人财物。本罪的故意内容应当包括两个方面：一是故意以影响力为请托人谋取不正当利益；二是以占有请托人财物为目的。在司法实践中，只要行为人利用影响力为请托人谋取不正当利益的行为已经实施，不论是事前索取或收受请托人财物还是事后获取财物，均不影响主观要件的成立。

《刑法修正案（七）》规定，国家工作人员的近亲属或者其他与该国家工作人员关系密切的人，通过该国家工作人员职务上的行为，或者利用该国家工作人员职权或者地位形成的便利条件，通过其他国家工作人员职务上的行为，为请托人谋取不正当利益，索取请托人财物或者非法收受请托人财物，数额较大或者有其他较重情节的，处三年以下有期徒刑或者拘役，并处罚金；数额巨大或者有其他严重情节的，处三年以上七年以下有期徒刑，并处罚金；数额特别巨大或者有其他特别严重情节的，处七年以上有期徒刑，并处罚金或者没收财产。

【疑难指导】

一、如何理解“利用影响力”

利用影响力，是本罪与受贿犯罪的质的区别。所谓影响力是指一个人在与他人交往的过程中，影响或改变他人心理和行为的一种能力。[①] 有人将影响力划分为权力性影响力和非权力性影响力。权力性影响力是权力因素在组织和社会的作用

---

① 李德民：《非正式组织和非权力性影响力》，载《中国行政管理》1997 年第 9 期。

下而产生的强制性影响，以外推力的形式发生作用，具有不可抗拒性、强迫性和外在性的特点。而非权力性影响力是领导者自身的非权力因素所产生的自然影响力。它是由领导者的人格因素引起的，为被领导者认可，以内驱力的形式影响和改变被领导者心理与行为的一种力量。[①] 厘清了影响力的含义之后，可以用它来分析利用影响力进行交易行为的具体情况，以便于将利用影响力受贿行为与其他贿赂犯罪行为区分开来。

按照条文规定，行为人利用影响力，主要表现在以下三个方面：

一是国家工作人员的"近亲属"和与其"关系密切"的人，利用与国家工作人员"关系密切"的联系所形成的影响力。

二是国家工作人员的"近亲属"、与其"关系密切"的人，利用与之有密切关系的国家工作人员的职权或者地位形成的便利条件所形成的影响力。这种影响力在司法实践中表现为两种情况：一种是行为人通过利用行为人与国家工作人员关系密切所形成的影响力，使该国家工作人员利用自己的职权或地位形成的便利条件，通过该国家工作人员的职务行为为请托人谋取不正当利益。另一种是行为人直接利用与之有密切关系的国家工作人员职权或地位形成的便利条件，通过其他国家工作人员的职务行为为请托人谋取不正当利益。

三是离职的国家工作人员或者其近亲属、与其"关系密切"的人，利用该离职的国家工作人员原职权或者地位形成的便利条件所形成的影响力。

上述三种利用影响力的行为，都是通过行为人以外的国家工作人员的职务上的行为发挥作用，而行为人本身并不具有相应的职权。所以，本罪的本质特征只能是利用影响力，而不是行为人的职权。

二、本罪犯罪主体的理解和认定

利用影响力受贿罪为特殊主体，即包括年满16周岁，具有刑事责任能力的国家工作人员的近亲属或者其他与该国家工作人员关系密切的人；离职的国家工作人员或者其近亲属以及其他与其关系密切的人。本罪属自然人犯罪，不包括单位。本罪主体的认定问题：

---

① 张永恒：《充分发挥领导者的非权力影响力》，载《理论视野》2005年第6期。

（一）近亲属的范畴

我国关于近亲属的范畴，在不同的部门法中具有不同的规定。2010 年 3 月，中共中央组织部制订的《党政领导干部选拔任用工作有关事项报告办法（试行）》第 4 条明确规定，领导干部的近亲属，是指与领导干部有夫妻关系、直系血亲关系、三代以内旁系血亲以及近姻亲关系的人员，对近亲属的范畴作了扩张性解释。

笔者认为，利用影响力受贿罪中所指的“近亲属”也应与《党政领导干部选拔任用工作有关事项报告办法（试行）》中规定相同，原因在于：第一，设定利用影响力受贿罪的立法意图，是因为在实践中处理案件时遇到了一些新情况新问题，部分国家工作人员的配偶、子女、情人打着配偶、父母、情人的旗号为请托人办事谋取不正当利益，收受请托人财物，案发后，配偶、子女、情人说收财物为他人谋取利益之事是背着配偶、父母、情人办的，配偶、父母、情人说不知道此事，使案件难以处理，而这些行为却严重侵犯国家、政府以及国家工作人员的形象，影响社会和谐稳定的发展，应作为犯罪追究。第二，由于 30 多年来社会发生翻天覆地的变化，若仍旧按照现行法律规定确定近亲属，实际上近亲属的范围将会越来越小，从而影响当事人以及近亲属的权利与义务。因此利用影响力受贿罪中规定的近亲属应作扩张性解释，立法应尽快作出统一规定，明确近亲属的范畴。

（二）关系密切人的范畴

利用影响力受贿罪，将“关系密切人”的范围定为“国家工作人员的近亲属或者其他与该国家工作人员关系密切的人”，而并没有明确哪些是“与该国家工作人员关系密切的人”，这属于刑法的模糊性术语。然而，这种模糊性术语在司法实践中却带来了诸多不便，到底以什么样的标准去确定行为人是否属于“关系密切人”，这直接关系到“关系密切人”的范围大小，打击犯罪的范畴。

有学者认为[①]，“关系密切人”有三种类型：第一种是男女双方存在不正常或者正常的情感关系，表现亲密，超出一般朋友、同事关系的人；第二种是近亲属之外的亲戚朋友，因为双方存在共同利益关系从而形成了密切关系的人；第三种

① 张猛：《检察官称利用影响力受贿罪仍有三点须明确》，载《检察日报》2010 年 4 月 9 日。

是因为情趣相投而形成密切关系的人，如酒友、牌友、旅友等。也有学者认为，“关系密切人”主要存在于以下几种常见的关系中：亲戚关系（非近亲属）、情人关系、情感关系、经济利益关系、朋友关系、同事关系、同学关系、老乡关系等。但即使具备上述关系，也不能轻易将其视为与国家工作人员“关系密切人”。[①] 从司法实践中来看，笔者认为，判断“关系密切人”应由法律或法规规定采用事后推定法进行判断，以利于在实践中把握。即如果行为人可以通过国家工作人员职务上的行为，或者利用该国家工作人员职权或者地位形成的便利条件，通过其他国家工作人员职务上的行为，为请托人谋取不正当利益，索取请托人财物或者收受请托人财物的，则可以推定行为人与该国家工作人员关系密切，其就应认定为“关系密切人”。

（三）何谓“离职的国家工作人员”

离职“国家工作人员”身份界定，也是实践中的认定利用影响力受贿罪主体的难点之一。一种说法是身份论，认为离职国家工作人员是指由于退休、辞职等原因离开原有的工作岗位而不再具有国家工作人员身份的人；[②] 还有一种说法是公务论，认为离职的国家工作人员是指离开工作岗位，不再从事公务的人员，此类人员可能还是在编的国家工作人员，如退居二线的领导。[③] 不管是身份论还是公务论，离职的国家工作人员都已不具有利用职务之便为他人谋取利益的条件，但是离职人员的身份还是存在差别。

2003 年，由最高人民法院印发的《全国法院审理经济犯罪案件工作座谈会纪要》中明确离职的国家工作人员指的是不具备国家工作人员身份的人。笔者同意身份论的观点，并且认为这里的“离职”是指一种永久性的离职，因为国家工作人员在职时所形成的地位、条件和影响力在短时间内并不会消失，即使其离职之后，其在职时所积攒的人脉和威望所产生的影响力依旧会对其他人产生相当大的影响，所以其在职期间培养出来的势力和人员，依然会有一定的影响力，对他们

① 孙建民：《如何理解〈刑法修正案（七）〉中的“密切关系的人”?》，载《检察日报》2009 年 5 月 5 日。

② 韩耀元、王文利：《如何理解利用影响力受贿罪》，载《中国监察》2009 年第 23 期。

③ 杨兴国：《贪污贿赂犯罪认定精解精析》，中国检察出版社 2011 年版，第 275 页。

行为的判断也会产生一定影响，这就为离职国家工作人员在离职后利用其离职前的地位或者条件，为请托人谋取不正当利益，在离职后收受贿赂提供了极大的可能性，所以这里的离职应当是指不再具有职权，是永久性的离职。①

（四）利用影响力受贿罪的主体能否由国家工作人员构成

有人认为，利用影响力受贿罪法律规定的犯罪主体只能由非国家工作人员构成，如果主体是国家工作人员，则应构成刑法第388条的斡旋型受贿罪。但笔者认为，这个问题有待于进一步考证。《刑法修正案（七）》对利用影响力受贿罪的解释为：国家工作人员的近亲属或者其他与该国家工作人员关系密切的人，通过该国家工作人员职务上的行为，或者利用该国家工作人员职权或者地位形成的便利条件，通过其他国家工作人员职务上的行为，为请托人谋取不正当利益，索取请托人财物或者收受请托人财物。也就是说，与国家工作人员关系密切的人利用国家工作人员职权，通过其他国家工作人员职务上的行为，为请托人谋取不正当利益时，主观上并没有与该国家工作人员事前或事中进行共同受贿的故意，才使与国家工作人员关系密切的人构成利用影响力受贿罪。若是与该国家工作人员在事前或事中有共同受贿的故意，则与该国家工作人员一起构成受贿罪的共犯。解释中并没有指出主体一定是非国家工作人员。国家工作人员也可以作为关系密切的人，只要双方没有共同受贿的故意，同样也可以构成利用影响力受贿罪。

三、本罪与受贿罪的界限问题

本罪与受贿罪在犯罪构成上有诸多相似之处，在客观表现上也有不少容易混淆的地方，司法实践中存在模糊认识。笔者认为，两罪的相同点表现在两个方面：（1）主观方面相同。两个犯罪行为主观方面都表现为故意。即行为人明知自己的行为违反法律规定或者违反职务职责要求，仍决意实施索取或者收受他人财物的行为。受贿的故意可以产生在为他人谋取利益之前，也可以产生在为他人谋取利益之后，受贿故意产生的先后对成立犯罪没有影响。行为人构成利用影响力受贿罪还必须以其与该国家工作人员或者其他国家工作人员没有共同的受贿故意为前提。如果行为人与该国家工作人员或者其他国家工作人员存在共同的受贿故意，

---

① 单民等：《利用影响力受贿罪若干疑难问题研究》，载《当代法学》2011年第5期。

则不构成利用影响力受贿罪，而应当构成受贿罪的共犯。（2）交易对象都是财物。有关“贿赂”的范围上文已经阐述。

两罪的不同点表现在三个方面：

1. 侵犯的客体不同。受贿罪侵犯的客体是国家工作人员职务活动的廉洁性，同时在一定程度上还可能对国家机关、国有公司、企业、事业单位、人民团体的正常管理活动造成妨碍。利用影响力受贿罪的犯罪客体不同于受贿罪的客体。行为人是利用国家工作人员的职务行为或者是利用国家工作人员职权或地位形成的便利条件，或者利用离职的国家工作人员原职权或者地位形成的便利条件，为请托人谋取不正当利益，使国家工作人员的职权受到损害，从而侵犯了公职人员职务行为的正当性。国家工作人员的职权是依法授予的，也只能在职权范围内依法行使才是正当的。一切基于“近亲属”“关系密切的人”的关系而超越职权、滥用职权都是不正当的行为。因此，利用影响力受贿罪的客体就应理解为对国家工作人员行为正当性的侵犯。因而二犯罪行为的客体存在明显差异。

2. 客观方面不同。这是二犯罪行为最本质的区别。（1）行为方式不同。受贿罪利用的是行为人职务上的便利。所谓“利用职务上的便利”，是指利用职权或者与职务有关的便利条件，既包括利用本人职务上主管、负责、承办某项公共事务的职权，也包括利用职务上有隶属、制约关系的其他国家工作人员的职权。受贿罪利用的职务便利侧重于对事项的决定和处置的管理性。其中斡旋受贿行为必须是行为人利用自己的职权或者地位形成的便利条件，通过其他国家工作人员的职务行为来进行。行为人与被利用的国家工作人员之间虽然没有隶属、制约关系，但是行为人利用了本人职权或者地位产生的影响和工作联系。而利用影响力受贿罪的行为方式分为两种，一是行为人利用其与国家工作人员的特殊关系，对国家工作人员施加影响，促使国家工作人员利用职务上的便利，为请托人谋取不正当利益，从而索取或者收受请托人的财物；二是行为人利用国家工作人员的职权或者地位形成的便利条件，通过其他国家工作人员职务上的行为，为请托人谋取不正当利益，索取或者收受请托人的财物。为请托人谋取不正当利益是否已经实现并不影响利用影响力受贿罪的成立。（2）对“谋利”的要求不同。受贿行为有索取和收受两种方式，一是索取他人财物，是主动索要，请托人则是被迫给予财物。

索贿人的主观恶性程度高于被动收受者，因此此时不要求以为他人谋取利益为必要条件。二是非法收受他人财物，是被动收受财物，此时必须具有为他人谋取利益的行为。同时，所谋取的利益可以是正当利益也可以是不正当利益，即为他人谋取的利益是否正当并不影响受贿罪的成立。并且受贿人为他人谋取的利益是否实现也不影响受贿罪的成立。而斡旋受贿与利用影响力受贿罪都要求必须是为请托人谋取利益，且必须是不正当利益。如果谋取的是正当利益则不成立“斡旋受贿”与利用影响力受贿罪。根据2012年《最高人民法院、最高人民检察院关于办理行贿刑事案件具体应用法律若干问题的解释》，所谓不正当利益应包括以下三个方面：一是违反法律、法规、规章或者政策的利益。这里的“规章、政策”既包括国务院的部门规章和政策，也包括地方各级党委、政府制定的规章和政策，还包括各部门的行业规范，称之为非法实体利益。二是要求国家工作人员或有关单位违反法律、政策、规章、行业规范的规定提供帮助或方便条件，即非法程序利益。三是在招标、政府采购等商业活动中，违反公平原则，给予相关人员谋取竞争优势。

3. 主体不同。受贿罪的主体是国家工作人员，即特殊主体，其范围应当按照刑法第93条的规定来确定。而利用影响力受贿罪的主体为年满16周岁，具有刑事责任能力的国家工作人员的近亲属或者其他与该国家工作人员关系密切的人，离职的国家工作人员或者其近亲属以及其他与其关系密切的人。

四、本罪与受贿罪共犯的界限

构成利用影响力受贿罪的前提，是行为人在国家工作人员不知情的情况下实施了犯罪行为，如果非国家工作人员与国家工作人员勾结，伙同受贿的，应当以受贿罪的共犯追究刑事责任。这就牵涉到对受贿罪共犯问题的准确把握。先来看一个例子：李某系县委书记邵某的妻子，在本县医院兴建住院部大楼之际，李某利用邵某的身份和职权形成的便利条件，通过该医院原院长周某、原党委书记薛某职务上的行为令原本不能中标的某建筑公司获得了该医院住院部大楼工程的承建权。在此过程中，李某先后收取该建筑公司给付的贿赂款总计30余万元。本案中，对于李某行为的定性，存在两种意见。第一种意见认定李某的行为成立受贿罪共犯；第二种意见则认定李某的行为成立利用影响力受贿罪。

根据刑法第25条的规定，成立共同犯罪，行为人应当具有共同的犯罪故意和共同的犯罪行为。基于此，国家工作人员与特定关系人构成受贿罪共同犯罪需要同时满足共同的受贿故意和共同的受贿犯罪行为两个条件。

《全国法院审理经济犯罪案件工作座谈会纪要》和《受贿意见》分别对受贿罪共同犯罪进行了明确的规定。其中，《全国法院审理经济犯罪案件工作座谈会纪要》规定，非国家工作人员与国家工作人员勾结，伙同受贿的，应当以受贿罪的共犯追究刑事责任。国家工作人员的近亲属向国家工作人员代为转达请托事项，收受请托人财物并告知该国家工作人员，或者国家工作人员明知其近亲属收受了他人财物，仍按照近亲属的要求利用职权为他人谋取利益的，对该国家工作人员应认定为受贿罪，其近亲属以受贿罪共犯论处。近亲属以外的其他人与国家工作人员通谋，由国家工作人员利用职务上的便利为请托人谋取利益，收受请托人财物后双方共同占有的，构成受贿罪共犯。国家工作人员利用职务上的便利为他人谋取利益，并指定他人将财物送给其他人，构成犯罪的，应以受贿罪定罪处罚。

《受贿意见》指出，特定关系人与国家工作人员通谋，由国家工作人员利用职务上的便利为请托人谋取利益，同时授意请托人将有关财物给予特定关系人的，构成受贿罪共犯。特定关系人以外的其他人与国家工作人员通谋，由国家工作人员利用职务上的便利为请托人谋取利益，收受请托人财物后双方共同占有的，以受贿罪的共犯论处。

综合以上法律文件，笔者认为以下四种情形构成受贿罪共同犯罪：（1）特定关系人向国家工作人员代为转达请托事项，收受请托人财物并告知该国家工作人员；（2）国家工作人员明知特定关系人收受了他人财物，仍按照其要求利用职权为他人谋取利益；（3）特定关系人以外的其他人与国家工作人员通谋，由国家工作人员利用职务上的便利为请托人谋取利益，收受请托人财物后双方共同占有；（4）国家工作人员与特定关系人通谋，国家工作人员利用职务上的便利为请托人谋取利益，并授意请托人将财物给予特定关系人。

根据以上分析，笔者认为，非国家工作人员是否构成受贿罪共犯，取决于双方有无共同受贿的故意和行为，国家工作人员的近亲属向国家工作人员代为转达请托事项，收受请托人财物并告知该国家工作人员，或者国家工作人员明知其近亲属收受了他人财物，仍按照近亲属的要求利用职权为他人谋取利益的，对该国家工作人员应认定为受贿罪，其近亲属以受贿罪共犯论处。近亲属以外的其他人与国家工作人员通谋，由国家工作人员利用职务上的便利为请托人谋取利益，收受请托人财物后双方共同占有的，也构成受贿罪共犯。

也可以说，国家工作人员与其近亲属或者其他与国家工作人员关系密切的人之间是否存在"通谋"将不仅影响对双方的定罪量刑，而且还会直接影响国家工作人员罪与非罪的问题，这些问题在《刑法修正案（七）》实施前后都是一样的。不同的是，在《刑法修正案（七）》实施前，双方否认"通谋"，则双方可能都不构成犯罪；在《刑法修正案（七）》实施后，双方否认"通谋"，非国家工作人员一方则可能构成利用影响力受贿罪。因此，《刑法修正案（七）》新增利用影响力受贿罪实际上是加大了而不是减弱了对贿赂犯罪的惩治力度。

在上述例子中，李某利用邵某县委书记的身份和地位，对医院施加影响，令其将工程承包给特定建筑公司，李某行为的定性取决于其与邵某之间是否存在通谋，如果存在，那么二人构成受贿罪的共同犯罪；如果不存在，则邵某因为缺乏犯罪故意和犯罪行为而不构成犯罪，李某单独构成利用影响力受贿罪。

五、本罪与诈骗罪的界限

利用影响力受贿罪与诈骗罪的区分主要是看行为人是否利用其对国家工作人员的影响力为请托人谋取不正当利益，具体可以分为以下三种情况区别加以认定：

1. 行为人本来同国家工作人员没有关系，但冒充某国家工作人员的近亲属或是其他关系密切的人而收受或索取了他人的财物，此时，不论行为人主观上是否有为他人谋取不正当利益的目的，显然都是在以虚构事实、隐瞒真相的手段骗取他人财物，应该以诈骗罪对其定罪量刑。

2. 行为人虽然是国家工作人员的近亲属或其他关系密切的人，其主观上并没有利用这种影响力为请托人谋取不正当利益的目的，客观上却索取或收受他人财物，在此种情形下，还可以再分为两种情况加以认定：第一种是行为人做出虚假承诺，告知请托人将利用其影响力为请托人谋取不正当利益，但主观上却无此目的。此种情况应当认定为利用影响力受贿罪。根据《贪污贿赂解释》第13条的规定，受贿罪的客观构成要件要素中最低要求是承诺为他人谋取利益，即国家工作人员只要在非法收受他人财物之前或之后承诺为他人谋取利益，就构成受贿罪，而不管该承诺是否是虚假承诺，因为该行为侵害了职务行为的不可收买性。在受贿罪中国家工作人员的虚假承诺行为本身就会使人们产生“国家工作人员的职务行为可以收买”的错觉，因此具有法益侵害的危险性，应当认定为受贿罪。笔者认为，在行为人没有想利用影响力去影响国家工作人员为请托人谋取不正当利益的情况下，如果其做出了虚假承诺，请托人基于行为人同国家工作人员具有近亲属或其他密切关系，同样会使人们产生“国家工作人员的职务行为可以收买”的错觉，也同样使国家工作人员职务行为的不可收买性受到了侵害，从利用影响力受贿罪是为弥补受贿罪处罚不足的立法原意出发，即使行为人做出的是虚假承诺，也应当将这种行为认定为利用影响力受贿罪。第二种是行为人没有做出虚假承诺，主观上也没有利用影响力为请托人谋取不正当利益的目的，但收受了请托人的财物。笔者认为此种情况应当认定为诈骗罪。理由是行为人主观上有非法占有他人财物的目的，客观上实施了非法收受他人财物的行为，符合诈骗罪的犯罪构成特征。

3. 行为人系国家工作人员的近亲属或其他关系密切的人，并且有利用这种关系为请托人谋取不正当利益的目的，索取或收受他人财物的，应该以利用影响力受贿罪定罪量刑。

六、本罪的未遂和中止问题

本罪行为人的犯罪未得逞，大致可以分为两类：一是行为人自身以外的原因，如请托人拒绝交付财物等；二是行为人自身对完成犯罪有不利影响的因素，如其身体状况导致无法利用影响力影响国家工作人员。通过以上论述，“为他人谋取不正当利益”这一要件似乎没有得到体现，其实不然，因为在本罪中，请托人的不正当利益必须通过受贿人向其他国家工作人员提出要求或者请求这一环节才能实现，受贿人向其他国家工作人员提出要求或请求的这一行为其实正是受贿人对为请托人谋取不正当利益作出了承诺并且实施的手段。

对于一些特殊情形，例如，行为人自认为具备影响力，但具体到为请托人谋取特定利益时却欠缺某种影响力，该误认则属于认识错误，宜按照本罪的未遂处理，但前提必须是该行为人与国家工作人员有某种特殊的关系，因为没有此条件该行为人就无法成为利用影响力受贿罪的主体。又如，如果行为人对影响力的大小认识发生错误，则根据法定符合说，应属于同一犯罪构成内的事实认识错误，不影响行为人成立利用影响力受贿罪。

如果出现以下情形就应当认为犯罪行为已经既遂：其一，索取或者收受财物后，已经着手为请托人谋取利益，但尚未谋取到利益；其二，已经着手为请托人谋取到部分利益，但未完全实现；其三，为请托人谋取利益，已经完全实现。所以，本罪的犯罪中止必须要求行为人在收受或者索取财物后，还没有开始施加影响为请托人谋取不正当利益的行为。或者已经开始施加影响为请托人谋取利益但仍未收受或者索取请托人财物。否则，就只能成立犯罪既遂。

【办案依据】

一、刑法规定

第三百八十八条之一　国家工作人员的近亲属或者其他与该国家工作人员关系密切的人，通过该国家工作人员职务上的行为，或者利用该国家工作人员职权或者地位形成的便利条件，通过其他国家工作人员职务上的行为，为请托人谋取不正当利益，索取请托人财物或者收受请托人财物，数额较大或者有其他较重情节的，处三年以下有期徒刑或者拘役，并处罚金；数额巨大或者有其他严重情节的，处三年以上七年以下有期徒刑，并处罚金；数额特别巨大或者有其他特别严重情节的，处七年以上有期徒刑，并处罚金或者没收财产。

离职的国家工作人员或者其近亲属以及其他与其关系密切的人，利用该离职的国家工作人员原职权或者地位形成的便利条件实施前款行为的，依照前款的规定定罪处罚。

二、司法文件

《最高人民法院、最高人民检察院关于办理商业贿赂刑事案件适用法律若干问题的意见》（2008 年 11 月 20 日）（参见本书受贿罪章）

第六章　行贿罪

【立案追诉标准】

行贿案（刑法第389条）

一、为谋取不正当利益，向国家工作人员行贿，数额在三万元以上的，应当以行贿罪追究刑事责任。

二、行贿数额在一万元以上不满三万元，具有下列情形之一的，应当以行贿罪追究刑事责任：

（一）向三人以上行贿的；

（二）将违法所得用于行贿的；

（三）通过行贿谋取职务提拔、调整的；

（四）向负有食品、药品、安全生产、环境保护等监督管理职责的国家工作人员行贿，实施非法活动的；

（五）向司法工作人员行贿，影响司法公正的；

（六）造成经济损失数额在五十万元以上不满一百万元的。

三、犯行贿罪，具有下列情形之一的，属于刑法规定的“情节严重”：

（一）行贿数额在一百万元以上不满五百万元的；

（二）行贿数额在五十万元以上不满一百万元，并具有本解释第七条第二款第一项至第五项规定的情形之一的；

（三）其他严重的情节。

四、为谋取不正当利益，向国家工作人员行贿，造成经济损失数额在一百万元以上不满五百万元的，属于刑法规定的“使国家利益遭受重大损失”。

五、犯行贿罪，具有下列情形之一的，属于刑法规定的“情节特别严重”：

（一）行贿数额在五百万元以上的；

（二）行贿数额在二百五十万元以上不满五百万元，并具有本解释第七条第二款第一项至第五项规定的情形之一的；

（三）其他特别严重的情节。

为谋取不正当利益，向国家工作人员行贿，造成经济损失数额在五百万元以上的，属于刑法规定的“使国家利益遭受特别重大损失”。

《最高人民检察院关于人民检察院直接受理立案侦查案件立案标准的规定（试行）》[①]（1999年9月16日）；《最高人民法院、最高人民检察院关于办理贪污贿赂刑事案件适用法律若干问题的解释》（2016年4月18日）

【犯罪构成及刑事责任】

行贿罪，是指为谋取不正当利益，给予国家工作人员以财物的行为。构成本罪需要具备以下四个要件。

1. 客体要件。本罪侵犯的客体是国家工作人员职务行为的廉洁性。犯罪对象仅限于国家工作人员。行贿与受贿往往是对应存在的，是引发受贿犯罪的温床。因此，在惩处受贿罪的同时，必须打击行贿犯罪活动。

2. 客观要件。本罪在客观方面表现为行为人给予国家工作人员以财物的行为。与受贿的形式相对应，行贿也分为两种情形：一是行为人主动给予受贿人以财物。在这种情况下，无论行为人意图谋取的正当利益是否实现，均不影响行贿罪的成

① 载《最高人民检察院公报》1999年第6期。

立。二是行为人因国家工作人员索要而被动给予其财物。在这种情况下，如果行为人是因被国家工作人员勒索而被迫交付财物的，只有在行为人获得不正当利益的情况下，才能构成行贿罪。如果没有获得不正当利益的，不是行贿。此外，根据刑法第389条第2款之规定，在经济往来中，违反国家规定，给予国家工作人员以财物，数额较大的，或者违反国家规定，给予国家工作人员以各种名义的回扣、手续费的，也应以行贿论处。

3. 主体要件。本罪的主体是一般主体，凡是年满16周岁具有刑事责任能力的自然人均可成为本罪的主体。

4. 主观要件。本罪在主观方面表现为故意，并且具有谋取不正当利益的犯罪目的。根据1999年3月4日《最高人民法院、最高人民检察院关于在办理受贿犯罪大要案的同时要严肃查处严重行贿犯罪分子的通知》① 和1999年9月16日《最高人民检察院关于人民检察院直接受理立案侦查案件立案标准的规定（试行）》②，“谋取不正当利益”，是指谋取违反法律、法规、国家政策和国务院各部门规章规定的利益，以及要求国家工作人员或者有关单位提供违反法律、法规、国家政策和国务院各部门规章规定的帮助或方便条件。根据这一规定，“不正当利益”应当包括两个方面：（1）非法利益。即违反法律、法规、国家政策和国务院各部门规章规定的利益。（2）要求他人或者单位提供违法的帮助或者方便条件所取得的利益。

对犯行贿罪的，处五年以下有期徒刑或者拘役，并处罚金；因行贿谋取不正当利益，情节严重的，或者使国家利益遭受重大损失的，处五年以上十年以下有期徒刑，并处罚金；情节特别严重的，或者使国家利益遭受特别重大损失的，处十年以上有期徒刑或者无期徒刑，并处罚金或者没收财产。

行贿人在被追诉前主动交代行贿行为的，可以从轻或者减轻处罚。其中，犯罪较轻的，对侦破重大案件起关键作用的，或者有重大立功表现的，可以减轻或者免除处罚。

---

① 载《最高人民检察院公报》1999年第1期。

② 载《最高人民检察院公报》1999年第6期。

【疑难指导】

一、经济往来中的行贿罪是否必须具备为谋取不正当利益的要件

刑法第389条第1款规定了一般行贿罪，第2款规定："在经济往来中，违反国家规定，给予国家工作人员以财物，数额较大的，或者违反国家规定，给予国家工作人员以各种名义的回扣、手续费的，以行贿论处。"理论上一般将此种情况的行贿称为"经济行贿"，以区别于一般行贿。由于这一款没有在罪状中规定以谋取不正当利益为条件，因而理论上对经济行贿罪是否以"谋取不正当利益"为必要要件，存在分歧。先来看一个例子：王某听说某车辆报废回收公司（国有公司）下属汽车拆改部门有意对外发包，即找到该公司经理吴某洽谈，经协商，双方签订承包合同，由王某承包该公司所属汽车拆改部，承包期一年。王某经营几个月后，生意逐渐红火，第一年就已获利50余万元。在此期间，王某为免在履行合同中节外生枝及希望次年继续签订承包合同，二次送给吴某好处费6万元。王某得以与该公司续签承包合同，承包期一年。其间，王某出于同样的考虑，再次送给吴某好处费3万元。该案如何定性有三种意见：

第一种意见认为王某为谋取不正当利益，给予国家工作人员以财物，构成行贿罪。王某为获取承包权而给予吴某财物，使发包方不再考虑其他承包人，其行为排挤了其他竞争对手，属于不正当竞争行为，违反国家规定，其获取承包权属于不正当利益。

第二种意见认为刑法第389条第2款规定，"在经济往来中，违反国家规定，给予国家工作人员以财物，数额较大的，或者违反国家规定，给予国家工作人员以各种名义的回扣、手续费的，以行贿论处"，该款规定的是行贿罪的修正犯罪构成，说明在经济往来中的行贿不要求以"以谋取不正当利益"为要件。立法之所以对经济往来中的行贿作出区别于一般行贿的特别规定，是考虑经济领域是行贿犯罪的高发领域，经济往来中的行贿在现实中相当普遍，也具有相当隐藏性，对经济领域的行贿犯罪要严厉打击。所以，虽然不能界定王某系为谋取不正当利益而给予吴某财物，亦不影响对其行贿罪的认定。

第三种意见认为王某行为不构成行贿罪。

对该问题主要有两种观点：一种观点认为，经济行贿是与一般行贿并列的行贿方式。认定经济行贿，不以“谋取不正当利益”为必要要件，不论行为人谋取的利益是否正当，只要具备给被行贿人以数额较大的财物或者违反国家规定给被行贿人以回扣、手续费其中一行为的，即构成行贿罪。更有论者进一步指出，经济行贿之所以不以“谋取不正当利益”为要件，是因为在当前经济往来中给予国家工作人员以财物或者违反规定给予回扣、手续费的现象时有发生，也具有相当隐蔽性，刑法为了尽可能减少实践中的此种现象才专门规定了这种行为为行贿。经济往来中的行贿，行贿人谋取的经济利益往往有相关的合同、协议等为依据，要界定是否属于不正当利益比较困难，为了便于对经济往来中的行贿犯罪的打击，所以立法作出如此特别规定。①

另一种观点认为，经济行贿是特定领域、特殊形式的一种行贿，本身不具备完整的构成要件，必须先符合行贿罪的一般构成要件，再符合特殊规定才构成犯罪，经济行贿罪必须是以“为谋取不正当利益”的要件。②

笔者同多数学者和司法实务工作者一样，同意第二种观点，认为刑法第389条第2款规定的经济行贿同样须具备“为谋取不正当利益”的要件。理由如下：

第一，从立法技术上分析，有些犯罪由于领域的广泛性和形式的多样性，法律除对一般情况作出一般规定外，还对某些特定领域或特殊形式的该种犯罪加以专门的规定。当这种专门规定与一般规定不在同一条文时，法律需对各自不同的特征加以完整的表述，如诈骗罪与各种不同形式的金融诈骗罪、生产销售伪劣产品罪与生产销售各种特定的伪劣产品罪就属此类；当专门规定与一般规定在同一条文时，为了法律语言的简洁，往往将某些一般特征省略，而只将其特殊性予以表述，这是立法力求简练的技术要求。刑法第389条第2款规定是对特殊情形下行贿罪的特别规定，并非一个独立法条，其本身并不包含行贿罪的所有构成要件。该款仅对经济往来中的行贿在客观方面的特别特征作了表述和强调，省略了行贿罪其他构成要件的表述。

---

① 郑广宇：《贪污贿赂渎职侵权罪案定罪证据解析》，中国检察出版社2002年版，第103页；杨兴培：《刑法实质解释论与形式解释论的透析和批评》，载《法学家》2013年第1期。

② 王江华：《当前行贿犯罪法律适用问题研究》，载《检察实践》2002年第4期。

第二，社会危害性的大小决定了犯罪构成要件的宽严，经济行贿较之政府权力运作中的行贿其危害性更小，如果认为经济行贿反而不须具备“为谋取不正当利益”的要件，无疑扩大了对经济往来中行贿的打击面，导致罪刑不相适应。一般行贿主要发生在公务活动中，如寻租司法权力、违规申请贷款、干部提拔任用、承包开发工程、违规减免费用、违规审批项目等政治、行政领域的权钱交易更为典型，它发生在政府权力的运作当中，这种行贿危害的是国家机关的正常活动、国家工作人员职务行为的廉洁性。经济行贿一般发生在市场经济中的企业购销、承包租赁、联营等形式的经济往来中，带有商业贿赂的性质，是商业领域中的不正当竞争行为，认定行贿罪同样应以“为谋取不正当利益”为要件。

第三，刑法第389条第3款规定，“因被勒索给予国家工作人员以财物，没有获得不正当利益的，不是行贿”，该款是对行贿罪的除外规定，统领前面两款，是对第1款、第2款两款的除外，即无论是一般行贿还是经济行贿的行贿人，因被勒索而给予国家工作人员以财物，没有获得不正当利益的，不是行贿。由此表明，经济行贿与一般行贿一样，都必须以“为谋取不正当利益”为要件。

第四，经济行贿须具备“谋取不正当利益”的要件符合司法解释的精神，《最高人民法院、最高人民检察院关于在办理受贿犯罪大要案的同时要严肃查处严重行贿犯罪分子的通知》第2条规定：“对于为谋取不正当利益而行贿，构成行贿罪……”[①] 从这一规定可以看出，经济行贿也是以“谋取不正当利益”为要件的。

根据以上分析，再来看上述例子。笔者同意第三种意见。王某不是为谋取不正当利益。王某找吴某洽谈时并未出现其他竞争对手，况且，即使出现其他竞争对手，王某给予吴某财物，但吴某严格按照招投标法的规定进行操作，没有给予王某任何违反国家规定的帮助或便利条件，王某仍然不构成行贿罪。王某给予吴某财物只是希望对方能依法履行合同及希望次年续签合同，并没有要求吴某提供违反国家规定的特殊优惠，其谋取的是正当的合同利益，不属于司法解释规定的不正当利益。因此，王某虽然在经济往来中给予国家工作人员以财物，但不是为谋取不正当利益，不构成行贿罪。

---

① 载《最高人民检察院公报》1999年第1期。

二、如何理解行贿罪中的“为谋取不正当利益”

先来看两个例子：

例一：冯某，某建筑公司经理，武某，某市市委副书记。冯某认为武某有权为自己的经营带来帮助，为建立感情，每逢春节、端午节、中秋节等节日，便向武某送上现金3000元或10000元，累计约20万元。武某为让冯某取得某局宿舍楼、办公楼等工程的承建权，多次向该局多名领导和负责招标的人员打招呼，要求让冯某承接工程。冯某后通过招投标程序（部分评标人给予冯某高分）实际取得了某局宿舍楼、办公楼等工程的承建权。

在办理案件过程中，产生两种不同的意见：

第一种意见认为，冯某为了达到利用武某的权力为自己谋利的目的，便借节日送给武某超过正常往来的大额款项，是一种以钱买权的贿赂行为。但是，冯某（有承接工程的资质）所追求的是工程的承建权，是法律许可的利益，是具有承接工程的资质人员均可取得的利益，不是非法利益，不属于行贿罪所规定的不正当利益。武某虽然向有关领导打过招呼，但是在招投标程序中，打招呼可以让其入围，最终能否中标还要凭借标书，不能肯定武某的帮助能够取到实际作用。因而不符合行贿罪所规定的“不正当利益”的规定。

第二种意见认为，冯某贿赂武某，其目的是要武某为其承建工程提供帮助，让武某通过向有关领导打招呼的方式承接工程，其要求武某提供的帮助违反了我国《招标投标法》第5条规定的“招标投标活动应当遵循公开、公平、公正和诚实信用的原则”，要求国家工作人员提供违反法律规定的帮助、方便条件，属于“不正当利益”范畴。

例二：原A公司B分公司负责人周某打听到C区拟改建某公路G工程的信息，因无承接工程的资质，经交通局局长何某推荐，周某找到该区交通局所属养路段E公司经理付某，二人商议，由周某在该公司挂靠设立F工程处，周某向该公司交管理费，其他一切由周某全权负责，并签订了合同，出具了委托书。周某以F工程处的名义与交通局签订了G工程的某工程段合同。周某以E公司的名义在某信用社贷款200万元，开始修建该工程段。随后，周某认为以F工程处的名义承包该工程，牌子太小，又请何某帮忙在A公司挂靠一个分公司。何某指示下属出具相关证明，向 A 公司申报成立了 B 分公司，周某又以 B 分公司名义承包了 G 工程另一工程段的改建工程。

为感谢交通局局长何某的关照，周某承包 G 工程后，于周末上午，打电话邀何某把包带出来，二人同乘一出租车在临时停车场附近，周某将事先准备好的 3 万元现金送给了何某；何某赴美考察前，何某向周某“借”2 万元，周某同意，几天后周某又将事先准备好的 2 万元现金送给了何某。周某得知 C 区区委副书记陈某要出国考察学习，在陈某出国的前一天晚上，给陈某送去现金 1 万元以感谢陈某对承包工程的关照。

在办理案件过程中，产生两种不同的意见：

第一种意见认为，周某行贿是为了谋取工程，而谋取工程中给对方好处现象较普遍，周某谋取的不是不正当利益，因此，周某的行为不构成行贿罪。

第二种意见认为，周某本身不具备承包工程的资格、条件，为了谋取不正当利益，弄虚作假，给国家工作人员行贿，其行为构成行贿罪。

1997 年刑法明确规定“为谋取不正当利益”作为行贿罪成立的必要条件。但是，学者和司法人士对“不正当利益”的界定，却众说纷纭，存在以下几种观点：

1. 手段不正当说。该观点认为只要采取行贿手段谋取利益，无论该利益是否合法，都应认定为“不正当利益”。该说源于 1979 年刑法中关于行贿罪不以“谋取不正当利益”为要件的规定。理由是除某些利益本身性质明确外，相当一些利益因取得的手段不同性质也不同，利益一旦与行贿这种非法手段相结合，其性质就发生了变化，就具有了不正当性，因为手段的不正当正好证明目的的不正当，采此说的学者认为以此来解释“不正当利益”对于在司法实践中严厉打击行贿犯罪不正之风非常必要。[①]

2. 非法利益说。根据该说，“不正当利益”是指非法利益，即法律、法规等相关规定所禁止或不被容许取得的利益。因而，只要行贿人通过给予国家工作人员财物，谋取违反法律、法规、国家政策和国务院部门规章等明文规定的利益，

① 张穹：《中国经济犯罪罪行论》，大地出版社 1989 年版，第 500 页。

即构成行贿罪。①

3. 违背道德说。该说认为利益并非仅受法律调整，亦有不受法律调整的利益，如受道德调整，如此可见，“不正当利益”的外延要大于非法利益，还应包括违背不与国家法律法规政策相抵触的规章制度、条例、规则、办法等所取得的利益和违反社会主义道德而获得的利益。②

4. 不确定利益说。该观点认为利益按照合法性程度可分为三种：一为应得利益，二为非法利益，三为介于上述两者之间的不确定利益，是指根据有关法律法规、政策可以取得，但尚处于不确定状态的利益，即可得利益。该说认为正确界定行贿罪中的不正当利益，关键在于解决不确定利益的性质和归属。对于不确定利益，必须与取得的手段相结合才有现实意义，当它与正当手段结合就是正当利益，当它与不正当手段结合就是不正当利益，以行贿非法手段谋取的不确定利益都应当归属于不正当利益。③

5. 受贿人违背职务说。持此观点的学者认为“不正当利益”应当从受贿人是否违背职务要求（不包含廉洁性要求）为行贿人谋取利益这个角度判断。④ 1999年3月4日最高人民法院和最高人民检察院联合发布的《关于在办理受贿犯罪大要案的同时要严肃查处严重行贿犯罪分子的通知》中明确规定“要求国家工作人员或者有关单位提供违反法律、法规、国家政策和国务院各部门规章规定的帮助或者方便条件”的也是“谋取不正当利益”，该规定在一定程度上肯定了从受贿人违背职务的行为这一角度来认定行贿罪。⑤

上述观点都有其不合理之处。“手段不正当说”将利益的判断以手段是否正当为标准，其实质在于取消利益的独立性，将目的利益本身的性质等同于谋取利益的手段的性质，显然是不合理的。它把“不正当利益”的范围规定得过宽，即把

---

① 黄太云：《中华人民共和国刑法释义与适用指南》，红旗出版社1997年版，第231页。

② 吴访非、曲明：《关于行贿罪中“不正当利益”的界定》，载《法学杂志》2004年第4期。

③ 邹志宏：《论行贿罪中不正当利益的界定》，载《人民检察》2002年第3期。

④ 肖扬：《贿赂犯罪研究》，法律出版社1994年版，第273页。

⑤ 梁志慧：《论行贿罪中的“不正当利益”之认定》，载《无锡职业技术学院学报》2007年第1期。

谋取合法、应得利益而行贿，如某甲为讨回本应支付给自己的工程款而给有关领导行贿也认定为犯罪，会导致打击面过大，是不符合当前我国国情和立法机关的立法本意的。“非法利益说”把不正当利益仅理解为非法利益，虽在司法实践中便于对行贿罪的认定，但规定过于狭窄，将违反国家政策、道德获得利益的行为都排除在行贿罪之外，为行贿人提供了法律空间，不利于打击越发猖獗的行贿不正之风。“违背道德说”中的违法违规利益虽然比较容易认定和操作，但是违反社会主义道德而获得的利益，由于是通过人们的价值判断来界定的，主观性较强，且社会主义道德并不是成文规定，用其来衡量利益正当与否，可操作性较低。“不确定利益说”实际是对“手段不正当说”的修正，其实质仍是将谋取利益的性质等同于谋取利益手段的性质。“受贿人违背职务说”从可操作性上讲，从受贿者职务的角度来判断“不正当利益”，在司法实践中具有可行性，且其界定行贿犯罪的范围也比较合适，既不会打击面过宽，也不会放纵犯罪，具有一定的合理性。但是该说从行贿的对象——受贿者的行为来判断行贿罪的成立与否，而不考虑行贿人的主观方面，显然是将“为谋取不正当利益”这一行贿罪的主观要件错误理解为客观要件，尚不够严谨。

为了统一认识，便于司法操作，1999 年 3 月 4 日《最高人民法院、最高人民检察院关于在办理受贿犯罪大要案的同时要严肃查处严重行贿犯罪分子的通知》① 和 1999 年 9 月 16 日《最高人民检察院关于人民检察院直接受理立案侦查案件立案标准的规定（试行）》② 规定，“谋取不正当利益”，是指谋取违反法律、法规、国家政策和国务院各部门规章规定的利益，以及要求国家工作人员或者有关单位提供违反法律、法规、国家政策和国务院各部门规章规定的帮助或方便条件。根据上述规定，“不正当利益”应包括以下两个方面：

1. “违反法律、法规、国家政策和国务院各部门规章规定的利益”即非法利益，是针对谋取利益本身而言。违反法律，是指违反全国人大常委会颁布的法律。法规，是指违反行政法规，国务院颁布的法规、条例、规定，以及各省、自治区、

---

① 载《最高人民检察院公报》1999 年第 1 期。

② 载《最高人民检察院公报》1999 年第 6 期。

直辖市人大及其常委会制定的各种地方性法规，但如果地方性法规与国家法律、国务院制定、颁布的法规有冲突，则不应作为认定“不正当利益”的依据。“国家政策”是指党和政府制定的各项政策、措施。“国务院各部门规章”是指国务院各部、委所制定颁布的各种规范性文件。具体包括两种情况：一是绝对禁止的非法利益，如贩毒、走私等，这种利益法律、法规、国家政策和国务院各部门规章规定任何人都不可获得；二是相对禁止的非法利益，即根据法律、法规、国家政策和国务院各部门规章某种主体不具备获得某种利益的条件而获得该利益，如某公司不具备上市资格而上市、不具备减免税的条件而减免税或者不具备招标资质却中标等。

2. 要求国家工作人员或者有关单位提供违反法律、法规、国家政策和国务院各部门规章规定的帮助或者方便条件，即针对取得利益的手段（不包括行贿手段本身）和过程而言。也就是说，行为人通过行贿手段所要获取的利益可能并不违反法律、法规、国家政策和国务院各部门规章的规定，但其要求国家工作人员或者有关单位为其获得利益所提供的帮助和方便条件却违反了法律、法规、国家政策和国务院各部门规章的规定，国家工作人员或有关单位违反国家法律、法规为其提供了帮助和方便条件，使其获得利益。具体包括两个方面：

一是不论谋取的利益本身是否符合法律、法规、国家政策和国务院各部门规章的规定，只要是行贿人在谋取过程中受贿方承诺给予或实际给予行贿人违反法律、法规、国家政策和国务院各部门规章规定的帮助或者方便条件，即构成行贿罪。如在招投标中，甲、乙、丙都具备资质，都有可能中标，但是甲为了中标，向招标方行贿，招标方违法将招标的相关内部信息透露给甲，甲从而中标，甲即构成行贿罪。

二是不论谋取的利益本身是否符合法律、法规、国家政策和国务院各部门规章的规定，只要行贿人在谋取过程中明确要求受贿方给予行贿人违反法律、法规、国家政策和国务院各部门规章规定的帮助或者方便条件，而不论受贿方是否承诺给予或实际给予，即构成行贿罪，此处充分体现了“谋取不正当利益”为行贿罪的主观要件。如在公开选拔干部过程中，甲、乙、丙都是合适人选，甲为了能得到提拔，向相关领导行贿，明确要求有关领导违反法律、法规、国家政策和国务院各部门规章规定给予帮助和方便条件，此种情况，不管对方是否承诺或者实际给予，甲都构成行贿罪；而对于甲未明确要求有关领导违反法律、法规、国家政策和国务院各部门规章规定给予帮助和方便条件，只是要求对方给予照顾的概括意思表示，受贿方未承诺给予或实际给予行贿人违反法律、法规、国家政策和国务院各部门规章规定的帮助或者方便条件的，则不宜认定为行贿罪。

根据以上分析，笔者认为，在例一中，冯某所追求的工程承建权，是不确定的利益，是具备一定条件的个人或单位经过一定程序均可取得的利益，并非冯某的确定利益。冯某通过贿赂方式让他人从中提供帮助，让正常的招投标程序被“掺水”，违反了我国《招标投标法》第 5 条规定的“招标投标活动应当遵循公开、公平、公正和诚实信用的原则”，要求国家工作人员提供违反法律规定的帮助、方便条件，属于“不正当利益”范畴。冯某取得的不确定利益，与其使用贿赂的非法手段有直接的因果关系。因此，冯某的行为符合行贿罪规定的“谋取不正当利益”的要件。在例二中，周某本身不具备承包工程的资格、条件，但为了承包 G 工程，即为谋取不正当利益，采取向主管该工程的交通局局长何某行贿的手段，给予国家工作人员 2 人计 6 万元现金，其行为构成行贿罪。

三、行贿与赠与的界限

赠与是指在生活、工作中，由于人际交往的需要，赠予对方礼品、财物的行为。从性质上来说，赠与是一种民事法律行为，这种行为主体的地位是平等的，并且进行这种行为的前提是主体的主观意愿表现为自愿，因而是没有社会危害性的。而行贿却恰恰相反，它是一种违法犯罪行为，它侵犯的是公务人员的职务廉洁性、不可收买性。因此，行贿行为与赠与行为是有本质区别的。

行贿罪的实质在于以金钱、财物收买国家工作人员的公务行为，进行钱权交易，从中谋取不正当利益，其行为必然侵犯公务行为的廉洁性，损害国家机关及其工作人员的形象和威信，助长贪污受贿等现象的蔓延。[①] 而赠与的实质是一种单务合同行为，给予赠与人并不要求接受赠与者有任何的回报或补偿。然而，在司法实践当中，有时候行贿行为和赠与行为是很难区分开来的，往往有一些行贿人假借赠与礼物的名义而行行贿之实。所以，只有严格仔细区分二者，才不会冤枉

① 刘守芬：《刑法学概论》，北京大学出版社 2000 年版，第 579 页。

好人，也将有利于严惩行贿犯罪分子。这就要注意以下几个方面的问题。

（一）行为人是否有利用相对人职权的目的

大多数学者都认为，这一点是区分行贿与赠与的基本点。行贿罪的犯罪客体是公务行为的廉洁性，行贿人需要收买的就是行贿对象的职权，以钱谋权而获得实利，由此而腐蚀了公务行为的廉洁性，从而为法律所禁止。但是，法律并不禁止手握权力的国家工作人员接受赠与，不过要认清接受赠与是出于友谊、亲情的赠与，还是出于权力交换的“赠与”。若是前者，就可以排除行贿的嫌疑。例如，甲县电力公司经理与乙县某副县长是大学同学，因为该副县长的女儿考上了名牌大学，甲县电力公司经理送了6888元礼金。在两个月后，甲县电力公司经理的儿子结婚，该副县长回赠礼金6666元。从该例中可以看出来，两位行为人之间的赠与行为完全属于亲朋好友之间的礼尚往来。但是，这并不意味着任何亲戚朋友之间的赠与都是合法的。如果亲友之间的赠与是为了谋求对方的职权而获取利益的，毫无疑问应当认定为行贿。

（二）关于慰问金、逢年过节赠礼的情形

社会中时常会出现一些这样的情况，领导生了病卧床修养，下属们带礼品去慰问；逢年过节，下级送礼给领导拜年拜节，表示祝福。那么该如何区分在这些过程当中出现的送礼现象是礼节性问候还是行贿行为。有的学者认为，行为人出于联系、笼络国家工作人员的目的，向其赠送财物进行感情投资，在赠送财物前后，并不要求国家工作人员为自己谋取任何利益，国家工作人员收受财物前后也确实没有为送礼人谋取私利，在此种情况下，由于行为人赠送财物不具有明确的谋取不正当利益的目的，一般不作为行贿罪处理。[①] 有的学者认为，以下三种情形属于送礼不正之风：行为人因某种正当利益得不到解决而送给有关人员钱物的；行为人为答谢他人的帮助而送少量财物的；行为人为谋取不正当利益，因对方勒索而给予对方财物，但没有获得不正当利益的。从现实层面来说，我国在大力推进社会主义经济建设，就需要强而有力的法制保障。从法理层面来说，一个国家的法律要具有适当的超前性才是好法律。所以，要严格限制、打击行贿行为和暧

① 屈学武：《刑法各论》，社会科学文献出版社2005年版，第525~526页。

昧性的准行贿行为。暧昧性的准行贿行为，是指上面所指的送礼不正之风之类的行为。如认为行为人赠送财物不具有明确的谋取不正当利益的目的，一般不作为行贿罪处理。虽然说，行为人不要求回报，但是该行为必然对国家工作人员在将来处理有关行为人的事务的时候产生影响。行为人的行为可能与发生的效果之间时间差很大，这样将产生取证困难的问题，非常不利于打击行贿犯罪。

笔者认为，应当按照《贪污贿赂解释》来解决这种问题。具体讲，如上述行为涉嫌下列情形之一的，应予立案：（1）行贿数额在三万元以上的；（2）行贿数额在一万元以上不满三万元，但具有下列情形之一的：①向三人以上行贿的；②将违法所得用于行贿的；③通过行贿谋取职务提拔、调整的；④向负有食品、药品、安全生产、环境保护等监督管理职责的国家工作人员行贿，实施非法活动的；⑤向司法工作人员行贿，影响司法公正的；⑥造成经济损失数额在五十万元以上不满一百万元的。具有下列情形之一的，应当认定为“情节严重”：①行贿数额在一百万元以上不满五百万元的；②行贿数额在五十万元以上不满一百万元，并具有本解释第七条第二款第一项至第五项规定的情形之一的；③其他严重的情节。为谋取不正当利益，向国家工作人员行贿，造成经济损失数额在一百万元以上不满五百万元的，应当认定为“使国家利益遭受重大损失”。具有下列情形之一的，应当认定为“情节特别严重”：①行贿数额在五百万元以上的；②行贿数额在二百五十万元以上不满五百万元，并具有本解释第七条第二款第一项至第五项规定的情形之一的；③其他特别严重的情节。为谋取不正当利益，向国家工作人员行贿，造成经济损失数额在五百万元以上的，应当认定为“使国家利益遭受特别重大损失”。若达不到立案标准的，如果是国家工作人员应当处以政纪、党纪处分；如果是一般公民，应当处以行政处分。

四、行贿罪与受贿罪的关系

在认定行贿罪时，还应该注意行贿罪与受贿罪之间的关系。传统的观点认为，行贿罪与受贿罪是对向犯的一种，即只要有受贿罪，必然有行贿罪的发生；反过来，只要有行为构成行贿罪，就必然有受贿罪的存在，两者是相辅相成、互为因果的关系。[①] 笔者认为，这种论断失之偏颇，两者并非不可分离，两者既有密切联系但彼此又各有不同的犯罪构成，是两个相对独立的犯罪。行贿罪的成立，是不以对方构成受贿罪为前提的。同样，在特定情况下，受贿一方也不能因对方不构成行贿罪而不予定罪。关键在于行为人是否具备各自的犯罪构成要件。具体包括以下情形。

（一）行贿罪与受贿罪同时存在的情形

如行为人为谋取走私等非法利益而行贿，收受其贿赂的国家工作人员为其谋取利益的，就同时存在行贿罪与受贿罪。

（二）受贿罪成立而行贿罪不成立的情形

如因被勒索给予国家工作人员以财物，没有获得不正当利益的，不构成行贿罪，但勒索财物的国家工作人员构成受贿罪。刑法规定，只要行为人利用职务之便，有索取他人财物的行为，即可构成受贿罪，这种规定也是与索贿行为本身的社会危害性紧密联系的。但是如果被勒索人没有获取不正当利益，则被勒索一方不构成行贿罪，就会出现只有受贿罪而没有行贿罪的情况。

（三）存在行贿罪而不存在受贿罪的情形

如前所述，行贿罪中当行贿人向国家工作人员给付财物表明其“谋取非法利益”的意志时，其行为已经完成，至于行贿人是否实际谋取到利益、受贿人是否愿意或实际收受到了财物并不能影响其行贿行为的成立。相对人的态度只能决定受贿罪是否成立。具体而言，又可分为两种情况：第一，国家工作人员当场拒绝接行贿人的财物，行贿人最后将财物拿走的情形就是国家工作人员既没有收受贿赂的故意，也没有收受贿赂的行为，当然也就不构成受贿罪。但行贿人只要是为了谋取不正当利益，其行为仍符合行贿罪的构成要件，即可成立行贿罪。第二，行贿人不听劝阻，将行贿的财物留放在国家工作人员处，国家工作人员及时交给有关部门处理；或国家工作人员碍于情面，在劝说无效的情况下，将贿赂暂时留下，待行贿方离开后，迅速交给有关部门处理的情形。在这种情况下，国家工作人员虽然收受了财物，但主观上不具备收受财物的故意，客观方面也表现为将收

---

① 杨春洗、杨敦先：《中国刑法学》，北京大学出版社 1994 年版，第 131~132 页。

受的财物交给有关部门，显然也不构成受贿罪。但对于行贿方而言，主观上认为国家公务的公正性与廉洁性是可以收买的，客观上有行贿的行为，如果其追求的是一种不正当利益，根据刑法的规定，仍然成立行贿罪。

五、行贿罪既遂与未遂的界限问题

先来看一个例子：甲是个体建筑包工头。甲从某国有建筑单位承包到一项修路工程。在施工过程中，甲为了让该国有建筑单位质检人员放松质量管理，送给质检人员乙 3 万元钱。乙全部收下后但没有放松对该工程质量管理。

此案中对甲的定性，存在以下不同意见：

第一种意见：甲不构成行贿犯罪。因为甲虽然送 3 万元钱给乙，但乙没有对甲的工程质量放松管理，即甲在客观上并没有获得不正当利益。

第二种意见：甲构成行贿犯罪（未遂）。因为甲在主观上有谋取不正当利益的目的，客观上送 3 万元钱给乙，但是由于乙没有放松对其工程质量管理，不正当利益没有得到，应是行贿犯罪未遂状态。

第三种意见：甲构成行贿犯罪（既遂）。在行贿犯罪中，“谋取不正当利益”是行贿犯罪的主观要件，而给予国家工作人员财物是行贿犯罪的客观要件。区别既遂与未遂要看给予国家工作人员的财物是否被接受，若被接受，则是行贿既遂，若不被接受，则是行贿未遂。

目前理论界对行贿罪既遂、未遂的标准认识很不一致，主要有以下观点。

（一）“给付说”

认为应以行为人实施给付财物的行为作为既遂的标识，对方是否实际接受贿赂，是否实际为行贿人谋取不正当利益，在所不问。

（二）“牟利说”

认为应以受贿人实际是否为行贿人谋取不正当利益作为行贿罪既遂的标准。理由是，构成行贿罪的法定条件，一是给付受贿人财物，二是谋取不正当利益。这里给付财物并非行贿人的最终目的，其目的是通过受贿人渎职为其谋取不正当利益，从而使国家机关的正常活动受到侵害。因此，应以行贿人谋取不正当利益的目的是否达到作为区分行贿罪既遂与未遂的标准，达到目的的为既遂，反之为未遂。

（三）“区别说”

认为区分行贿罪既遂与未遂时，应分不同情况来处理。对为今后获取不正当利益而预先给付财物的，以是否给付财物为既遂、未遂的区分标准；对先已获取不正当利益，然后给付财物的，以是否获取不正当利益为行贿罪既遂、未遂的区分标准。因为受贿人是否为行贿人谋取了不正当利益，表明了是否侵害了国家机关的正常活动，而且这一标准也能够不放纵那些先为行贿人谋取不正当利益而事后行贿的犯罪。行贿罪侵犯的客体不仅是国家机关的正常活动，还包括社会风尚；而要求受贿人先为其谋取不正当利益，然后才给付财物的行为，在已获得不正当利益而尚未给付财物之前，侵犯的客体是国家机关的正常活动。总之，行为人不论是给付财物，还是获得不正当利益，都属于行贿罪的客观要求，都侵害行贿罪的客体，因而，只要其中一个行为实施完毕，就应视为既遂；因行为人意志以外的原因未得逞的，为未遂。

（四）“给付和收受说”

认为应以行贿人实际给付财物，受贿人实际收受财物，并请受贿人为其谋取不正当利益，作为行贿罪既遂的标准，但不要求谋取不正当利益的目的一定达到。理由是，行贿罪具有诱惑性和腐蚀性的特点，而国家工作人员职务上必须保持廉洁。行贿人以财物收买国家公职人员使之丧失原则性，败坏党风和社会风气，客观上起到破坏国家机关正常活动的作用。因此，即使行贿后尚未从中谋取不正当利益，仍应以行贿罪既遂认定。

笔者认为，由于行贿罪表现为主动行贿和被动行贿两种形式，根据刑法的规定，两种形式的行贿罪成立标准是不同的，因此其既遂的标准也不尽相同：

第一，在行为人主动行贿的情况下，应当以行为人为谋取不正当利益而给予国家工作人员财物，国家工作人员收受财物作为行贿罪既遂的标准，即使行为人并没有实际获得不正当利益，也不影响行贿罪既遂的成立；但如果国家工作人员没有接受行为人给予的财物，则属于行贿未遂；如果国家工作人员收受财物后，因害怕被查出等原因已退还的，行为人仍然属于行贿既遂。

第二，在行为人因被勒索而给予国家工作人员财物的情况下，应当以行为人给予国家工作人员财物，并实际获得不正当利益作为行贿罪既遂的标准；如果行为人实际上并没有获得不正当利益，根据刑法第 389 条第 3 款的规定不属于行贿，当然也不构成行贿罪。从这个角度讲，被动行贿实际上只有行贿罪成立与否的问题，而没有既遂与未遂的问题。

根据以上分析，笔者认为，在例子中甲的行为属于为谋取不正当利益而主动行贿的情形，乙收受甲送的 3 万元钱后，甲的行为就属于行贿既遂，因此上述第三种观点是正确的。

六、行贿罪与其他犯罪的一罪、数罪问题

行为人同时犯有行贿罪和其他罪的情况通常有两种：一是运用行贿手段，买通国家工作人员之后进行其他犯罪活动；如董某为偷逃关税，用 40 余万元的贿赂款买通海关关长掩护其走私。董某虽有走私和行贿两个独立行为，但它们是在同一目的指导下：行贿罪的目的是“谋取不正当利益”，此时的利益正是走私，所以，走私是目的行为，行贿是手段行为，两行为属牵连犯。二是行贿罪为目的行为，其他犯罪作为行贿的手段行为；如行为人为了行贿，而贪污公共财物的行为。贪污是手段，行贿罪是目的。三是先有其他犯罪，为逃避打击，进行行贿。如黄某因故意杀人被拘留，为逃避打击，其伙同家人送给看守所长 10 万元，看守所长遂私自将其释放。其中，黄某有故意杀人和行贿两个行为，因为两者之间缺少必要的牵连关系，即两个行为分属两个目的指导，所以两罪是独立数罪。综上，笔者认为，当行贿罪在先，是目的犯罪的手段时，行贿罪与目的犯罪形成牵连犯；当其他行为在前，行贿是目的行为时，二者也是牵连犯；而当其他犯罪在先，行贿作为逃避打击的手段时，行贿罪与在先的他罪是实质的数罪关系。对有牵连的两个犯罪行为，处理时究竟作一罪还是作数罪。由于对牵连犯的定义和处理在我国刑法中一直没有明确规定，在实践中通常依据我国刑法理论，对牵连犯采取“择一从重”处罚原则，只有当法律为加大打击力度而作出特别规定时，可以依法数罪并罚，如走私罪中，刑法规定“以暴力威胁方法抗拒缉私的作数罪并罚”。

对于行贿和其他犯罪牵连时的处理，我国刑法规定有一个发展过程。目前，对行贿罪与目的犯罪在牵连时是以普通的牵连犯理论作一罪处罚，还是数罪并罚，存在争议，司法实践中的做法也各不相同，但以数罪并罚为多数。如李某通过贿赂收买港口海关、边防等部门及党政机关工作人员，采用少报多进，伪报品名，不经报检直接提货等手段大肆进行汽车等货物的走私活动。由于犯罪行为发生在1996年初至1998年7月，根据刑法第12条第1款规定适用新刑法，法院以走私普通货物罪和行贿罪对李某进行数罪并罚。所以，有观点进一步认为，为谋取不正当利益而触犯其他罪名的，应与行贿罪进行数罪并罚，对此笔者认为，根据“法无明文规定不为罪”的精神，没有法律规定不得任意加重对行为人的处罚。所以，对两罪应以牵连犯原则“择一从重”处理。理由是：第一，刑法并不是对牵连犯的处罚一概没有作规定，事实上对于有些牵连犯罪如走私罪、运送他人偷越国境罪和收买被拐卖妇女儿童罪中均明确规定应予数罪并罚的情况；第二，刑法将原有数罪并罚的规定不作吸收其用意是明确的。

七、关于对行贿犯从宽处罚原则的适用

刑法第390条第2款规定，行贿人在被追诉前主动交待行贿行为的，可以从轻或者减轻处罚，这是我国刑法在分则部分规定从宽处罚的特例。司法实践中，在适用该原则时，应注意以下问题。

（一）“被追诉”的时间范围

所谓被追诉，是指被有权机关或个人通过刑事诉讼程序追究刑事责任。但“被追诉前”具体所指时间范围，法律或司法解释均未明确。笔者认为“被追诉”的标志是立案决定的作出。普遍认为立案阶段是刑事诉讼程序的开端期间经过调查取证、审查证据等前置工作，最终作出立案或不立案决定。前置工作虽然也是刑事诉讼程序的一部分，但此时对是否追究行为人刑事责任还不明确，唯有作出立案决定时，才真正进入以追究刑事责任为目的的刑事诉讼程序。考虑到职务犯罪案件属于监委管辖的案件，所以，在行贿案件中，当监察机关对行贿人涉嫌行贿犯罪立案调查时，意味着行贿人开始被追诉。此前，行贿人主动交代其行为的，可依此款从宽处理。

（二）行贿罪的从宽要件与总则中的自首和立功规定的区别

它与自首的主要区别是在投案的时间要件上。刑法以及《最高人民法院关于处理自首和立功具体应用法律若干问题的解释》对自首时间要件的规定体现为“自动投案”，指在犯罪事实未被发觉或嫌疑人未被司法机关发觉，或者虽被发觉，但尚未受到讯问、未被采取强制措施，主动直接向有关机关投案。投案时间最迟截止到犯罪嫌疑人被抓获。而行贿罪“被追诉前”的时间范围比“自动投案”小，要求行贿人还未被发现，或虽被发现但在立案决定作出之前。从宽与立功的主要区别在交代内容及程度上。立功以“揭发他人犯罪行为”和“得以侦破其他案件”为必要条件，而行贿罪从宽要件是主动交代自己的行贿犯罪。当行贿行为的交代涉及受贿人的受贿犯罪，交代行贿不能构成揭发他人犯罪从而立功。根据行贿行为的对合性质，行贿对象成为行贿犯罪的必然内容，是交代行贿犯罪的应有之义，而不属揭发他人犯罪，也不属侦破其他案件。受贿案件即使因此得到查证和侦破，行贿人也不能构成立功。当然，该解释第 5 条将刑法立功的规定细分成五种情况，除刑法规定的上述两种外，还包括：阻止他人犯罪活动；协助司法机关抓捕其他犯罪嫌疑人；具有其他有利于国家和社会的突出表现，这三种行为的内容已超出了“交代行贿”的范围，行贿人如有上述三种行为的，应认定为立功。

可见，行贿罪从宽要件与自首要件是被包含的关系；而与刑法规定的立功要件是交叉关系。当行贿人仅有符合行贿从宽要件的行为时，法律适用就出现了竞合，依据刑法关于“特别法优于普通法”的适用原则，应按行贿罪从宽政策处理。当行贿人在交代行贿同时有其他立功行为的，对立功行为仍可适用立功的有关规定从轻或减轻处罚。例如，林某在其走私案审理期间，揭发了司法机关尚未掌握的国家工作人员张某有收受其贿赂并帮助走私的行为，后经查证属实。如果林某构成行贿罪，揭发行为转变成交代行贿行为，就符合从宽要件和自首要件，应对其行贿罪依据从宽要件减轻或免除处罚；如果林某行贿行为不构成行贿罪，那么林某揭发行为构成立功，应根据立功的规定对其走私犯罪从轻或减轻处罚。

（三）行贿罪从宽政策的幅度

刑法第 390 条第 2 款规定：“行贿人在被追诉前主动交待行贿行为的，可以从轻或者减轻处罚。其中，犯罪较轻的，对侦破重大案件起关键作用的，或者有重大立功表现的，可以减轻或者免除处罚。”《贪污贿赂解释》第 14 条规定：“……具有下列情形之一的，可以认定为刑法第三百九十条第二款规定的‘对侦破重大案件起关键作用’：（一）主动交待办案机关未掌握的重大案件线索的；（二）主动交待的犯罪线索不属于重大案件的线索，但该线索对于重大案件侦破有重要作用的；（三）主动交待行贿事实，对于重大案件的证据收集有重要作用的；（四）主动交待行贿事实，对于重大案件的追逃、追赃有重要作用的。”正因为主动交代行贿行为同时具有自首和立功的特点，法律规定对其的宽宥程度要比一般的自首和立功大。此外，根据《最高人民法院、最高人民检察院关于在办理受贿犯罪大要案的同时要严肃查处严重行贿犯罪分子的通知》第 4 条的规定，行贿人在被追诉后如主动交代行贿行为的，对行贿罪也可以酌情从轻处罚。①

【办案依据】

一、刑法规定

第三百八十九条　为谋取不正当利益，给予国家工作人员以财物的，是行贿罪。

在经济往来中，违反国家规定，给予国家工作人员以财物，数额较大的，或者违反国家规定，给予国家工作人员以各种名义的回扣、手续费的，以行贿论处。

因被勒索给予国家工作人员以财物，没有获得不正当利益的，不是行贿。

第三百九十条　对犯行贿罪的，处五年以下有期徒刑或者拘役，并处罚金；因行贿谋取不正当利益，情节严重的，或者使国家利益遭受重大损失的，处五年以上十年以下有期徒刑，并处罚金；情节特别严重的，或者使国家利益遭受特别重大损失的，处十年以上有期徒刑或者无期徒刑，并处罚金或者没收财产。

行贿人在被追诉前主动交待行贿行为的，可以从轻或者减轻处罚。其中，犯罪较轻的，对侦破重大案件起关键作用的，或者有重大立功表现的，可以减轻或者免除处罚。

二、司法解释

《最高人民法院、最高人民检察院关于办理行贿刑事案件具体应用法律若干问题的解释》（2012 年 12 月 26 日，法释〔2012〕22 号）

为依法惩治行贿犯罪活动，根据刑法有关规定，现就办理行贿刑事案件具体应用法律的若干问题解释如下：

---

① 载《最高人民检察院公报》1999 年第 1 期。

第一条 为谋取不正当利益，向国家工作人员行贿，数额在一万元以上的，应当依照刑法第三百九十条的规定追究刑事责任。

第二条 因行贿谋取不正当利益，具有下列情形之一的，应当认定为刑法第三百九十条第一款规定的“情节严重”：

（一）行贿数额在二十万元以上不满一百万元的；

（二）行贿数额在十万元以上不满二十万元，并具有下列情形之一的：

1. 向三人以上行贿的；

2. 将违法所得用于行贿的；

3. 为实施违法犯罪活动，向负有食品、药品、安全生产、环境保护等监督管理职责的国家工作人员行贿，严重危害民生、侵犯公众生命财产安全的；

4. 向行政执法机关、司法机关的国家工作人员行贿，影响行政执法和司法公正的；

（三）其他情节严重的情形。

第三条 因行贿谋取不正当利益，造成直接经济损失数额在一百万元以上的，应当认定为刑法第三百九十条第一款规定的“使国家利益遭受重大损失”。

第四条 因行贿谋取不正当利益，具有下列情形之一的，应当认定为刑法第三百九十条第一款规定的“情节特别严重”：

（一）行贿数额在一百万元以上的；

（二）行贿数额在五十万元以上不满一百万元，并具有下列情形之一的：

1. 向三人以上行贿的；

2. 将违法所得用于行贿的；

3. 为实施违法犯罪活动，向负有食品、药品、安全生产、环境保护等监督管理职责的国家工作人员行贿，严重危害民生、侵犯公众生命财产安全的；

4. 向行政执法机关、司法机关的国家工作人员行贿，影响行政执法和司法公正的；

（三）造成直接经济损失数额在五百万元以上的；

（四）其他情节特别严重的情形。

第五条 多次行贿未经处理的，按照累计行贿数额处罚。

第六条　行贿人谋取不正当利益的行为构成犯罪的，应当与行贿犯罪实行数罪并罚。

第七条　因行贿人在被追诉前主动交待行贿行为而破获相关受贿案件的，对行贿人不适用刑法第六十八条关于立功的规定，依照刑法第三百九十条第二款的规定，可以减轻或者免除处罚。

单位行贿的，在被追诉前，单位集体决定或者单位负责人决定主动交待单位行贿行为的，依照刑法第三百九十条第二款的规定，对单位及相关责任人员可以减轻处罚或者免除处罚；受委托直接办理单位行贿事项的直接责任人员在被追诉前主动交待自己知道的单位行贿行为的，对该直接责任人员可以依照刑法第三百九十条第二款的规定减轻处罚或者免除处罚。

第八条　行贿人被追诉后如实供述自己罪行的，依照刑法第六十七条第三款的规定，可以从轻处罚；因其如实供述自己罪行，避免特别严重后果发生的，可以减轻处罚。

第九条　行贿人揭发受贿人与其行贿无关的其他犯罪行为，查证属实的，依照刑法第六十八条关于立功的规定，可以从轻、减轻或者免除处罚。

第十条　实施行贿犯罪，具有下列情形之一的，一般不适用缓刑和免予刑事处罚：

（一）向三人以上行贿的；

（二）因行贿受过行政处罚或者刑事处罚的；

（三）为实施违法犯罪活动而行贿的；

（四）造成严重危害后果的；

（五）其他不适用缓刑和免予刑事处罚的情形。

具有刑法第三百九十条第二款规定的情形的，不受前款规定的限制。

第十一条　行贿犯罪取得的不正当财产性利益应当依照刑法第六十四条的规定予以追缴、责令退赔或者返还被害人。

因行贿犯罪取得财产性利益以外的经营资格、资质或者职务晋升等其他不正当利益，建议有关部门依照相关规定予以处理。

第十二条　行贿犯罪中的“谋取不正当利益”，是指行贿人谋取的利益违反法律、法规、规章、政策规定，或者要求国家工作人员违反法律、法规、规章、政策、行业规范的规定，为自己提供帮助或者方便条件。

违背公平、公正原则，在经济、组织人事管理等活动中，谋取竞争优势的，应当认定为“谋取不正当利益”。

第十三条 刑法第三百九十条第二款规定的“被追诉前”，是指检察机关对行贿人的行贿行为刑事立案前。

三、司法文件

（一）《最高人民法院、最高人民检察院关于办理商业贿赂刑事案件适用法律若干问题的意见》（2008年11月20日）（参见本书受贿罪章）

（二）《最高人民法院、最高人民检察院关于在办理受贿犯罪大要案的同时要严肃查处严重行贿犯罪分子的通知》①（1999年3月4日，高检会〔1999〕1号）

二、对于为谋取不正当利益而行贿，构成行贿罪、向单位行贿罪、单位行贿罪的，必须依法追究刑事责任。“谋取不正当利益”是指谋取违反法律、法规、国家政策和国务院各部门规章规定的利益，以及要求国家工作人员或者有关单位提供违反法律、法规、国家政策和国务院各部门规章规定的帮助或者方便条件。

对于向国家工作人员介绍贿赂，构成犯罪的案件，也要依法查处。

三、当前要特别注意依法严肃惩处下列严重行贿犯罪行为：

1. 行贿数额巨大、多次行贿或者向多人行贿的；

2. 向党政干部和司法工作人员行贿的；

3. 为进行走私、偷税、骗税、骗汇、逃汇、非法买卖外汇等违法犯罪活动，向海关、工商、税务、外汇管理等行政执法机关工作人员行贿的；

4. 为非法办理金融、证券业务，向银行等金融机构、证券管理机构工作人员行贿，致使国家利益遭受重大损失的；

5. 为非法获取工程、项目的开发、承包、经营权，向有关主管部门及其主管领导行贿，致使公共财产、国家和人民利益遭受重大损失的；

---

① 载《最高人民检察院公报》1999年第1期。

6. 为制售假冒伪劣产品，向有关国家机关、国有单位及国家工作人员行贿，造成严重后果的；

7. 其他情节严重的行贿犯罪行为。

四、在查处严重行贿、介绍贿赂犯罪案件中，既要坚持从严惩处的方针，又要注意体现政策。行贿人、介绍贿赂人具有刑法第三百九十条第二款、第三百九十二条第二款规定的在被追诉前主动交代行贿、介绍贿赂犯罪情节的，依法分别可以减轻或者免除处罚；行贿人、介绍贿赂人在被追诉后如实交待行贿、介绍贿赂行为的，也可以酌情从轻处罚。

五、在依法严肃查处严重行贿、介绍贿赂犯罪案件中，要讲究斗争策略，注意工作方法。要把查处受贿犯罪大案要案同查处严重行贿、介绍贿赂犯罪案件有机地结合起来，通过打击行贿、介绍贿赂犯罪，促进受贿犯罪大案要案的查处工作，推动查办贪污贿赂案件工作的全面、深入开展。

第七章 对有影响力的人行贿罪

【立案追诉标准】

对有影响力的人行贿案（刑法第390条之一）

一、为谋取不正当利益，向国家工作人员行贿，数额在三万元以上的，应当以行贿罪追究刑事责任。

二、行贿数额在一万元以上不满三万元，具有下列情形之一的，应当以行贿罪追究刑事责任：

（一）向三人以上行贿的；

（二）将违法所得用于行贿的；

（三）通过行贿谋取职务提拔、调整的；

（四）向负有食品、药品、安全生产、环境保护等监督管理职责的国家工作人员行贿，实施非法活动的；

（五）向司法工作人员行贿，影响司法公正的；

（六）造成经济损失数额在五十万元以上不满一百万元的。

三、犯行贿罪，具有下列情形之一的，属于刑法规定的“情节严重”：

（一）行贿数额在一百万元以上不满五百万元的；

（二）行贿数额在五十万元以上不满一百万元，并具有本解释第七条第二款第一项至第五项规定的情形之一的；

（三）其他严重的情节。

四、为谋取不正当利益，向国家工作人员行贿，造成经济损失数额在一百万元以上不满五百万元的，属于刑法规定的“使国家利益遭受重大损失”。

五、犯行贿罪，具有下列情形之一的，属于刑法规定的“情节特别严重”：

（一）行贿数额在五百万元以上的；

（二）行贿数额在二百五十万元以上不满五百万元，并具有本解释第七条第二款第一项至第五项规定的情形之一的；

（三）其他特别严重的情节。

为谋取不正当利益，向国家工作人员行贿，造成经济损失数额在五百万元以上的，属于刑法规定的“使国家利益遭受特别重大损失”。

单位对有影响力的人行贿数额在二十万元以上的，应当依照刑法第三百九十条之一的规定以对有影响力的人行贿罪追究刑事责任。

《最高人民检察院关于人民检察院直接受理立案侦查案件立案标准的规定（试行）》①（1999 年 9 月 16 日）；《最高人民法院、最高人民检察院关于办理贪污贿赂刑事案件适用法律若干问题的解释》（2016 年 4 月 18 日）

【犯罪构成及刑事责任】

对有影响力的人行贿罪是指为谋取不正当利益，向国家工作人员的近亲属或者其他与该国家工作人员关系密切的人，或者向离职的国家工作人员或者其近亲属以及其他与其关系密切的人行贿的行为。本罪是《刑法修正案（九）》第 46 条新增设的罪名。成立本罪需要具备以下四个要件。

1. 客体要件。本罪侵犯的客体是国家机关的正常管理活动和国家工作人员履行职务的公正性。本罪的犯罪对象包括以下几类人：

（1）国家工作人员的近亲属。国家工作人员，是指国家机关中从事公务的人

---

① 载《最高人民检察院公报》1999 年第 6 期。

员。国有公司、企业、事业单位、人民团体中从事公务的人员和国家机关、国有公司、企业、事业单位委派到非国有公司、企业、事业单位、社会团体从事公务的人员，以及其他依照法律从事公务的人员，以国家工作人员论。近亲属，是指与国家工作人员（或离职的国家工作人员）有夫、妻、父、母、子、女、同胞兄弟姐妹关系的人。

（2）其他与该国家工作人员关系密切的人。法律并没有界定“关系密切的人”的内涵和外延，具体的适用范围有待于相关的法律和司法解释作出明确的规定。一般是指与国家工作人员（离职的国家工作人员）基于血缘产生的除了近亲属之外的其他亲属关系；基于学习、工作产生的同学、师生、校友、同事关系；基于地缘产生的同乡关系；基于感情产生的朋友、恋人、情人关系；基于利益产生的客户、共同投资人、合同、债权债务关系；基于其他关系产生的互相信任相互借助的其他关系人。

（3）离职的国家工作人员。

（4）离职的国家工作人员的近亲属。

（5）其他与离职的国家工作人员关系密切的人。

2. 客观要件。本罪在客观上表现为行为人向国家工作人员的近亲属或者其他与该国家工作人员关系密切的人，或者向离职的国家工作人员或者其近亲属以及其他与其关系密切的人行贿。

3. 主体要件。本罪的主体为一般主体，即凡是达到刑事责任年龄具有刑事责任能力的人，均可构成本罪。而且，单位也能成为本罪的主体。

4. 主观要件。本罪是直接故意犯罪，并且行为人具有“为谋取不正当利益”的目的。

根据刑法第 390 条之一的规定，犯本罪，处三年以下有期徒刑或者拘役，并处罚金；情节严重的，或者使国家利益遭受重大损失的，处三年以上七年以下有期徒刑，并处罚金；情节特别严重的，或者使国家利益遭受特别重大损失的，处七年以上十年以下有期徒刑，并处罚金。

单位犯前款罪的，对单位判处罚金，并对其直接负责的主管人员和其他直接责任人员，处三年以下有期徒刑或者拘役，并处罚金。

【疑难指导】

一、本罪与其他行贿类犯罪的界分

（一）本罪与行贿罪的界分

两罪的区别主要表现在三个方面：

1. 犯罪主体不同。本罪的犯罪主体既包括自然人，也包括单位，而行贿罪的犯罪主体则仅包括自然人，单位向国家工作人员行贿则被单独列为单位行贿罪。

2. 犯罪对象不同。本罪的犯罪对象是国家工作人员身边对其有足够影响力的人，即国家工作人员的近亲属或者其他与该国家工作人员关系密切的人，或者离职的国家工作人员或者其近亲属以及其他与其关系密切的人，而行贿罪的犯罪对象则是国家工作人员。

3. 实现犯罪目的的途径不同。行贿罪的行为人实现犯罪目的的途径，是通过直接对国家工作人员行贿来谋取非法利益，行为对象的作用与行为人的目的之间是直接联系；而本罪则是将钱财交由与国家工作人员的近亲属或关系密切的人或者离职的国家工作人员及其近亲属或关系密切的人，使得这些有影响力的人得以利用其对在职国家工作人员影响力来为请托人谋取不正当利益，利用职务关系的作用与行为人的目的之间表现为间接关系。

实践中，如果行为人向有影响力的人行贿系国家工作人员授意，或者双方均知情，则应以行贿罪追究行为人的责任；如果国家工作人员不知情，或者行为人不知国家工作人员实际知情，均应以本罪追究行为人的责任。

（二）本罪与对非国家工作人员行贿罪的界分

两罪的区别表现在以下两方面：

1. 犯罪对象不同。本罪的行贿对象是对国家工作人员有影响力的人，对非国家工作人员行贿罪的行贿对象是公司、企业人员等非国家工作人员。

2. 犯罪客体不同。本罪侵犯的客体是国家机关的正常管理活动和国家工作人员履行职务的公正性，对非国家工作人员行贿罪所侵犯的客体是公司、企业人员职务的廉洁、公正制度，公司、企业的正常业务及管理活动和市场经济的公平竞争秩序。

（三）本罪与单位行贿罪的界分

两罪的区别表现在以下两方面：

1. 犯罪主体不同。单位行贿罪的主体只能是单位，本罪的主体是自然人和单位。

2. 犯罪对象不同。单位行贿罪的行贿对象是国家工作人员，对有影响力的人行贿罪的行贿对象是对国家工作人员有影响力的人，通常不是国家工作人员。

（四）本罪与对单位行贿罪的界分

两罪的区别表现在以下两方面：

1. 犯罪对象不同。本罪的犯罪对象是对国家工作人员“有影响力的人”，对单位行贿罪的行贿对象是国家机关、国有企事业单位、人民团队等国有单位。

2. 犯罪客体不同。对单位行贿罪侵犯的客体是国有单位的正常管理，本罪同时还侵犯了国家工作人员履职的公正性。

二、本罪与民事赠与的区分

民事赠与是指赠与人无偿将自己所有的财产转赠予受赠人的行为。两者的区别表现在：

（一）性质不同

本罪从本质上看是行为人与国家工作人员“身边人”进行的“权钱交易”行为，是一种触犯刑法的违法犯罪行为，不会导致财产所有权的转移，行贿财物最终会收归国库，并且这里的礼物馈赠是单方向的行为，受贿方不会回赠礼物，行贿方的心理期待也不是得到礼物回赠或感情回馈。而一般民事赠与行为从本质上看则是人情社会的一种正常的交际往来，相对方关系密切，生活中交往较多，且经常有互赠礼物的行为，是合情合法的正当行为，其最终会导致财产所有权的转移。

（二）行为目的不同

本罪行为人的行为目的在于利用对国家工作人员有影响力的人为自己谋取某种不正当利益，而一般赠与行为的目的则是表达自己的善意和心意，仅出于感情表达，而不受任何外力的影响，也不受任何利益的驱使。

（三）行为对象不同

本罪的行为对象是对国家工作人员的职务行为产生足够影响力的“身边人”，

而一般民事赠与的行为对象则是与赠与人交往密切的亲朋好友等，可以是关系密切的任何人。

（四）行为方式和数额不同

本罪行为人的行为一般是采用较为秘密的方式，且就其礼物价值而言，一般是显著超出当地人情往来惯例的，也与行为人的经济实力明显不符；而一般赠与行为则是在公开场合，以光明正大方式进行的，且其礼物价值一般不大，因其人情往来重在心意，往往不关注礼物的价值高低，多是些有纪念意义的物品，或是出于深厚感情或是出于善意或是自身经济实力雄厚，也会赠送价值较大的礼物，但是均不具有不正当的目的。①

三、如何理解“影响力”

详见本书利用影响力受贿罪的相关论述。

四、如何理解本罪的犯罪对象

详见本书利用影响力受贿罪的相关论述。

五、如何认定“为谋取不正当利益”

详见本书行贿罪的相关论述。

【办案依据】

一、刑法规定

第三百九十条之一　为谋取不正当利益，向国家工作人员的近亲属或者其他与该国家工作人员关系密切的人，或者向离职的国家工作人员或者其近亲属以及其他与其关系密切的人行贿的，处三年以下有期徒刑或者拘役，并处罚金；情节严重的，或者使国家利益遭受重大损失的，处三年以上七年以下有期徒刑，并处罚金；情节特别严重的，或者使国家利益遭受特别重大损失的，处七年以上十年以下有期徒刑，并处罚金。

单位犯前款罪的，对单位判处罚金，并对其直接负责的主管人员和其他直接责任人员，处三年以下有期徒刑或者拘役，并处罚金。

① 刘梅梅：《对有影响力的人行贿罪的认定》，安徽大学2017年硕士学位论文。

二、司法解释

（一）《最高人民法院、最高人民检察院关于办理贪污贿赂刑事案件适用法律若干问题的解释》（2016年4月18日，法释〔2016〕9号）

第七条 为谋取不正当利益，向国家工作人员行贿，数额在三万元以上的，应当依照刑法第三百九十条的规定以行贿罪追究刑事责任。

行贿数额在一万元以上不满三万元，具有下列情形之一的，应当依照刑法第三百九十条的规定以行贿罪追究刑事责任：

（一）向三人以上行贿的；

（二）将违法所得用于行贿的；

（三）通过行贿谋取职务提拔、调整的；

（四）向负有食品、药品、安全生产、环境保护等监督管理职责的国家工作人员行贿，实施非法活动的；

（五）向司法工作人员行贿，影响司法公正的；

（六）造成经济损失数额在五十万元以上不满一百万元的。

第八条 犯行贿罪，具有下列情形之一的，应当认定为刑法第三百九十条第一款规定的“情节严重”：

（一）行贿数额在一百万元以上不满五百万元的；

（二）行贿数额在五十万元以上不满一百万元，并具有本解释第七条第二款第一项至第五项规定的情形之一的；

（三）其他严重的情节。

为谋取不正当利益，向国家工作人员行贿，造成经济损失数额在一百万元以上不满五百万元的，应当认定为刑法第三百九十条第一款规定的“使国家利益遭受重大损失”。

第九条 犯行贿罪，具有下列情形之一的，应当认定为刑法第三百九十条第一款规定的“情节特别严重”：

（一）行贿数额在五百万元以上的；

（二）行贿数额在二百五十万元以上不满五百万元，并具有本解释第七条第二款第一项至第五项规定的情形之一的；

（三）其他特别严重的情节。

为谋取不正当利益，向国家工作人员行贿，造成经济损失数额在五百万元以上的，应当认定为刑法第三百九十条第一款规定的“使国家利益遭受特别重大损失”。

第十条 刑法第三百八十八条之一规定的利用影响力受贿罪的定罪量刑适用标准，参照本解释关于受贿罪的规定执行。

刑法第三百九十条之一规定的对有影响力的人行贿罪的定罪量刑适用标准，参照本解释关于行贿罪的规定执行。

单位对有影响力的人行贿数额在二十万元以上的，应当依照刑法第三百九十条之一的规定以对有影响力的人行贿罪追究刑事责任。

第十二条 贿赂犯罪中的“财物”，包括货币、物品和财产性利益。财产性利益包括可以折算为货币的物质利益如房屋装修、债务免除等，以及需要支付货币的其他利益如会员服务、旅游等。后者的犯罪数额，以实际支付或者应当支付的数额计算。

第十四条 根据行贿犯罪的事实、情节，可能被判处三年有期徒刑以下刑罚的，可以认定为刑法第三百九十条第二款规定的“犯罪较轻”。

根据犯罪的事实、情节，已经或者可能被判处十年有期徒刑以上刑罚的，或者案件在本省、自治区、直辖市或者全国范围内有较大影响的，可以认定为刑法第三百九十条第二款规定的“重大案件”。

具有下列情形之一的，可以认定为刑法第三百九十条第二款规定的“对侦破重大案件起关键作用”：

（一）主动交待办案机关未掌握的重大案件线索的；

（二）主动交待的犯罪线索不属于重大案件的线索，但该线索对于重大案件侦破有重要作用的；

（三）主动交待行贿事实，对于重大案件的证据收集有重要作用的；

（四）主动交待行贿事实，对于重大案件的追逃、追赃有重要作用的。

（二）《最高人民法院、最高人民检察院关于办理行贿刑事案件具体应用法律若干问题的解释》（2012 年 12 月 26 日，法释〔2012〕22 号）（参见本书行贿罪章）

三、司法文件

（一）《最高人民法院、最高人民检察院关于办理商业贿赂刑事案件适用法律若干问题的意见》（2008年11月20日）（参见本书受贿罪章）

（二）《最高人民法院、最高人民检察院关于在办理受贿犯罪大要案的同时要严肃查处严重行贿犯罪分子的通知》[①]（1999年3月4日，高检会〔1999〕1号）

各省、自治区、直辖市高级人民法院、人民检察院，解放军军事法院、军事检察院：

近一时期，各级人民法院、人民检察院依法严肃惩处了一批严重受贿犯罪分子，取得了良好的社会效果。但是还有一些大肆拉拢、腐蚀国家工作人员的行贿犯罪分子却没有受到应有的法律追究，他们继续进行行贿犯罪，严重危害了党和国家的廉政建设。为依法严肃惩处严重行贿犯罪，特作如下通知：

一、要充分认识严肃惩处行贿犯罪，对于全面落实党中央反腐败工作部署，把反腐败斗争引向深入，从源头上遏制和预防受贿犯罪的重要意义。各级人民法院、人民检察院要把严肃惩处行贿犯罪作为反腐败斗争中的一项重要和紧迫的工作，在继续严肃惩处受贿犯罪分子的同时，对严重行贿犯罪分子，必须依法严肃惩处，坚决打击。

二、对于为谋取不正当利益而行贿，构成行贿罪、向单位行贿罪、单位行贿罪的，必须依法追究刑事责任。“谋取不正当利益”是指谋取违反法律、法规、国家政策和国务院各部门规章规定的利益，以及要求国家工作人员或者有关单位提供违反法律、法规、国家政策和国务院各部门规章规定的帮助或者方便条件。

对于向国家工作人员介绍贿赂，构成犯罪的案件，也要依法查处。

三、当前要特别注意依法严肃惩处下列严重行贿犯罪行为：

1. 行贿数额巨大、多次行贿或者向多人行贿的；

2. 向党政干部和司法工作人员行贿的；

3. 为进行走私、偷税、骗税、骗汇、逃汇、非法买卖外汇等违法犯罪活动，向海关、工商、税务、外汇管理等行政执法机关工作人员行贿的；

---

① 载《最高人民检察院公报》1999年第1期。

4. 为非法办理金融、证券业务，向银行等金融机构、证券管理机构工作人员行贿，致使国家利益遭受重大损失的；

5. 为非法获取工程、项目的开发、承包、经营权，向有关主管部门及其主管领导行贿，致使公共财产、国家和人民利益遭受重大损失的；

6. 为制售假冒伪劣产品，向有关国家机关、国有单位及国家工作人员行贿，造成严重后果的；

7. 其他情节严重的行贿犯罪行为。

四、在查处严重行贿、介绍贿赂犯罪案件中，既要坚持从严惩处的方针，又要注意体现政策。行贿人、介绍贿赂人具有刑法第三百九十条第二款、第三百九十二条第二款规定的在被追诉前主动交代行贿、介绍贿赂犯罪情节的，依法分别可以减轻或者免除处罚；行贿人、介绍贿赂人在被追诉后如实交待行贿、介绍贿赂行为的，也可以酌情从轻处罚。

五、在依法严肃查处严重行贿、介绍贿赂犯罪案件中，要讲究斗争策略，注意工作方法。要把查处受贿犯罪大案要案同查处严重行贿、介绍贿赂犯罪案件有机地结合起来，通过打击行贿、介绍贿赂犯罪，促进受贿犯罪大案要案的查处工作，推动查办贪污贿赂案件工作的全面、深入开展。

六、各级人民法院、人民检察院要结合办理贿赂犯罪案件情况，认真总结经验、教训，找出存在的问题，提出切实可行的解决办法，以改变对严重行贿犯罪打击不力的状况。工作中遇到什么情况和问题，要及时报告最高人民法院、最高人民检察院。

以上通知，望认真遵照执行。

第八章　对单位行贿罪

【立案追诉标准】

对单位行贿案（刑法第391条）

涉嫌下列情形之一的，应予立案：

一、个人行贿数额在10万元以上、单位行贿数额在20万元以上的；

二、个人行贿数额不满10万元、单位行贿数额在10万元以上不满20万元，但具有下列情形之一的：

（一）为谋取非法利益而行贿的；

（二）向3个以上单位行贿的；

（三）向党政机关、司法机关、行政执法机关行贿的；

（四）致使国家或者社会利益遭受重大损失的。

《最高人民检察院关于人民检察院直接受理立案侦查案件立案标准的规定（试行）》[①]（1999年9月16日）

【犯罪构成及刑事责任】

对单位行贿罪，是指为谋取不正当利益，给予国家机关、国有公司、企业、事业单位、人民团体以财物的，或者在经济往来中，违反国家规定，给予上述单位各种名义的回扣、手续费的行为。构成本罪需要具备以下四个要件。

---

① 载《最高人民检察院公报》1999年第6期。

1. 客体要件。本罪的客体是复杂客体，即国家工作人员职务的廉洁性和国家机关、国有公司、企业、事业单位、人民团体等国有单位的正常管理活动。行贿的对象必须是国家机关、国有公司、企业、事业单位、人民团体，向非国家机关、国有公司、企业、事业单位、人民团体给予财物的，不能构成对单位行贿罪。如果是给予上述国有单位中的国家工作人员以财物，并有谋取不正当利益的目的，构成犯罪的，应当以行贿罪定罪处罚。

2. 客观要件。本罪的客观方面有两种具体表现形式：一是给予国家机关、国有公司、企业、事业单位、人民团体以财物。二是在经济往来中，违反国家规定，给予国家机关、国有公司、企业、事业单位、人民团体各种名义的回扣、手续费。构成对单位行贿罪以谋取不正当利益为犯罪构成要件，如果行为人是为谋取合法利益而向国家机关、国有公司、企业、事业单位、人民团体行贿的，不构成犯罪。行为人为谋取不正当利益，向上述国有单位行贿的，无论不正当利益是否谋取到，均不影响本罪的成立，只要行为人实施了给予上述国有单位以财物的行为，均构成对单位行贿罪，而不正当利益是否谋取到，只能作为量刑时予以考虑的情形之一。

3. 主体要件。本罪的主体既可以是自然人，也可以是单位。无论是自然人主体还是单位主体，都是一般主体。即任何已满 16 周岁的具有刑事责任能力的自然人和任何所有制性质的单位都能成为本罪的主体。

4. 主观要件。本罪的主观方面表现为直接故意，且以谋取不正当利益为目的。对于不正当利益的含义，1999 年 3 月 14 日《最高人民法院、最高人民检察院关于在办理受贿犯罪大要案的同时要严肃查处严重行贿犯罪分子的通知》对此作了明确规定："'谋取不正当利益'是指谋取违反法律、法规、国家政策和国务院各部门规章规定的利益，以及要求国家工作人员或者有关单位提供违反法律、法规、国家政策和国务院各部门规章规定的帮助或者方便条件。"① 至于谋取的不正当利益是归个人，还是归单位以及谋取的不正当利益是否得到，均不影响本罪的成立。

根据刑法第 391 条的规定，犯本罪，处三年以下有期徒刑或者拘役，并处罚

① 载《最高人民检察院公报》1999 年第 1 期。

金。单位犯本罪的，对单位判处罚金，并对其直接负责的主管人员和其他直接责任人员，依照前款的规定处罚。

【疑难指导】

一、对单位行贿罪与非罪的界限

在区分罪与非罪的界限时，首先，要注意将本罪与为谋取正当利益而送钱送物和因被勒索而给予财物两种情况区分开来。如果行为人为了谋取正当合法的利益，如本来应当给办理的营业执照、户口转移等手续由于长期得不到解决，或者为了尽早得到解决而采取送钱送物的手段，或者捐款资助学校、医院改善办学、医疗条件，向科研单位提供经费；或者因勒索而被迫给予国家机关、国有公司、企业、事业单位、人民团体以财物的，则不构成对单位行贿罪。如果为谋取不正当利益，即使在被勒索的情况下行为人向有关单位给付财物的，仍应以对单位行贿罪论处。其次，要把本罪与一般行贿行为区别开来。只有行贿达到一定数额的才以本罪论处（该数额参考上述立案追诉标准）。否则，只能按一般行贿行为处理。

二、对单位行贿罪与彼罪的界限

（一）对单位行贿罪与行贿罪的界限

两罪主观上都出于直接故意，都有谋取不正当利益的目的，在客观上都实施了给予财物的行为，两罪之间的区别主要表现在：

1. 犯罪主体不同。行贿罪的犯罪主体只能是自然人；对单位行贿罪的犯罪主体既可以是自然人，也可以是单位。

2. 犯罪客观方面不尽相同。对行贿罪而言，如果因被勒索给予国家工作人员以财物，没有获得不正当利益的，不是行贿。对单位行贿罪没有这一规定。

3. 给予财物的对象不同。行贿罪给予财物的对象是国家工作人员，根据刑法第93条的规定，国家工作人员是指在国家机关中从事公务的人员，国有公司、企业、事业单位、人民团体中从事公务的人员和国家机关、国有公司、企业、事业单位委派到非国有公司、企业、事业单位、社会团体从事公务的人员，以及其他依照法律从事公务的人员。对单位行贿罪给予财物的对象则是国家机关、国有公司、企业、事业单位、人民团体。

4. 处罚不同。第一，行贿罪的法定刑比对单位行贿罪的法定刑重。行贿罪的法定最高刑为无期徒刑，对单位行贿罪的最高法定刑为三年有期徒刑。第二，刑法第390条第2款规定，行贿人在被追诉前主动交待行贿行为的，可以从轻处罚或者减轻处罚。对单位行贿罪则没有这方面的规定。

5. 构成犯罪的数额标准不同。一般情况下，行贿数额在3万元以上的构成行贿罪；对单位行贿罪则要求个人行贿数额在10万元以上，单位行贿数额在20万元以上。

（二）对单位行贿罪与单位行贿罪的界限

两罪在主观上都是直接故意犯罪，而且都有谋取不正当利益的目的。在客观上都实施了给予财物的行为。两罪的主要区别是：

1. 犯罪主体不同。对单位行贿罪的犯罪主体包括自然人和单位；单位行贿罪的犯罪主体只能是公司、企业、事业单位、机关、团体，不能由自然人构成。

2. 给予财物的对象不同。对单位行贿罪是为谋取不正当利益而给予国家机关、国有公司、企业、事业单位、人民团体等国有单位以财物；单位行贿罪则是单位为谋取不正当利益向国家工作人员行贿。

3. 处罚不同。其一，两罪的法定刑不尽相同。虽然构成两罪都要对构成犯罪的单位处以罚金，但对单位行贿罪中自然人犯本罪及单位中直接负责的主管人员和其他直接责任人员的法定最高刑为3年有期徒刑；单位行贿罪中对直接负责的主管人员和其他直接责任人员的法定最高刑为5年有期徒刑。其二，单位行贿罪中，如果因行贿而取得的违法所得归单位中的个人所有的，对该个人应当依照个人行贿罪的规定定罪处罚，以行贿罪定罪，不再以单位行贿罪定罪，且最高法定刑可达到无期徒刑。但是，对单位行贿罪中没有这方面的规定。

（三）对单位行贿罪与对非国家工作人员行贿罪的界限

两罪在主观上都是直接故意犯罪，都是为了谋取不正当利益，并且都实施了行贿行为。两罪之间的区别主要表现在：

1. 给予财物的对象不同。对单位行贿罪的犯罪对象是单位，且仅限于国家机关、国有公司、企业、事业单位、人民团体。对非国家工作人员行贿罪的犯罪对象是自然人，且仅限于公司、企业或者其他单位的工作人员。

2. 处罚不同。其一，两罪的法定刑不同。对单位行贿罪的最高法定刑为3年有期徒刑。对非国家工作人员行贿罪的最高法定刑可达10年有期徒刑，并且对于个人亦并处罚金。其二，根据刑法第164条第3款的规定，行贿人在被追诉前主动交待行贿行为的，可以减轻处罚或者免除处罚，而对单位行贿罪则没有这方面的规定。

【办案依据】

一、刑法规定

第三百九十一条 为谋取不正当利益，给予国家机关、国有公司、企业、事业单位、人民团体以财物的，或者在经济往来中，违反国家规定，给予各种名义的回扣、手续费的，处三年以下有期徒刑或者拘役，并处罚金。

单位犯前款罪的，对单位判处罚金，并对其直接负责的主管人员和其他直接责任人员，依照前款的规定处罚。

二、司法解释

《最高人民检察院关于人民检察院直接受理立案侦查案件立案标准的规定（试行）》[①]（1999年9月16日，高检发释字〔1999〕2号）

（六）对单位行贿案（第391条）

对单位行贿罪是指为谋取不正当利益，给予国家机关、国有公司、企业、事业单位、人民团体以财物，或者在经济往来中，违反国家规定，给予上述单位各种名义的回扣、手续费的行为。

涉嫌下列情形之一的，应予立案：

1. 个人行贿数额在10万元以上、单位行贿数额在20万元以上的；

2. 个人行贿数额不满10万元、单位行贿数额在10万元以上不满20万元，但具有下列情形之一的：

（1）为谋取非法利益而行贿的；

---

① 载《最高人民检察院公报》1999年第6期。

（2）向3个以上单位行贿的；

（3）向党政机关、司法机关、行政执法机关行贿的；

（4）致使国家或者社会利益遭受重大损失的。

三、司法文件

《最高人民法院、最高人民检察院关于办理商业贿赂刑事案件适用法律若干问题的意见》（2008年11月20日）（参见本书受贿罪章）

第九章　介绍贿赂罪

【立案追诉标准】

介绍贿赂案（刑法第 392 条）

涉嫌下列情形之一的，应予立案：

一、介绍个人向国家工作人员行贿，数额在 2 万元以上的；介绍单位向国家工作人员行贿，数额在 20 万元以上的；

二、介绍贿赂数额不满上述标准，但具有下列情形之一的：

（一）为使行贿人获取非法利益而介绍贿赂的；

（二）3 次以上或者为 3 人以上介绍贿赂的；

（三）向党政领导、司法工作人员、行政执法人员介绍贿赂的；

（四）致使国家或者社会利益遭受大损失的。

《最高人民检察院关于人民检察院直接受理立案侦查案件立案标准的规定（试行）》[①]（1999 年 9 月 16 日）

【犯罪构成及刑事责任】

介绍贿赂罪，是指向国家工作人员介绍贿赂，情节严重的行为。构成本罪需要具备以下四个要件。

① 载《最高人民检察院公报》1999 年第 6 期。

1. 客体要件。本罪的犯罪客体是国家工作人员职务行为的廉洁性，犯罪对象只能是国家工作人员。

2. 客观要件。本罪在客观上必须有向国家工作人员介绍贿赂，情节严重的行为。“介绍贿赂”是指在行贿人与受贿人之间沟通关系、撮合条件，使贿赂行为得以实现的行为。这种行为可以分为两种基本形式，一种是介绍行贿，即接受行贿人的请托，向国家工作人员介绍贿赂；另一种是介绍受贿，即为受贿人物色可能的行贿人，居间介绍。实践中，常见的介绍贿赂行为包括为行贿人物色行贿对象或者为索贿者物色索贿对象，介绍双方认识，安排双方见面，传达各方意见，代表行贿人或者受贿人商谈贿赂条件，传达作为贿赂的财物等。只要行为人出于介绍贿赂的目的，实施介绍贿赂行为，不论行贿和受贿最终是否得以实现，情节严重的，均构成介绍贿赂罪。

介绍贿赂行为与行贿或者受贿帮助行为不同。介绍贿赂行为的目的本身不是行贿也不是受贿，而是指在帮助行贿受贿双方建立贿赂关系，其结果是不仅对行贿的实现起促进作用，同时对受贿的实现也起促进作用。即介绍贿赂的行为不仅指向行贿人和行贿犯罪，而且也指向受贿人和受贿犯罪，既不能单纯地看成是行贿罪的帮助犯，也不能单纯地看成是受贿罪的帮助犯。因此大多数国家的刑法中都专门规定类似的介绍贿赂犯罪。我国刑法也专门将介绍贿赂行为单独规定为犯罪而不作为行贿罪或受贿罪的帮助犯处理。

此外，介绍贿赂罪仅限于自然人向国家工作人员介绍贿赂的行为，不包括向单位介绍贿赂行为，以及向单位居间介绍贿赂的行为。

3. 主体要件。本罪的主体是一般主体，即达到刑事责任年龄，具有辨认控制能力的自然人，单位不能成为本罪主体。实践中，介绍贿赂的人一般身份比较特殊，绝大多数是与受贿者“关系不一般”的人，如配偶、子女、秘书、司机等，即人们常说的“贿托”，实际上就是行贿受贿过程中的“托儿”。当前尤为突出的是家属作为中间人接受行贿人贿赂。这是一个比较复杂的问题，不可一概而论，如果受贿人家属接受行贿人财物后，积极要求或怂恿受贿人利用职务之便为请托人谋利益，促使行贿与受贿得以实现，情节严重的，可以按介绍贿赂罪论处。如果介绍贿赂人系国家工作人员，刑事案件中的辩护人、代理人，则应当从重处罚，因为这类人实施介绍贿赂行为，违背了其特定身份的义务要求，造成的社会影响更为恶劣，危害更为严重。

4. 主观要件。本罪在主观上具有向国家工作人员介绍贿赂的直接故意，即明知其行为将促成国家工作人员受贿而故意为之，行为人有时也从中牟利，但是否具有从中牟利的目的，不是构成本罪的直接要件，有时候行为人可能是出于亲友情面或讨好他人等原因而居间介绍。行为人实施介绍贿赂的动机如何，不影响本罪的成立，只在量刑时加以考虑。如果行为人在主观上没有介绍贿赂的故意，不知道行为人给付国家工作人员以财物的真正目的，被蒙蔽而从中帮助的，即使请托人和受贿人分别构成行贿罪和受贿罪，行为人也不构成介绍贿赂罪。

根据刑法第392条规定，向国家工作人员介绍贿赂，情节严重的，处三年以下有期徒刑或者拘役，并处罚金。

介绍贿赂人在被追诉前主动交待介绍贿赂行为的，可以减轻处罚或者免除处罚。

【疑难指导】

一、关于介绍贿赂罪与非罪的界定问题

在介绍贿赂罪的罪与非罪的认定上，主要难点集中在介绍贿赂罪与一般的介绍贿赂违法行为、正常中介行为以及向非国家工作人员或者单位介绍贿赂的界限划分上。

（一）介绍贿赂罪与一般介绍行为的界限

依照刑法的规定，介绍贿赂的成立，以“情节严重”为条件。一般介绍贿赂行为的构成，则没有数额、手段、危害后果等方面的特定要求，情节严重的具体掌握，必须综合考虑介绍贿赂的动机、手段、后果、是否牟利等。实践中应予考虑的因素有：

1. 介绍贿赂行为对促成行贿受贿得以实现的作用。在实践中，介绍贿赂行为对行贿受贿的作用有所不同，有的行为人只是在行贿人和受贿人之间沟通行贿和受贿的意图，有的则作为中介在行贿和受贿之间商谈具体条件，有的甚至传达作为受贿的财物，表现出情节轻重和社会危害性大小的不同，是定罪量刑时必须考虑的因素，如果仅偶然在行贿和受贿之间提起受贿意图，而没考虑其他意图的，

一般可以不以犯罪论处，相反，如果积极从中撺掇，对行贿和受贿起重要作用的，应当追究刑事责任。

2. 介绍贿赂的后果。介绍贿赂的后果是多方面的。有的体现为行贿受贿的后果，包括因介绍贿赂而得以实现的行贿、受贿的具体数额，因行贿受贿给国家的利益造成的损害等。这些都反映介绍贿赂行为的社会危害性。

3. 介绍贿赂人实施介绍贿赂行为的动机、目的和其他情节。例如，行为人是否以谋利为目的或者从中收取了财物，是否多次实施介绍贿赂行为。其中，因介绍贿赂收取财物的数额是反映介绍贿赂行为情节轻重的重要标准，只要是介绍贿赂收取财物数额较大的，即应追究刑事责任。司法实践中，对于数额较大的掌握，可参照受贿罪的起刑数额标准执行，因为介绍贿赂罪与行贿罪、受贿罪相比危害性较小，法定刑较低，因此，数额标准不宜高于受贿罪的起刑点。

在认定介绍贿赂罪是否情节严重的时候，往往需要考虑多个因素。因介绍贿赂收取较大数额财物的，或者多次实施介绍贿赂行为的，或者对行贿受贿的实现起重要作用的，或者因行贿受贿的实现给国家的利益造成严重损害的，或者在社会上造成恶劣影响的，都应视为情节严重，依法追究刑事责任。介绍贿赂情节不严重，不应追究刑事责任的，可以由有关部门给予党纪政纪处分。

（二）介绍贿赂罪与正常中介行为的界限

介绍贿赂行为，是一种法律所禁止的中介活动，因其居间促成的是行贿、受贿违法犯罪活动，故而具有较大的社会危害性，与正常的中介活动具有较大的区别。正常的中介活动是一种市场行为，其收取中介利润是平等的民事主体之间订立居间合同进行合法居间活动的收益，不是权钱交易的结果，是为国家法律所允许的正常经济活动。区分二者时应注意三点：第一，要分清介绍人行为指向的对象是行贿、受贿双方，还是买卖双方；行为的后果是促使行贿、受贿的实现，还是促使经济业务往来的成功。第二，要分清介绍人的故意内容是否明知行为所指向的对象。双方有行贿、受贿意图，而故意从中介绍，借以非法获利，还是试图通过居间中介，收取必要的报酬。前者是介绍贿赂，后者为居间活动。第三，从总体上把握。介绍贿赂行为具有社会危害性，而合法的居间活动不具有社会危害性，相反有利于社会发展。

此外，缺乏介绍贿赂故意的不构成介绍贿赂罪。介绍贿赂故意是指明知是在为受贿人与行贿人进行的贿赂交易作中介而故意地促成这一交易的心理状态。根据犯罪构成理论，介绍贿赂罪的主观方面只能是故意，过失不构成本罪。在现实生活中，常有人受蒙骗而介绍贿赂，对这种情况，就不能认定构成介绍贿赂罪。

（三）介绍贿赂罪与向非国家工作人员或者单位介绍贿赂行为的界限

我国刑法第 392 条规定的介绍贿赂罪是向国家工作人员介绍贿赂的行为。在介绍贿赂罪当中，行贿人可以是自然人，也可以是单位，对此争议不大。但是在介绍贿赂罪中的受贿人包括哪些，介绍行贿人向非国家工作人员行贿（如公司、企业人员受贿）或者向国家机关等国有单位行贿如何处理。笔者认为，对此，刑法没有规定，按照罪刑法定的原则，对这样的行为不能认定为犯罪。但同时，介绍行贿人向国家机关等国有单位行贿的行为，社会危害同样很大，应当纳入刑法规范的范畴。虽然从刑事立法的规定可以发现，向单位行贿罪处 3 年以下有期徒刑或拘役，而行贿罪最高可判处无期徒刑，前者的刑罚要比后者低得多。这在一定程度上反映了立法为何未将单位作为介绍贿赂罪的对象。然而因此就不将单位作为介绍贿赂罪的对象，理由似乎不够充分，而且由于受贿者在事发后常假借单位名义推卸责任，司法机关则需要去证明介绍贿赂罪的接收对象系国家工作人员，以及介绍贿赂人明知贿赂的接收对象系国家工作人员，这些问题徒增司法证明难度，使得本来就难以把握的犯罪的认定更为困难，因此刑法修改时，应当增加单位作为介绍贿赂罪中的受贿人。

二、介绍贿赂罪与受贿罪、行贿罪共犯的界限

依照现行刑法和相关司法解释的规定，在司法实践中应把介绍贿赂作为一种独立的中介犯罪行为，其与受贿罪和行贿罪不存在共犯关系。首先，介绍贿赂罪的主体是一般主体，而且仅限于自然人向国家工作人员介绍贿赂的行为，不包括向国有单位介绍贿赂，也不包括单位介绍贿赂的行为，而且介绍贿赂行为的目的本身不是受贿也不是行贿，而是在行贿人和受贿人之间沟通关系、撮合条件，以帮助双方建立贿赂联系。鉴于此，介绍贿赂罪与行贿罪、受贿罪共犯的区别关键在于：主观上行贿罪、受贿罪的共犯认识到自己的行为是在帮助行贿一方或受贿一方，因而其行为主要是为一方服务；而介绍贿赂行为人认识到自己是处于第三者的地位介绍贿赂，其行为主要是促成双方的行为内容得以实现。介绍贿赂人应与贿赂行为的双方都有联系，是根据行贿、受贿双方的意图办事，如果行为人只与其中一方有联系，为一方出谋划策，则构成一方的共犯。另外，介绍贿赂的行为人通常是在他人有了行贿或受贿的故意后，才从中牵线搭桥的。如果他人本无行贿或受贿的意图，只是在行为人的极力诱导、怂恿等行为下才产生行贿、受贿意识，便不再是介绍贿赂的性质，而是教唆犯。如果在教唆后，又实施介绍贿赂行为的，应按他所教唆的犯罪的共犯定罪。

三、介绍贿赂罪的成立是否以行贿人和受贿人构成犯罪为前提

有人认为，介绍贿赂是在行贿人和受贿人之间牵线搭桥，促成行贿和受贿的成功，故介绍贿赂罪和行贿罪、受贿罪是一种依附和被依附的关系。从性质上来说，行贿罪重于介绍贿赂罪，既然性质更严重的行贿行为都不构成犯罪，则举重以明轻，介绍贿赂行为更不能以犯罪论处。[①] 笔者认为，这种观点不能成立。

首先，介绍贿赂罪和行贿罪、受贿罪之间不存在依附和被依附的关系，它本身具有独立的犯罪构成。介绍贿赂人在行贿人和受贿人之间牵线搭桥，促成贿赂的成功，这种贿赂掮客的存在，本身就具有社会危害性，对其应进行独立评价。

其次，从微观上分析，介绍贿赂和行贿、受贿的关系无非以下几种：一是介绍贿赂后行贿人和受贿人分别构成行贿罪和受贿罪；二是介绍贿赂后受贿人构成受贿罪，行贿人因为不是为了谋取不正当利益或其他原因而不构成行贿罪；三是介绍贿赂后行贿人构成行贿罪，受贿人因为某种特殊原因不构成受贿罪，这种情况一般比较少见；四是介绍贿赂后行贿人和受贿人因为行贿和受贿数额未达到成罪标准或其他原因而不构成行贿罪和受贿罪。在第一种情况下，介绍贿赂人构成介绍贿赂罪没有疑义。在第二种情况下，虽然行贿人不构成行贿罪，但介绍贿赂行为使受贿人构成受贿罪，即使仅从介绍贿赂行为和受贿罪成立的关联

---

① 田凯：《介绍贿赂罪司法疑难问题探究》，载《河南社会科学》2004 年第 1 期；于乾龙、金宝良、刘艳玉：《论介绍贿赂罪的界定》，载《辽宁经济》2002 年第 4 期。

性来说，其社会危害性也是显而易见的，也应当构成介绍贿赂罪。同理，第三种情况也应当以介绍贿赂罪处罚。第四种情况比较复杂，需要具体问题具体分析。如果介绍贿赂人只实施了一次介绍贿赂行为，而行贿人和受贿人均不构成行贿罪和受贿罪，则在这种情况下，可以认为介绍贿赂行为尚未达到情节严重，不以介绍贿赂罪处罚；但是，如果行为人实施了多次介绍贿赂行为，甚至成为职业贿赂掮客，即使每次介绍贿赂行为因为行贿受贿的数额未达到犯罪的标准，行贿人和受贿人都不构成行贿罪和受贿罪，但介绍贿赂人必须以介绍贿赂罪处罚。因为在这种情况下，介绍贿赂行为的社会危害性已远远大于单独一次介绍贿赂的行为，而且其社会危害性与其单独介绍的每一次行贿和受贿行为都不具有可比性。

四、介绍贿赂罪和斡旋受贿行为的界限

当前我国刑法没有将斡旋受贿作为独立罪名，而只是将其作为受贿罪的一种特殊形式而规定，但其在表现形式上与介绍贿赂罪却有不少相似之处，如行贿人都是“居间人”等。因此，在实践中两者也易于混淆，二者的不同主要表现在以下三方面：

1. 主体不同，介绍贿赂罪是一般主体，而斡旋受贿行为是特殊主体，只能是国家工作人员。

2. 客观方面不同，首先，斡旋受贿必须是利用职权或地位的便利条件，介绍贿赂不需要利用该条件；其次，斡旋受贿行为人必须索取或接受请托人财物，而介绍贿赂罪对此不作要求，只要行为人实施了介绍贿赂行为，情节严重，即成立本罪，至于是否收取了“中介费”及收取费用多少都不影响定罪。

3. 主观方面也略有不同，即斡旋受贿行为人主观上须有占有贿赂且为请托人谋取不正当利益的意图，而介绍贿赂人则不需要有此意图，其只要有对行贿人、受贿人双方进行撮合，使他们贿赂行为得以实现的意图即可。

根据关于斡旋受贿和介绍贿赂的法律规定，及对两者犯罪构成的分析，不难看出，斡旋受贿在客观特征上与介绍贿赂具有许多相似的地方，“斡旋”一词的本义是调解，从中撮合、沟通条件是其应有之义，二者都是在请托人与受托人之间进行撮合、沟通，行为人只是“中介”，都是利用受托人职务上的便利，为请托人谋取利益。正是斡旋受贿与介绍贿赂行为外在表现形式的趋同性，实务中，人们对二者的界限总是不甚明确，易于混淆。

应从以下几方面区分斡旋受贿与介绍贿赂：

首先，从外在的表现形式看，虽然斡旋受贿与介绍贿赂都是在请托人与受托人之间进行撮合、沟通的行为，但斡旋受贿的行为人是特殊的“中介”，具有特殊的主体和主客观要求。如上述分析：二者主体上皆可是国家工作人员；故意内容都可有收受他人财物和谋取不正当利益的故意；客观行为上均都是利用受托人职务上的便利，均可利用本人职权或者地位形成的便利条件、收受他人财物和为请托人谋取不正当利益。但当这种在请托人与受托人之间进行的撮合、沟通行为，同时具备了：（1）国家工作人员；（2）利用本人职权或者地位形成的便利条件；（3）为请托人谋取不正当利益；（4）索取或收受他人财物这四个行为要素时，就符合了斡旋受贿的犯罪构成。而介绍贿赂罪对上述行为要素则无要求，可有可无，其存在不影响介绍贿赂的成立。因此斡旋受贿与介绍贿赂行为的表现形式区别在于是否同时具备上述四个行为要素。

其次，从内在的本质特征看，斡旋受贿行为更接近于受贿罪。因其要求具备国家工作人员的主体，且利用了这一特殊主体职权和地位所形成的便利条件，收受他人财物和为其谋取不正当利益，因此其具备一般介绍贿赂行为表现方式的同时，又兼容了受贿罪的特征，在介绍贿赂人与请托人之间形成了权钱交易，更接近于受贿罪的本质特征，显然比一般介绍贿赂行为具有更大的人身危险性，更深的社会危害性，为此，刑法对此特殊介绍贿赂行为专门设定，而以受贿罪论处，也就处以比一般介绍贿赂行为更重的刑期，是符合罪刑相适应这一刑法原则的，也是合理、公正的。

因此，斡旋贿赂与介绍贿赂行为的本质区别在于：介绍贿赂人与请托人之间是否形成权钱交易。

如何理解国家工作人员“利用本人职权或者地位形成的便利条件”，准确把握“利用本人职权或者地位形成的便利条件”的内涵和外延，是区分斡旋受贿与介绍贿赂、直接受贿的关键，实践中也存在诸多异议。

为此，最高人民法院《全国法院审理经济犯罪案件工作座谈会纪要》中指出，刑法第388条规定的“利用本人职权或者地位形成的便利条件”，是指行为人与被其利用的国家工作人员之间在职务上虽然没有隶属、制约关系，但是行为人利用了本人职权或者地位产生的影响和一定的工作联系，如单位内不同部门的国家工作人员之间，上下级单位没有职务上隶属、制约关系的国家工作人员之间，有工作联系的不同单位的国家工作人员之间等。该解释对司法实践无疑具有指导意义。

结合上述解释，笔者认为，无论是利用本人职权还是利用本人地位形成的便利条件，都是源于本人的职务，实质是利用国家工作人员的身份，是否属于“利用本人职权或者地位形成的便利条件”，关键是确定行为人与第三人的关系，这关系到罪与非罪的界限。应明确以下几点：

首先，行为人与被利用的国家工作人员之间在职务上并非隶属、制约关系。因为如果行为人职务对第三者具有制约作用，那么在此情况下利用与职务有关的便利条件，通过第三者为他人谋取利益，索取或收受他人财物的，属于直接受贿。

其次，行为人与被利用的国家工作人员之间并非单纯的亲属、朋友关系，基于利用非职权或因声望、名誉所形成的纯自然的关系。如果行为人的职务对第三者不具有任何影响作用，那么在此情况下利用上述关系，通过第三者为他人谋取利益，索取或收受他人财物的，对行为人来说，其根本没有利用职务上的便利，也就不构成受贿犯罪，如介绍了贿赂，则是介绍贿赂罪。

最后，排除职务上的制约关系、单纯亲友关系，斡旋受贿中行为人的职务与第三人的关系，只有一种情况，就是行为人职务对第三者具有影响力。这种影响力的上限还没有达到制约的程度，也就是请托人利益实现的根本原因在于第三者职务行为的行使，而不在于行为人职务的行使；其下限是超出亲友关系等一般社会关系的范围，所以行为人与第三者的关系是非制约性的影响关系，也就是《全国法院审理经济犯罪案件工作座谈会纪要》中“行为人利用了本人职权或者地位产生的影响和一定的工作联系”而形成的关系。

因此，在斡旋受贿中，基于行为人与第三人的这种关系，他们之间形成了一定利益驱动的存在，而该利益可能是明示的或暗含的，也可能是现实的或可预期但必定实现的；但该利益不能是已经发生但现在已经不存在的，因其无法与朋友关系进行界定，也不能是将来可能发生的利益，因不能以其将来可能发生关系，而认为现在就有关系。并且行为人与第三人这种关系的性质，第三者是否履行职务行为来满足行为人受贿的目的，具有意志上相对自主选择性。

五、本罪的既遂与未遂问题

关于介绍贿赂罪的既遂标准，当前刑法学界认识不一。建立联系说认为，应以行贿、受贿的双方最终建立联系为标准，而不论双方所追求的结果是否达到。只有当被介绍贿赂的受贿方或行贿方拒绝了介绍，才成立介绍贿赂罪的未遂。[①] 贿赂实现说认为，应当以贿赂的实现为标准，理由是介绍贿赂罪属于行为犯，行为犯的既遂应以行为实施完毕为标准，而介绍贿赂行为的完成当然是以贿赂的实现为结束。但在贿赂实现说中具体还有以下不同看法：（1）认为应当以受贿人接受贿赂、为他人谋取不正当利益为标准；（2）认为应当以受贿人接受贿赂、为他人谋取利益为标准；（3）认为只要受贿人接受贿赂即可，而不必以行贿罪、受贿罪的成立为标准。

笔者认为，在建立联系说与贿赂实现说中，前者要求过于严格，在理论上将具有实质意义的撮合、转交财物等行为虚化，将刑法防线不适当地提前，在实践中容易扩大打击面，模糊罪与非罪的界限；后者较为合理，但笔者认为，其中的三种不同看法虽然都有一定道理，却仍有所欠缺。介绍贿赂罪侵害的法益是公务行为的不可收买性，因此，介绍贿赂罪的既遂标准应当是介绍贿赂罪的表现行为——行贿人和受贿人之间达成约定、收受贿赂，而不应当是收受贿赂，更无须有为他人谋取利益甚至不正当利益的要件。其理由在于，介绍贿赂罪有着从属性和独立性两方面特征。其从属性表现在，从某种程度上讲，介绍贿赂罪的既遂标准受制于受贿罪、行贿罪的既遂标准，因为它是一个中间行为，是否实现当然要看受贿、行贿是否顺利实现，是否构成介绍贿赂罪，在很大程度上依赖于受贿、行贿犯罪的构成与否。但介绍贿赂罪尚具备自身的独立性，表现在这一犯罪本身的性质，是为行贿、受贿的实现穿针引线、沟通、撮合，其既遂标准不应当过于

① 刘光显、张泗汉：《贪污贿赂罪的认定与处理》，人民法院出版社1996年版，第410页。

严格，因为行贿人或者受贿人本来就存在积极的犯罪意图，只是没有明确的犯罪目标或者无法接近、联络犯罪目标，介绍贿赂人给其创造了一定的条件，使得双方接洽、商讨，达成一致协议，要求介绍贿赂人“包揽”到底，以受贿人接受贿赂、为行贿人谋取了利益为既遂标准，显然是不现实的，适用这一标准，将有放纵对介绍贿赂罪处罚的可能。虽然立法对受贿罪、行贿罪的立法构成要件都有“谋取利益”的规定，但是受贿罪除索贿外，在非法收受他人财物时，只要求“为他人谋取利益”，而行贿罪则始终要求“为谋取不正当利益”。虽然立法规定，受贿罪中受贿人在非法收受他人财物时，必须具备“为他人谋取利益”要件，但近来已屡遭学者们质疑。为他人谋取不正当利益，是受贿方与相对人之间不法缔约的发展方向，不管是否客观上为他人谋取利益或是许诺为他人谋取利益，受贿方的行为已实际改变了公众对公职行为的不信任，即危害结果已经产生，行贿人是否从中得利或可能得利，不应当由立法规定为犯罪构成要件。因此，我国有些学者明确主张立法废除“为他人谋取利益”这一要件。[①] 然而是否谋取利益，是受贿罪、行贿罪要考察的问题，因为这两个对合性犯罪有权钱交易的本质，才有必要考察其是否谋取利益、谋取何种利益的问题，而介绍贿赂罪的本质，是促使这种非法交易的顺利进行，而不是谋取利益与否。故此，介绍贿赂罪应当以行贿人、受贿人之间最终达成受贿人接受贿赂、为行贿人谋取利益的约定为既遂标准。

约定是指行贿人与受贿人就接受贿赂而达成不法约定。只要约定形成，就应当认为是犯罪既遂。因为公务人员对收受贿赂与行贿人形成约定，其行为就已经对公务行为的不可收买性构成侵害，造成公众对国家的公务行为不信任，对公务行为的廉洁性造成不良影响，因而应当认为达到了既遂标准；而收受贿赂是指接受贿赂。约定当然是在接受贿赂和职务行为之前，而接受贿赂行为无论是在职务行为之前，还是在职务行为之后，都不影响犯罪的成立，只要行为人接受了不法利益，即构成犯罪既遂。因此，有学者认为，鉴于介绍贿赂罪对受贿罪和行贿罪的依赖性，当受贿罪与行贿罪均不成立的情况下，一般介绍贿赂罪也不成立；当

---

① 朱建华：《受贿罪“为他人谋取利益”要件取消论》，载《现代法学》2001年第4期。

两罪中有一个成立时，如果介绍贿赂行为人主要帮助的是未成立罪的一方，一般也认定介绍贿赂罪不成立，因为在此情况下，介绍贿赂行为与未成立罪的一方的行为关系更为密切，其社会危害性更决定于未成立一方的社会危害性。[①] 笔者同意这种观点。

六、介绍贿赂罪的行为指向问题

所谓“介绍贿赂”系指在行贿人与受贿人之间进行沟通、撮合，使行贿与受贿得以实现，情节严重的行为，即为行贿受贿双方“牵线搭桥”，创造条件让双方互相认识、联系，或者代为作中间联络，甚至传递贿赂物品，起媒介作用，帮助双方完成行贿受贿的交易。至于行贿人与受贿人所追求的目的是否实现，不影响该罪的成立。此处的“介绍”既可以是接受行贿人的委托而介绍贿赂，也可以是主动为他人介绍贿赂。

对介绍贿赂行为方式，学者之间有不同认识。通说认为，它具体包括两种情形：一是介绍受贿，即按照受贿人的意图，为受贿人寻找索贿对象，居间介绍，向行贿人转达索贿人的要求，为国家工作人员介绍贿赂；二是介绍行贿，即接受行贿人的委托，为其物色行贿对象，疏通行贿渠道，引荐受贿人，转达行贿的信息，为行贿人转交贿赂物品，向受贿人传达行贿人的要求等。[②] 1999 年 9 月 16 日发布的《最高人民检察院关于人民检察院直接受理立案侦查案件立案标准的规定（试行）》也将“介绍贿赂”解释为“在行贿人与受贿人之间沟通关系、撮合条件，使贿赂行为得以实现的行为”。[③] 但有学者认为，刑法第 392 条的字面含义，仅指为了行贿人的利益，受行贿人之托，向受贿人介绍贿赂的情形，而不包括接受受贿人之托，而向行贿人索要或者收受贿赂的情形，否则该条文就应当再加上“或者为国家工作人员介绍贿赂”的内容。[④] 按照这样的理解，介绍贿赂罪的范围

---

① 李文燕主编：《贪污贿赂犯罪证据调查与运用》，中国人民公安大学出版社 2002 年版，第 662 页。

② 刘光显、张泗汉主编：《贪污贿赂罪的认定与处理》，人民法院出版社 1996 年版，第 405 页。

③ 载《最高人民检察院公报》1999 年第 6 期。

④ 王俊平、李山河：《受贿罪研究》，人民法院出版社 2002 年版，第 275 页。

将缩小许多，笔者认为并不可取，因为“介绍”是为双方创造机会，虽然行为人主观上可能意图帮助其中一方，然而介绍贿赂要能成功，行为人必然是在行贿、受贿双方之间周旋，尽力促成这种交易的进行，而且实践中也大量存在行为人依照受贿人之托，向行贿人索要或者收受贿赂的情形，如果将这些行为都不纳入介绍贿赂罪处罚之列，则不符合介绍贿赂罪设立的本意。

七、介绍贿赂人“截贿”行为的定性

“截贿”，也有称为“劫贿”，是指贿赂案件中，介绍贿赂人在转交贿赂的过程中，出于非法占有目的，截取贿赂的全部或者一部分归己所有的情况。近年来，在贿赂案件中，“截贿”的情形经常出现，在刑法理论界也有不同的认识，值得深入研究。先来看一个例子：王某是国家工作人员。王某介绍某建筑工程公司项目部经理张某与自己的大学同学，时任某局局长的李某认识，并希望李某为张某承建该局的培训楼工程提供便利，给予关照，表示事成后张某会给予李某感谢费。经李某决定，张某所在的建筑工程公司承建了该局的培训楼工程。工程开工后，张某为表示对李某的感谢，将 5 万元现金交给王某，请其转交李某。但王某并未将张某给钱的实际金额告诉李某，只在同年 7 月转交给李某 3 万元，将另外 2 万元私自截留。为感谢王某的帮助，张某送给王某感谢费 1 万元。本案中，对王某在张某和李某之间牵线搭桥的行为，一般认定为介绍贿赂行为，但是对王某在传递张某送给李某感谢费的过程中，私自截留部分行贿款的行为如何定性处理，分歧较大。第一种意见认为，王某私自截留 2 万元是基于李某受贿产生的，其截留行贿款的行为属共同受贿，然后与介绍贿赂行为合并处理。第二种意见认为，王某在介绍贿赂过程中，向行贿人、受贿人隐瞒真相，侵吞部分行贿款，且数额较大，该行为属于诈骗行为，应将该行为与介绍贿赂行为合并处理。第三种意见认为，王某在介绍贿赂过程中，秘密占有部分行贿款，且数额较大，该行为属于盗窃行为，应将该行为与介绍贿赂行为合并处理。第四种意见认为，王某截留行贿款的行为属于侵犯公私财物，属于侵占行为，将该行为与其介绍贿赂的行为合并处理，等等。

笔者认为，“截贿”十分复杂，在司法实践的处理中不能一概而论，要根据具体情况分别加以处理。大致可以分为以下四种情况。

1. 行为人是故意向受贿者低报行贿者给予的财物数额，或者向行贿者高报受贿者索要的财物数额，而从中占有差额部分。这种情形很明显，行为人属于捏造真相、隐瞒事实，以非法占有他人财物为目的，是比较典型的诈骗行为，按诈骗罪定罪处罚。

2. 行、受贿双方对贿赂没有具体的数额约定，介绍贿赂人在转送贿赂时，乘机将其中部分财物占为己有。上述例子就属于此种情形。首先，王某的行为不宜认定为受贿共犯性质。王某在传递张某送给李某行贿款的过程中，私自截留部分行贿款，从表面上看似乎与李某构成了共同受贿，但共同受贿的行为人，应与受贿人具有共同的受贿故意，并积极参与了受贿人利用职务便利为他人谋取利益的行为。在本案中，李某和王某的犯罪故意不同，且行为的指向也不同。李某系通过自己的职务行为为张某谋取利益，并收受贿赂，且李某通过职务行为获取的贿赂款，不包括介绍费，也不是王某明确获取的直接利益。王某只是在张某和李某之间牵线搭桥，并未介入李某为张某具体谋取利益的行为，其在主观上是为了获取中介费及人情等利益，是单独利益主体，且其没有将私自截留行贿款 2 万元和获得感谢费等情况告知李某。因此，王某的行为不构成共同受贿。其次，王某的行为不宜认定为诈骗或盗窃行为。从构成要件看，诈骗行为、盗窃行为与侵占等侵犯财产的行为存在明显的区别，其中，一个重要区别点在于犯罪故意产生的时间不同。诈骗行为是以欺诈手段使对方产生错误认识而自觉地交付财产，盗窃行为是以不为财物所有人或持有人知道的秘密方法非法获取他人财物，两者犯罪故意产生的时间一般都是在非法获取他人财物之前，是先有犯罪故意后实施欺诈或秘密窃取的行为。从本案案情看，王某并不是一开始在传递行贿款之前就产生截留行贿款的故意，而是在持有行贿款之后，在替行贿人转送行贿款过程中产生截留故意非法占有的，因此，不符合诈骗行为或盗窃行为的特征。最后，王某的行为不宜认定为侵占罪。按照刑法第 270 条的规定，将代为保管的他人财物非法占为己有，数额较大，拒不退还的，构成侵占罪。本案中王某将代为保管的他人财物非法占为己有，但是不具有拒不退还的要件，因此不能认定构成侵占罪。综上，在此种情形下不能认定构成犯罪，可作为介绍贿赂罪的加重情形加以处理，截留的财产应予没收。

3. 行、受贿双方达成送收贿赂默契后，介绍贿赂人将贿赂财物转送给受贿者时，受贿者反悔予以拒收，介绍贿赂人将之据为己有。这种情形类似于上述第二种情况，不能按犯罪处理。

4. 行为人根本没有为他人介绍贿赂的真实意图，以为他人物色可以谋取利益的国家工作人员为诱饵，收取他人的“贿赂”款物后，根本没有为行贿人介绍贿赂的实际行动。此种情形属于典型的诈骗行为，按诈骗罪处理。

【办案依据】

一、刑法规定

第三百九十二条 向国家工作人员介绍贿赂，情节严重的，处三年以下有期徒刑或者拘役，并处罚金。

介绍贿赂人在被追诉前主动交待介绍贿赂行为的，可以减轻处罚或者免除处罚。

二、司法解释

《最高人民检察院关于人民检察院直接受理立案侦查案件立案标准的规定（试行）》[①]（1999年9月16日，高检发释字〔1999〕2号）

（七）介绍贿赂案（第392条）

介绍贿赂罪是指向国家工作人员介绍贿赂，情节严重的行为。

“介绍贿赂”是指在行贿人与受贿人之间沟通关系、撮合条件，使贿赂行为得以实现的行为。

涉嫌下列情形之一的，应予立案：

1. 介绍个人向国家工作人员行贿，数额在2万元以上的；介绍单位向国家工作人员行贿，数额在20万元以上的；

2. 介绍贿赂数额不满上述标准，但具有下列情形之一的：

（1）为使行贿人获取非法利益而介绍贿赂的；

（2）3次以上或者为3人以上介绍贿赂的；

① 载《最高人民检察院公报》1999年第6期。

（3）向党政领导、司法工作人员、行政执法人员介绍贿赂的；

（4）致使国家或者社会利益遭受重大损失的。

三、司法文件

《最高人民法院、最高人民检察院关于办理商业贿赂刑事案件适用法律若干问题的意见》（2008 年 11 月 20 日）（参见本书受贿罪章）

第十章 单位行贿罪

【立案追诉标准】

单位行贿案件（刑法第393条）

涉嫌下列情形之一的，应予以立案：

一、单位行贿数额在20万元以上的；

二、单位为谋取不正当利益而行贿，数额在10万元以上不满20万元，但具有下列情形之一的：

（一）为谋取非法利益而行贿的；

（二）向3人以上行贿的；

（三）向党政领导、司法工作人员、行政执法人员行贿的；

（四）致使国家或者社会利益遭受重大损失的。

《最高人民检察院关于人民检察院直接受理立案侦查案件立案标准的规定（试行）》[①]（1999年9月16日）

【犯罪构成及刑事责任】

单位行贿罪，是指公司、企业、事业单位、机关、团体为谋取不正当利益而行贿，或者违反国家规定，给予国家工作人员以回扣、手续费，情节严重的行为。构成本罪需要具备以下四个要件。

① 载《最高人民检察院公报》1999年第6期。

1. 客体要件。本罪侵犯的客体是国家工作人员职务行为的廉洁性。犯罪对象仅限于国家工作人员。

2. 客观要件。本罪在客观方面表现为直接负责的主管人员或直接责任人员根据本单位的意志以单位名义实施行贿，情节严重的行为。这里的“行贿”具体包括以下两种情形：一是为谋取不正当利益而行贿；二是违反国家规定，给予国家工作人员以回扣、手续费。

司法实践中常见的单位行贿行为主要有：（1）经单位研究决定，由有关人员实施的行贿行为；（2）经单位主管人员批准，由有关人员实施的行贿行为；（3）单位主管人员以法定代表人的身份实施的行贿行为。

需要指出的是，根据刑法的有关规定，行贿行为的违法所得必须归单位所有，如果归个人所有，应以自然人的行贿罪论处。《单位犯罪解释》第2条、第3条规定，个人为进行违法犯罪活动而设立的公司、企业、事业单位实施犯罪的，或者公司、企业、事业单位设立后，以实施犯罪为主要活动的，不以单位犯罪论处；盗用单位名义实施犯罪，违法所得由实施犯罪的个人私分的，依照刑法有关自然人犯罪的规定定罪处罚。实践中适用本条时，要注意如果单位没有行贿的故意，而是因被勒索被迫给予国家机关、国有公司、企业、事业单位中从事公务的人员和国家机关、国有公司、企业、事业单位委派到非国有公司、企业、事业单位、社会团体中从事公务的人员以财物的，不能认定为单位行贿。在追究单位行贿罪的刑事责任时，还应注意对因行贿而进行违法犯罪活动进而构成其他犯罪的，依照数罪并罚的规定处理。

此外，“情节严重”是构成单位行贿罪的必要条件之一，也是与行贿罪、对单位行贿罪相区别的一个重要标志。至于如何认定该罪的“情节严重”，则应从主、客观两方面，即主观上的罪过程度与客观上造成的社会危害程度来确定，具有下列情形之一的应视为“情节严重”：

（1）行贿数额大。根据《最高人民检察院关于人民检察院直接受理立案侦查案件立案标准的规定（试行）》中的有关规定，单位行贿数额在20万元以上的，应予立案。[1]

（2）具有其他严重情节。单位为谋取不正当利益而行贿，数额在10万元以上不满20万元，但具有下列情形之一的，应同样予以立案：①为谋取非法利益而行贿的；②向3人以上行贿的；③向党政领导、司法工作人员、行政执法人员行贿的；④致使国家或者社会利益遭受重大损失的。

3. 主体要件。本罪的犯罪主体必须是单位。这里所讲的单位，根据刑法第30条的规定，应指公司、企业、事业单位、机关、团体。而根据《单位犯罪解释》的规定，“公司、企业、事业单位”，既包括国有、集体所有的公司、企业、事业单位，也包括依法设立的合资经营、合作经营企业和具有法人资格的独资、私营等公司、企业、事业单位。

4. 主观要件。本罪在主观方面只能是直接故意，并且具有为本单位谋取不正当利益的目的。

根据刑法第393条的规定，单位为谋取不正当利益而行贿，或者违反国家规定，给予国家工作人员以回扣、手续费，情节严重的，对单位判处罚金，并对其直接负责的主管人员和其他直接责任人员，处五年以下有期徒刑或者拘役，并处罚金。因行贿取得的违法所得归个人所有的，依照本法第389条、第390条的规定定罪处罚。

【疑难指导】

一、本罪的犯罪对象是否包括国有单位

单位行贿罪的犯罪对象只能是国家工作人员，不包括国有单位。理由是：

1. 在刑法第八章贪污贿赂罪中规定了四种行贿行为：（1）自然人对国家工作人员的行贿；（2）自然人对国有单位的行贿；（3）单位对国有单位的行贿；（4）单位对国家工作人员的行贿。而《最高人民检察院关于适用刑法分则规定的犯罪的罪名的意见》对第一种情形确定为“行贿罪”；对第二、三种情形定义为“对单位行贿罪”；而对第四种情形规定为“单位行贿罪”。若将单位也列为“单位行贿罪”的犯罪对象，势必造成“单位行贿罪”和“对单位行贿罪”这两种犯

---

① 载《最高人民检察院公报》1999年第6期。

罪在犯罪对象上相互包容，这是不符合逻辑的。

2. 认定单位行贿罪的犯罪对象包括国有单位，势必造成在单位对国有单位的行贿犯罪行为的定罪量刑上产生分歧，给公正执法带来负面影响。如果按照上述观点，单位为谋取不正当利益而给予国有单位，即国家机关、国有公司、企业、事业单位、人民团体以财物的行贿行为，既可构成“对单位行贿罪”，也可构成“单位行贿罪”。而这两罪在量刑方面明显不同，根据刑法第 391 条及第 393 条规定，“对单位行贿罪”的法定最高刑为三年有期徒刑，而“单位行贿罪”的法定最高刑为五年有期徒刑。上述对同一具体行为在定罪与量刑上存在的双重标准，显然已违反了刑法总则所确定的罪刑法定原则。所以，“单位行贿罪”的犯罪对象只能是国家工作人员。

二、如何理解单位行贿罪中的“单位”

（一）单位内部机构能否成为单位行贿罪的犯罪主体

所谓单位内部机构是相对于单位整体而言的，是指法人的分支机构，单位内设的科、室、部等下属小单位。单位内部机构能否成为单位行贿罪的犯罪主体也是让人产生疑惑的问题。《单位犯罪解释》规定，以单位名义实施犯罪，违法所得归单位所有的，也是单位犯罪；以单位的下属部门（内部职能部门）或者分支机构名义实施犯罪，违法所得亦归单位的下属部门（内部职能部门）或者分支机构所有的，亦应认定为单位犯罪；不能因为单位的下属部门（内部职能部门）或者分支结构没有可供执行罚金的财产，就不将其认定为单位犯罪而按照个人犯罪处理。否则，就陷入了注重刑事责任承担能力而不是根据犯罪意志判断犯罪主体的错误立场。

根据上述规定，单位内部机构也应成为本罪的犯罪主体。笔者认为这样的解释是正确的，理由是：首先，由于财务管理的不健全，各单位内部机构存在的“小金库”是产生行贿犯罪的物质基础，而这些内部机构为谋取本“小集团”的局部利益，又是产生行贿犯罪的动因，因而，为本内部机构谋取不正当利益，经集体决定或由其负责人决定实施的本内部机构的行贿犯罪，其行为符合单位行贿犯罪的特征，实质仍属单位行贿罪。其次，我国刑法之所以规定单位犯罪而没有采用“法人犯罪”的称谓，正是考虑到目前我国大量不具有法人资格的非法人组织犯罪的存在，其中包括行贿犯罪。使用单位犯罪这一外延比较宽泛的概念可以防止犯罪主体的缺漏。最后，单位行贿犯罪并不指单位中的每个部门都行贿，因此，对单位内部机构的行贿犯罪，在前面仍冠以单位名称作为被告人，不会株连无辜。

（二）合伙企业等三类经济组织能否成为单位行贿罪的犯罪主体

1. 合伙企业能否成为单位行贿罪的犯罪主体。合伙企业不是法人，《单位犯罪解释》没有明确规定合伙企业是否属于“依法设立的合资经营、合作经营企业”。根据《合伙企业法》第 2 条规定，“本法所称合伙企业，是指自然人、法人和其他组织依照本法在中国境内设立的普通合伙企业和有限合伙企业”。如合伙人均为单位的，合伙企业可以成为单位犯罪的主体，没有争议。但合伙人都是个人的合伙企业能否成为单位犯罪的主体。笔者认为，个人合伙企业的合伙事务执行人为谋取本企业的不正当利益而行贿，应当认定为单位犯罪。理由是：（1）合伙企业的财产与各合伙人的私人财产的界限比较明确，合伙企业有自己的独立的财产，即合伙人的出资和所有以合伙企业取得的收益都属于合伙人的共有财产；（2）合伙企业都有一定的组织形式，经营决策的作出具有整体性特征，合伙事务也有特定的执行人；（3）根据《合伙企业法》规定，按照合伙协议的约定或者经全体合伙人决定，可以委托一个或者数个合伙人对外代表合伙企业，执行合伙事务。由一个或者数个合伙人执行合伙事务的，执行事务合伙人应当定期向其他合伙人报告事务执行情况以及合伙企业的经营和财务状况，其执行合伙事务所产生的收益归合伙企业，所产生的费用和亏损由合伙企业承担；（4）工商行政管理部门是将合伙企业作为独立当事人进行管理的，如颁发《合伙企业营业执照》，税务部门也是将其作为独立的纳税人进行管理，明显区别于作为合伙人的个人。因此，合伙企业作为企业单位，能够成为单位犯罪的主体。

2. 不具有法人资格的私营企业、个人独资企业，是否一概不能成为单位行贿罪的犯罪主体。《单位犯罪解释》第 1 条规定，单位包括“具有法人资格的独资、私营等公司、企业、事业单位”。那么，能否根据《单位犯罪解释》的行文逻辑而认为：不具有法人资格的私营企业、个人独资公司不能成为单位犯罪的主体。“司法实践中，对于不具有法人资格的私营独资企业和私营合伙企业实施的犯罪行为，应当依照刑法有关自然人犯罪的规定定罪处罚。”①

笔者认为，不具有法人资格的私营企业中，大部分也可以成为单位犯罪的主体。理由：（1）刑法并未以所有制来界定单位犯罪中的“单位”；（2）私营企业的财产有着相对独立的法律地位，独立于私营企业主的个人财产；（3）一些不具有法人资格的私营企业拥有成百上千名职工，其犯罪显然已经超出了个人犯罪的范畴，许多私营企业的经营方针、发展方向等问题，都由领导集体和决策机构决定，体现的也是企业的整体利益；（4）私营企业的经营管理者有时并不是私营企业的投资者或股东，因此以个人犯罪就只能处罚主管人员或直接责任人员，对私营企业并不能起到预防作用。因此，对于不具有法人资格的私营企业，不宜一概否定其单位犯罪的主体资格。其中，对具有一定的决策组织体和相对独立利益的私营企业，能够成为单位犯罪的主体。

所谓个人独资企业，根据《个人独资企业法》规定，是指“由一个自然人投资，财产为投资人个人所有，投资人以其个人财产对企业债务承担无限责任的经营实体”。个人独资企业能否成为犯罪主体，应当区别对待：（1）企业主即出资人自己经营管理和决策的，不能成为单位犯罪的主体。如企业主利用自己的企业从事犯罪的，视为个人犯罪；（2）出资人委托他人负责经营并初具规模的，该独资企业可以成为单位犯罪主体。

3. 欠缺实质要件而成立的公司，如何认定其单位犯罪的主体资格。实践中，有些公司的股东情况不符合《公司法》规定的法定人数，即实际上只有一人出资而名义上的其他股东并无出资，有的公司出资不到位或抽逃注册资金。对此，有观点认为其不符合“依法设立”这一实质条件且实际上也不具备法人资格，不应按照单位犯罪来对待；只有一人出资的公司的财产与出资人的个人财产混同，无法划清，所以该公司应当没有单位犯罪主体的资格。实践中也有观点认为，“有些有限责任公司、股份有限公司在形式上虽然经过工商部门审批、登记注册，如果确有证据证实其实际为特定一人出资、一人从事经营管理活动，主要利益归属于

① 孙军工：《〈关于审理单位犯罪案件具体应用法律有关问题的解释〉的理解与适用》，载中华人民共和国最高人民法院刑事审判第一庭编：《刑事审判参考》（1999 年第 3 辑），法律出版社 1999 年版，第 83 页。

该特定个人的，应当根据查证属实的情况，以刑法上个人论”。[①] 笔者认为应区别对待：

其一，对于“只有一人出资的公司”应当视具体情况区别对待。刑法学通说普遍强调犯罪意志和犯罪行为的整体性，强调单位和个人的区别在于组织体行为特征。因此，较有规模的这类“只有一人出资的公司”仍然具有组织体行为特征，不能一概否定其单位犯罪主体资格。（1）如果该公司确实是一人投资一人经营一人所有，那么虽有登记形式，却没有实质的组织体结构和组织体财产，就不是单位犯罪主体；（2）如果登记为二人或二人以上投资的公司，实际只有一人投资，而经营过程却以组织体意志和组织体行为表现，有独立的组织体财产，那么该公司仍然具备单位犯罪的主体资格。因为判定单位犯罪主体资格不是看出资过程是否符合公司法，而是看其经营运行过程是否符合作为刑法上犯罪主体的“单位”的组织体特征。

其二，对于公司出资不到位或抽逃资本的，不影响对其单位犯罪主体资格的认定。公司具有最低要求的注册资金，是公司具有行为能力和责任能力的基础条件，但是，虚假出资不等于公司没有独立的财产和独立的财务制度。行为人在出资和设立环节上的违法行为，仅违反工商行政管理法规，不足以否定其在刑事案件中单位犯罪的主体资格。

（三）涉嫌犯罪的单位被撤销、注销、吊销营业执照或者宣告破产的如何认定

2002年7月9日《最高人民检察院关于涉嫌犯罪单位被撤销、注销、吊销营业执照或者宣告破产的应如何进行追诉问题的批复》指出，涉嫌犯罪的单位被撤销、注销、吊销营业执照或者宣告破产的，应当根据刑法关于单位犯罪的规定，对实施犯罪行为的该单位直接负责的主管人员和其他直接责任人员追究刑事责任，对该单位不再追诉。

三、单位违反国家规定，给予国家工作人员以回扣、手续费构成的单位受贿罪，是否须以具有为本单位谋取不正当利益的目的为要件

有的观点认为，刑法第393条将单位行贿罪分为两种情形：一种是单位为谋

① 刘伟：《一人公司单位犯罪主体资格的否认》，载《环球法律评论》2007年第5期。

取不正当利益而行贿的；另一种是单位违反国家规定，给予国家工作人员以回扣、手续费，即准行贿行为。对于前一种情形，已明确规定为单位“谋取不正当利益”这一要件。而对于后一种情形，则不需要具备为单位“谋取不正当利益”这一要件。如果对第二种情形也必须具备为单位“谋取不正当利益”这一要件，势必放纵单位行贿犯罪的发生，甚至有人认为，这势必形成为谋取正当利益而行贿应受法律保护的推断。因而建议，无论谋取什么样的利益，只要给予国家工作人员以财物，所取得或可能取得的利益是通过国家工作人员的职权所完成的，即构成行贿犯罪。[①] 笔者认为，持该种见解的人割裂了“谋取不正当利益”与“违反国家规定”之间应有的联系，对于谋取自身应得利益，如果是通过违反国家规定的形式或手段获得，因该形式与手段的非法性，实质上已转化为“谋取不正当利益”。1999 年 3 月 4 日《最高人民法院、最高人民检察院关于在办理受贿犯罪大要案的同时要严肃查处严重行贿犯罪分子的通知》中对“谋取不正当利益”作了如下解释：“‘谋取不正当利益’是指谋取违反法律、法规、国家政策和国务院各部门规章规定的利益，以及要求国家工作人员或者有关单位提供违反法律、法规、国家政策和国务院各部门规章规定的帮助或者方便条件。”[②] 这句话的前半段是指典型的不正当利益，而后半段则是由合法利益因其使用的手段或采取的形式的非法而转化为“不正当利益”。持否定“不正当利益”为单位行贿罪必备构成要件的人，其目的是出于打击受贿犯罪的需要，认为受贿必须严惩，行贿岂能宽恕，因而力主取消“谋取不正当利益”这一构成要件。显然，这已超出了司法解释的权限，只能由立法机关根据需要对刑法的有关规定作适当修改。在当前的法律条件下，应严格按照刑法的罪刑法定原则，以“谋取不正当利益”作为单位行贿罪的构成要件，严惩此类犯罪，对于某些单位因被勒索而给予国家工作人员以财物，没有获得不正当利益的，不能认定为行贿犯罪。

四、单位行贿罪的共同犯罪问题

就单位行贿罪的共同犯罪而言，在目前主要有两种情况。

---

① 王大军：《单位行贿罪若干问题研究》，郑州大学 2007 年硕士学位论文。

② 载《最高人民检察院公报》1999 年第 1 期。

（一）单位与单位之间的共同行贿犯罪

其特点是：（1）参与共同行贿的主体都是单位，所有具体实施人都是为实现其单位的意志而进行的行贿犯罪；（2）各单位都是为实施行贿而共同结合在一起，彼此的地位都是平等的，但也不排除有些上级单位对下级单位、势力大的单位对势力小的单位进行胁迫、利诱；（3）具有共同行贿的故意并由各单位的具体实施人产生和表现出来；（4）具有共同的行贿目的，都是为各自单位谋取不正当利益，所谋得的不正当利益为共同参与行贿的单位所瓜分。

单位共同行贿罪的刑事责任尽管法律没有明确规定，但应根据单位在共同行贿罪中所处的地位和作用，分别按单位主犯、单位从犯、单位胁从犯和单位教唆犯处罚。

（二）单位与自然人之间的共同行贿犯罪

其特点是：（1）参与共同行贿的主体既有单位也有自然人；（2）单位与自然人为了实施行贿犯罪活动结合在一起，各自以独立的主体参加行贿犯罪，彼此地位平等，没有隶属关系；（3）单位中的具体实施人是按单位的意志进行行贿犯罪活动，自然人按个人的意志进行行贿犯罪活动，但彼此之间形成统一的行贿故意和完整的行贿犯罪行为；（4）行贿犯罪所得利益分别为单位和自然人所有。

单位与自然人的共同行贿犯罪，应根据单位和自然人在共同犯罪中所起的作用确定，只有单位起主要作用的或单位与自然人作用相当的，才能构成单位行贿罪的共同犯罪；而自然人起主要作用的，则应确定为行贿罪的共同犯罪。

五、单位对单位行贿的定性问题

单位对单位行贿的，是认定为单位行贿罪还是对单位行贿罪？

首先应当明确，刑法第 393 条单位行贿罪所说的“单位为谋取不正当利益而行贿”，这里的“行贿”仅指对国家工作人员的行贿，而不包括对国有单位的行贿，否则，将与该条后述的与“单位为谋取不正当利益而行贿”相并列的“违反国家规定，给予国家工作人员以回扣、手续费”所包含的行为内容不相协调。而刑法第 391 条第 1 款已经明确对单位行贿罪中财物的去向只能是国有单位。因此，单位对单位行贿行为的定性分为以下几种情况。

1. 单位（不论是否国有单位）对国家工作人员行贿的，成立单位行贿罪（刑法第 393 条）。

2. 单位（不论是否国有单位）对国有单位行贿的，成立对单位行贿罪（刑法第 391 条）。

3. 单位（不论是否国有单位）对非国有单位行贿的，不构成犯罪（属于法无明文规定的行为）。

4. 单位（不论是否国有单位）对公司、企业等单位的非国家工作人员行贿的，成立对非国家工作人员行贿罪（刑法第 164 条）。

5. 单位（不论是否国有单位）对外国公职人员、国际公共组织官员行贿的，成立对外国公职人员、国际公共组织官员行贿罪（刑法第 164 条）。

六、行贿罪与单位行贿罪的界限

两罪的主要区别在于犯罪主体不同。行贿罪是自然人为了个人利益而向国家工作人员行贿；单位行贿罪则是公司、企业、事业单位、机关、人民团体等单位，为了单位利益，以单位名义进行行贿，因行贿取得的违法所得完全归单位所有。如果以单位名义行贿，而将行贿获取的违法所得归个人所有的，则应当以行贿罪论处。司法实践中，多数行贿人的身份是经济组织的负责人或者一般工作人员，行贿谋取的不正当利益也大多是以单位的名义取得，因而使得正确界定个人行贿与单位行贿存在一定的难度。具体讲，笔者认为，区分两罪应从以下两方面着手。

（一）单位行贿罪的行贿故意体现了单位意志

作为单位犯罪意志，单位行贿的主观故意也是一种法律意义上的拟制意志，除了与自然人的意志同质以外，还具有自己的整体性和程序性的个性。

1. 意志的整体性。单位属于一种特殊的整体，其成员对所发生的整体事件有着共同的意识，单位的整体意识，使各个成员的犯罪行为成为单位整体犯罪行为的组成部分，从而使实施这种行为的心理态度也具有整体性质。在整体性意志支配下的行为是由两个层次的行为共同作用的结果：第一层次行为是单位通过一定方式表现出来的决策行为，即通过单位机关或机关内主管领导代表单位，或者由直接责任人员提出经单位机关或主管同意、默认、认可的决策行为；第二层次行为是将单位的决策行为通过自然人身体的动静而实施的行为。这两种行为相互关联，不可分割。整体性意志就是为了单位的整体利益，在行贿犯罪中就是为了谋取单位的不正当利益。

2. 意志的程序性。单位意志是经过一定程序，将单位主管人员或其他直接责任人员的个人意志上升为单位意志。每个单位都有其决策机关，单位犯罪意志就是由其决策机关形成的，经过一定决策程序，并按决策程序在决策机关的策划、授意、批准、默认或指挥下实施犯罪。

正是由于单位意志是由单位成员的共同意志拟制成的单一意志，又由于单位成员相对独立于单位而具有易变性和流动性，所以，单位成立后的意志就有可能与单位成立时的意志（即通过单位成立时制定的章程和宗旨表现出来的意志）有所差异，由合法意志变成超越章程和违反法律的非法意志。

（二）单位行贿行为谋取的利益归属于单位

单位实施犯罪所得的利益归属于单位，是构成单位犯罪的必要条件。因此，行贿行为所谋取的不正当利益归属于单位，是构成单位行贿罪的必要条件。

1. 行贿所得的不正当利益归属于单位，是指归属的直接性。利益应先行直接归于单位名下，由单位先行取得对利益的支配权。即使所得利益最终归了个人，但是经过单位授权的，如为了解决办公经费、干部职工福利等，不能认为是“行贿所得利益归个人”，因为利益的最终归属只是单位对利益的分配问题。

2. 行贿所得的不正当利益归属于单位，是指利益整体性地归属于单位。刑法第 393 条规定，因行贿取得的违法所得归个人所有的，依照本法第 389 条、第 390 条的规定定罪处罚。《单位犯罪解释》第 3 条规定，盗用单位名义实施犯罪，违法所得由实施犯罪的个人私分的，以个人行贿论处。上述规定的违法所得是否必须全部归属于单位才能认定为个人行贿，存有争议。笔者认为，在构成单位行贿的情况下，行贿行为直接谋取的利益应当整体性地归属于单位，即全额归属。理由是：（1）刑法和《单位犯罪解释》并未明文规定以个人犯罪论处的情况下需要违法所得全部归属于个人，即以个人行贿论处的情形并未排除个人仅取得部分利益的情况；（2）如果行贿行为直接致使个人也能得到“小部分”（相对于“大部分”来讲）利益并因此认定为单位行贿，不仅会造成实践中难以掌握“大部分”的比例问题，而且会给行贿人利用谋单位利益之名而取个人利益之实提供可乘之机，不利于打击行贿犯罪。例如，建筑承包商在招投标过程中行贿，谋取的直接利益是承接工程（中标），而作为该利益的承受者是被承包单位，显然，这一利益是100%被单位承受。如果该承包商用单位款项行贿既是为了被承包单位承接工程，又是为其另一支个人建筑队承接零星工程，这种情形下，行贿谋取的利益中归属于单位的就不是全额，所以，这种行贿行为应以个人行贿论处。

至于行贿行为是否以单位名义进行，并不是认定单位行贿罪的必要条件。因为单位内特定自然人以个人名义但在单位意志支配下的行为也可以是单位行为。例如，某单位负责人得知该单位职工甲与某国家工作人员乙系好友，为提高行贿的“成功率”，负责人支取单位的公款要求甲以其个人名义向乙行贿，而为单位谋取不正当利益。虽然甲行贿时是以其个人名义进行，但其行贿行为是在单位行贿故意的支配下进行，并且是为单位谋取利益，因此仍然符合单位行贿的构成要件，应以单位行贿论处。

另外还有两个值得研究的问题。一是单位事后认可行贿，能否认为是单位的行贿意志。事后认可，指犯罪单位中的一般工作人员擅自以单位名义、为单位利益而行贿，事后得到单位或单位主管责任人员的同意、批准或默许。对于事后认可能否形成单位故意的问题，仍有不同观点，笔者持肯定的观点。因为单位意志有其特殊性，不能照搬传统的关于主观故意支配客观行为的一般理论，而应看到单位犯罪故意是个人犯罪故意转化而来的，单位犯罪故意的形成有其独特的整体性和程序性特征，对于单位负责人事中支持或事后以各种形式认可的（包括知情后不尽最大努力阻止继续犯罪或防止危害结果发生），应认为是单位犯罪意志的一种形成机制。

二是在单位行贿故意无法直接证明的情况下，能否以行贿所得利益归属于单位而反推出是单位行贿。根据刑法第 393 条规定，单位行贿取得的违法所得归个人所有的，属于个人行贿。但是，如果利益归属于单位，能否据此反推出这样的行为一定是单位意志支配下实施的。笔者认为，利益归属于单位，只是认定单位意志的一个必要条件，而非充分条件。前已述及，单位成员擅自为单位谋取不正当利益而行贿的，只有其行贿行为具备业务关联性和单位自身意志体现性的特征，才能认为是体现了单位意志，是单位行贿。因此，对于行贿谋取到的利益已经归属单位的情形，如果客观事实不能推断出是体现单位意志的，则在理论上不影响以个人行贿论处。

【办案依据】

一、刑法规定

第三百九十三条 单位为谋取不正当利益而行贿，或者违反国家规定，给予国家工作人员以回扣、手续费，情节严重的，对单位判处罚金，并对其直接负责的主管人员和其他直接责任人员，处五年以下有期徒刑或者拘役，并处罚金。因行贿取得的违法所得归个人所有的，依照本法第三百八十九条、第三百九十条的规定定罪处罚。

二、司法解释

《最高人民检察院关于人民检察院直接受理立案侦查案件立案标准的规定（试行）》[①]（1999年9月16日，高检发释字〔1999〕2号）

（八）单位行贿案（第393条）

单位行贿罪是指公司、企业、事业单位、机关、团体为谋取不正当利益而行贿，或者违反国家规定，给予国家工作人员以回扣、手续费，情节严重的行为。

涉嫌下列情形之一的，应予立案：

1. 单位行贿数额在20万元以上的；

2. 单位为谋取不正当利益而行贿，数额在10万元以上不满20万元，但具有下列情形之一的：

（1）为谋取非法利益而行贿的；

（2）向3人以上行贿的；

（3）向党政领导、司法工作人员、行政执法人员行贿的；

（4）致使国家或者社会利益遭受重大损失的。

---

① 载《最高人民检察院公报》1999年第6期。

因行贿取得的违法所得归个人所有的，依照本规定关于个人行贿的规定立案，追究其刑事责任。

三、司法文件

《最高人民法院、最高人民检察院关于办理商业贿赂刑事案件适用法律若干问题的意见》（2008年11月20日）（参见本书受贿罪章）

第十一章　巨额财产来源不明罪

【立案追诉标准】

巨额财产来源不明案（刑法第395条第1款）

涉嫌巨额财产来源不明，数额在30万元以上的，应予立案。

《最高人民检察院关于人民检察院直接受理立案侦查案件立案标准的规定（试行）》①（1999年9月16日）

【犯罪构成及刑事责任】

巨额财产来源不明罪，是指国家工作人员的财产或者支出明显超过合法收入，差额巨大，而本人又不能说明其来源是合法的行为。构成本罪需要具备以下四个要件。

1. 客体要件。本罪侵犯的客体是国家工作人员的廉洁性和公私财产的所有权。我国的国家工作人员担负着依法履行国家赋予的政治、经济、文化及社会生产等方面的职责任务，本应廉洁为官，奉公守法。但是，巨额财产来源不明罪行为人为谋取私利，采取非法手段敛取巨额财产，一方面，损害了国家工作人员廉洁奉公的形象；另一方面，这些财产归根到底是属于国家、集体或者私人所有的合法财产，行为人对之非法占有，也侵犯了公私财产的所有权。

2. 客观要件。本罪在客观方面表现为国家工作人员的财产或支出明显超过合

① 载《最高人民检察院公报》1999年第6期。

法收入，且差额巨大，本人不能说明其合法来源。

首先，行为人拥有的财产或者支出明显超过合法收入，而且差额巨大。这里所说的财产，是指行为人实际拥有的财产，包括住房、交通工具、存款等，名义上属于他人，实质上属于行为人的财产，应当属于行为人拥有的财产。这里的支出，是指行为人已经对外支付的款物，包括赠与他人的款物。合法收入，是指按法律规定应属于行为人合法占有的财产，如工资、奖金、继承的遗产、接受馈赠、捐助等。根据1999年9月16日发布施行的《最高人民检察院关于人民检察院直接受理立案侦查案件立案标准的规定（试行）》的规定，巨额财产来源不明，数额在30万元以上的，应予立案。①

其次，行为人不能说明其拥有的财产或支出与合法收入之间巨大差额的来源及其合法性。行为人不能说明其来源是合法的，包括行为人虽然“说明”了，但司法机关查证不能证明其说明的合法来源的情况。差额部分的财产被推定为“非法所得”。本罪的行为状态，表现为国家工作人员对数额巨大的不合法财产的占有和支配。

3. 主体要件。本罪的主体是国家工作人员，根据刑法的规定，其具体范围应包括：一是国家机关工作人员包括各级权力机关、行政机关、司法机关以及军事机关的公务人员；二是国有公司、企业、事业单位、人民团体中从事公务的人员以及国家机关、国有公司、企业、事业单位委派到非国有公司、企业、事业单位、社会团体从事公务的人员；三是其他依照法律从事公务的人员。

4. 主观要件。本罪在主观上是故意，即行为人明知自己非法拥有巨额财产并不能说明的行为会发生侵犯公私财产的所有权，损害国家工作人员的廉洁形象的侵害结果，并且希望该结果的发生。本罪主观故意的内容应从其认识因素和意志因素两方面来把握。其认识因素是行为人不但明知其巨额财产的真实来源，明知其通知非法手段取得巨额财产会受到法律制裁，而且也明知其拒不说明或不真实说明巨额财产的来源会损害国家工作人员的廉洁形象；其意志因素是行为人不但希望非法占有巨额财产，并且放任国家工作人员的廉洁形象受到损害。

---

① 载《最高人民检察院公报》1999年第6期。

根据刑法第 395 条第 1 款的规定：国家工作人员的财产、支出明显超过合法收入，差额巨大的，可以责令该国家工作人员说明来源，不能说明来源的，差额部分以非法所得论，处五年以下有期徒刑或者拘役；差额特别巨大的，处五年以上十年以下有期徒刑。财产的差额部分予以追缴。

【疑难指导】

一、家庭成员能否构成巨额财产来源不明罪的共犯

实践中，对家庭成员能否构成巨额财产来源不明罪的共犯存在模糊认识。由于被责令说明财产来源的国家工作人员的家属可能是国家工作人员，也可能不是国家工作人员。因此，应分两种情形分别加以对待：

1. 对被责令说明财产来源的家属是非国家工作人员的，一律不能构成巨额财产来源不明罪的共犯。理由是：巨额财产来源不明罪是职务犯罪，构成本罪的主体必须是国家工作人员且必须是从事公务之人，并且主观上明知财产来源不合法而故意占有和使用，案发后，又不履行“说明”义务，故意拒不说明财产的真实来源，或有意编造财产来源的合法途径。而非国家工作人员没有义务向司法机关说明巨额财产的来源途径，以及解释财产的合法性，因此，不能构成巨额财产来源不明罪的共犯。但应当指出的是，如果家庭成员明知财产来源非法，又与相关证人串供、藏匿、转移有关犯罪证据和巨额财产，情节严重的，可以构成包庇罪和窝赃罪，但仍不能以巨额财产来源不明罪共犯论处。因为他们实施上述行为是为了掩盖国家工作人员的犯罪行为而不是为了掩盖巨额财产真实来源。

2. 对被责令说明财产来源的家属是国家工作人员的，应责令其说明自己知道的家庭财产的来源，但是否构成巨额财产来源不明罪，不能一概而论，仍应区分情况，作出不同的处理。如宋某夫妇均为国家工作人员，丈夫宋某平时从不过问家庭事务，本人的收入均交由妻子保管使用，对妻子的收入也不关心。当司法机关发现其家庭财产和支出明显超过合法收入时，不仅宋某有义务说明其交给妻子保管的收入来源，其妻子也有义务向司法机关说明其本人的收入来源及家庭支出情况。妻子能够说明其本人收入来源合法，但不能说明丈夫交其保管的财产来源的，不能认定妻子有罪；反之，妻子不能说明自己收入来源的或拒不说明其应知

的家庭收入来源的，应认为其构成巨额财产来源不明罪。

二、如何理解巨额财产来源不明罪举证责任问题

由于刑法第 395 条“国家工作人员的财产、支出明显超过合法收入，差额巨大的，可以责令该国家工作人员说明来源，不能说明来源的，差额部分以非法所得论”的规定，因此许多学者就此认为本罪的举证责任倒置或证明责任转移，导致部分地方的司法机关认为，只要运用证据证明行为人占有财产或支出明显超过其合法收入，举证任务就已完成，剩下的主要责任则由被告人承担。如果被告人无法举出足够的证据证明自己的财产来源合法，就构成巨额财产来源不明罪。

笔者认为，该罪的设立的确减轻了公诉机关的证明责任，但并没有改变证明规则，即由公诉机关举证而不是举证责任倒置。“责令说明来源”并不是要求被告人举出足够的证据来证明来源的合法，而是要求被告人说明财产的真实来源，由司法机关去查证核实，并不要求被告人对“说明”的真实性负责。在《刑事诉讼法》中，无论是公诉案件还是自诉案件的犯罪嫌疑人、被告人都不负举证责任，这一举证责任规则是不容违背的。让一个被司法机关控制下的行为人去承担举证责任既是不现实的，也是不合理的。正因为此，该条款中用“说明”一词，而不是“证明”。

三、如何理解“不能说明合法来源”

本罪条款中的“不能说明”应包括四种情况：（1）行为人拒不说明财产来源；对此种情况，无须调查取证即可认定为“不能说明”。（2）行为人无法说明财产的具体来源。（3）行为人所说的财产来源经司法机关查证并不属实，行为人不能继续说明；比较常见的手法就是称该财产为已故父母的遗产或海外亲友赠送，对此，有关部门应调查其已故父母生前的经济状况，是否有可能留下遗产，是否有海外亲友，如果查实其父母生前贫困，不可能有巨额遗产或其根本没有海外亲友，即可确定其“说明”虚假，认定其“不能说明”。（4）行为人所说的财产来源因线索不具体等原因，司法机关无法查实，但能排除存在来源合法的可能性和合理性的。

与“不能说明”相对的是，“已予说明”也可能表现为两种情况：一是行为人说明后经查证属实。此时，如果证实财产来源于合法途径，则不构成犯罪；如

果为非法途径，如贪污、受贿、盗窃、走私等，构成犯罪的，分别定贪污罪、受贿罪、盗窃罪、走私罪等。二是行为人说明后有关机关经查证无法确定是否属实，也不能排除存在来源合法的可能性和合理性的。此时，笔者认为，应视为已经说明。因为举证责任的主体是检察机关，他们必须提供“说明”不真实的确凿证据，证明行为人提出的财产来源是虚假的，否则，应视为“能够说明”。如张某“说明”其财产中有 20 万元是其朋友支付的借款利息，并提供了这些人的姓名，经核查，得到了其中 5 人的证实，但其他多名证人因外出做生意等暂时无法核实，因此现有证据材料不能排除张某有获取此笔财产的可能，这种情形，不能认为是行为人未能说明财产来源，而只能认为其“已经说明”，作无罪处理。

司法实践中，还有一个问题，即行为人对差额财产的说明的时限问题。有的行为人无限制地做出虚无缥缈、明知虚假却难以证实的虚假解释，以拖延时间，蒙混过关。如有的行为人谎称自己的财产来源于境外、海外，经查其根本没有海外关系。单为揭穿这一谎言，司法机关耗费了大量的精力、财力和时间。因此，司法实践部门很多人主张应限定行为人说明的时限，一般为一个月，最多不超过三个月。笔者认为这个意见值得考虑。但应结合刑诉法有关规定做出。

四、巨额财产来源不明罪定罪后查明财产真实来源的处理问题

根据目前我国刑事诉讼有错必纠的客观公正原则，对定罪后查明财产真实来源改判与否，应结合原判决当时被告人说明的具体情况，根据被告人“不能说明”的不同态度，分别决定是否适用审判监督程序。

（一）被告人在侦查阶段态度恶劣，拒绝对财产真实来源作出说明

如查明财产来源合法，不得撤销原判，原判是根据被告人当时不能说明财产来源合法的情况依法作出的，且被告人当时拒绝说明，就得最终承担对自己不利的法律后果。如果查明巨额财产来源非法且又构成其他犯罪的，不撤销原判，根据发现漏罪的处理原则，依法对新发现罪行重新作出判决，根据数罪并罚的原则决定执行的刑期。

（二）被告人在侦查之中，分辨不出财产的具体来源而无法说明

此种情况如果查明财产是合法来源，则应按照审判监督程序，重新改判，撤销原判决，返还被追缴的财产。如查明是非法来源又构成其他犯罪，则按照审判

监督程序对新发现的罪行作出判决，原判认定犯罪数额减去新认定的数额，如不构成巨额财产来源不明罪的则撤销原判，用新发现罪名的刑期减去已执行的刑期，决定执行的刑期。如果原判认定犯罪数额减去新认定的数额，仍然构成巨额财产来源不明罪，则重新作出判决，根据数罪并罚的原则决定数额执行的刑期。

（三）被告人说明了财产来源，经司法机关查证不属实

定罪后司法机关经查证属实，且来源合法的，根据审判监督程序，撤销原判，返还被追缴的财产。定罪后司法机关查明财产来源非法，且构成其他犯罪，被告人当时故意作虚假说明的，则参照前述第一种情况处理。被告人确因记忆不清说明有误的，则对新罪作出判决，原判数额减去新罪数额后不构成巨额财产来源不明罪的，则撤销原判，原判认定数额减去新罪认定数额后构成巨额财产来源不明罪的，按照数罪并罚的原则决定刑期，减去已执行刑期，决定实际继续执行的刑期。

（四）被告人说明了财产来源，因线索不具体等原因，司法机关当时无法查实

定罪后司法机关经查证属实，且来源合法的，根据审判监督程序，撤销原判，返还被追缴的财产。定罪后司法机关查明财产来源非法，且构成其他犯罪，被告人当时故意说明不具体的，则参照前述第一种情况处理。被告人确因记忆不清说明不具体的，则对新罪作出判决，原判数额减去新罪数额后不构成巨额财产来源不明罪的，则撤销原判，原判认定数额减去新罪认定数额后构成巨额财产来源不明罪的，按照数罪并罚的原则决定刑期，减去已执行刑期，决定实际继续执行刑期。

五、关于巨额财产来源不明罪的自首问题

关于本罪的自首，有两个问题值得研究。

（一）本罪是否存在自首

对于巨额财产来源不明罪是否存在自首有不同的认识。笔者认为本罪存在自首。从刑法第 67 条关于自首的规定看，自首分一般自首和特别自首两种。一般自首是指犯罪分子犯罪以后自动投案，如实供述自己的罪行的行为；特别自首是指被采取强制措施的犯罪嫌疑人、被告人和正在服刑的罪犯，如实供述司法机关还未掌握的本人其他罪行的行为。本罪行为人既可能成立一般自首，也可能成立特

别自首。就一般自首而言，行为人成立本罪的自首，其自首成立的条件除了“自动投案”外，“如实供述自己的罪行”这一条件的内容是：行为人在投案之后如实供述自己拥有来源不明的巨额财产。但不要求行为人在如实供述拥有巨额财产的同时还供述巨额财产的真实来源。就特别自首而言，行为人成立巨额财产来源不明罪的自首，其自首成立的条件是因为其他犯罪被采取强制措施或者被判处刑罚、正在服刑，如实供述了司法机关尚未掌握的自己有来源不明的巨额财产的罪行。

（二）行为人如实说明巨额财产来源于贪污受贿等犯罪，可否成立贪污、受贿犯罪的自首

在司法实践中，往往存在这样一种现象：涉嫌巨额财产来源不明的犯罪嫌疑人，或者被控巨额财产来源不明的被告人，在被责令说明巨额财产合法来源之后，如实说明巨额财产来源于贪污、受贿等犯罪，而经查证属实且贪污、受贿的数额又达到了定罪量刑标准，此时，行为人可否成立贪污、受贿罪的自首。对此也有不同的看法，笔者认为，此时行为人应当成立贪污、受贿罪的自首。理由是：首先，行为人的行为符合自首的条件。因为此时司法机关并未掌握巨额财产来源于贪污、受贿的犯罪。其次，行为人是否如实说明其真实来源，完全是自愿、主动的，不存在行为人的如实说明行为因缺乏“自动性”而不成立自首。最后，从刑事政策的角度分析，承认上述行为成立自首，有利于鼓励犯罪分子主动交代更为严重的犯罪事实，为司法机关查明更为严重的犯罪事实提供条件。

六、巨额财产来源不明罪与贪污罪、受贿罪的界限

巨额财产来源不明罪与贪污罪和受贿罪有密切的联系，在犯罪客体、犯罪主体、犯罪主观方面都基本相同，而且很多来源不明的巨额财产就是通过贪污、受贿等犯罪获得的。但巨额财产来源不明罪与贪污罪、受贿罪在犯罪客观方面的表现有很大的不同：前者只要求国家工作人员拥有超过合法收入的巨额财产，而且行为人不能说明其来源，司法机关也不能查明其来源的，即可构成。至于该巨额财产是否通过贪污、受贿等犯罪手段获得，对构成本罪没有影响。后者要求国家工作人员必须利用职务之便，实施了贪污、受贿的行为，司法机关已收集到行为人实施贪污、受贿犯罪活动的相关证据，且犯罪数额较大的，才能构成。因此，对于行为的巨额财产若能够查实证明是来自于贪污、受贿犯罪，即应以贪污罪、

受贿罪定罪，而不应以巨额财产来源不明罪定罪；如果只能查实证明一部分财产系贪污、受贿所得；另一部分无法证明，而两部分的数额均达到各自定罪判刑的起刑数额，则应分别以贪污罪、受贿罪与巨额财产来源不明罪定罪，实行数罪并罚。

另外，根据刑法的规定，贪污罪的主体除国家工作人员外，还包括受国家机关、国有公司、企业、事业单位、人民团体委托管理、经营国有财产的人员，其主体范围要广于巨额财产来源不明罪和受贿罪。

【办案依据】

一、刑法规定

第三百九十五条第一款　国家工作人员的财产、支出明显超过合法收入，差额巨大的，可以责令该国家工作人员说明来源，不能说明来源的，差额部分以非法所得论，处五年以下有期徒刑或者拘役；差额特别巨大的，处五年以上十年以下有期徒刑。财产的差额部分予以追缴。

二、司法解释

《最高人民检察院关于人民检察院直接受理立案侦查案件立案标准的规定（试行）》[①]（1999年9月16日，高检发释字〔1999〕2号）

（九）巨额财产来源不明案（第395条第1款）

巨额财产来源不明罪是指国家工作人员的财产或者支出明显超出合法收入，差额巨大，而本人又不能说明其来源是合法的行为。

涉嫌巨额财产来源不明，数额在30万元以上的，应予立案。

三、司法文件

最高人民法院《全国法院审理经济犯罪案件工作座谈会纪要》（2003年11月13日，法〔2003〕167号）

五、关于巨额财产来源不明罪

（一）行为人不能说明巨额财产来源合法的认定

---

① 载《最高人民检察院公报》1999年第6期。

刑法第三百九十五条第一款规定的“不能说明”，包括以下情况：

（1）行为人拒不说明财产来源；

（2）行为人无法说明财产的具体来源；

（3）行为人所说的财产来源经司法机关查证并不属实；

（4）行为人所说的财产来源因线索不具体等原因，司法机关无法查实，但能排除存在来源合法的可能性和合理性的。

（二）“非法所得”的数额计算

刑法第三百九十五条规定的“非法所得”，一般是指行为人的全部财产与能够认定的所有支出的总和减去能够证实的有真实来源的所得。在具体计算时，应注意以下问题：

（1）应把国家工作人员个人财产和与其共同生活的家庭成员的财产、支出等一并计算，而且一并减去他们所有的合法收入以及确属与其共同生活的家庭成员个人的非法收入。

（2）行为人所有的财产包括房产、家具、生活用品、学习用品及股票、债券、存款等动产和不动产；行为人的支出包括合法支出和不合法的支出，包括日常生活、工作、学习费用、罚款及向他人行贿的财物等；行为人的合法收入包括工资、奖金、稿酬、继承等法律和政策允许的各种收入。

（3）为了便于计算犯罪数额，对于行为人的财产和合法收入，一般可以从行为人有比较确定的收入和财产时开始计算。

第十二章 隐瞒境外存款罪

【立案追诉标准】

隐瞒境外存款案（刑法第395条第2款）

涉嫌隐瞒境外存款，折合人民币数额在30万元以上的，应予立案。

《最高人民检察院关于人民检察院直接受理立案侦查案件立案标准的规定（试行）》[①]（1999年9月16日）

【犯罪构成及刑事责任】

隐瞒境外存款罪，是指国家工作人员对于个人在境外的存款，依照国家规定应当申报而隐瞒不报，数额较大的行为。构成本罪需要具备以下四个要件。

1. 客体要件。本罪侵犯的客体是国家的廉政制度。国家工作人员在境外的存款，应当依照国家规定申报。某些国家工作人员置宪法和法律规定于不顾，在涉外公务活动中，不惜损害国家的利益，以权谋私，进行钱权交易，大肆进行贪污、受贿等违法犯罪活动，将在国内外贪污、受贿等非法所得的赃款存入境外，隐瞒不报，破坏了国家廉政制度。本罪的犯罪对象是“境外存款”，所谓境外存款，是指在我国国（边）境以外的国家和地区存入金融机构的货币、有价证券、支付凭证、贵重金属及其制品等。

存款的来源，不论是国家工作人员在境外的工作报酬、继承遗产或接受赠与，

① 载《最高人民检察院公报》1999年第6期。

还是违法犯罪所得；也不论是本人亲自存在境外，还是托人辗转存于境外，都是境外存款，均为本罪的犯罪对象。但是其他财产，如房产、汽车等不能成为本罪的犯罪对象。

2. 客观要件。本罪在客观方面表现为国家工作人员在境外依照国家规定应当申报而隐瞒不报，且数额较大的行为。依照国家规定申报在境外的存款，是国家工作人员应当履行的义务，以便国家对其在境外的收入进行监督。因此，隐瞒境外存款罪必须以违反国家规定的国家工作人员申报境外存款的特定义务为前提；如果没有向国家申报境外存款的义务，则不构成犯罪。

根据1999年9月16日发布施行的《最高人民检察院关于人民检察院直接受理立案侦查案件立案标准的规定（试行）》的规定，隐瞒境外存款折合人民币数额在30万元以上的，应予立案。①

3. 主体要件。本罪的主体是特殊主体，即只能由国家工作人员构成。非国家工作人员的一般公民，没有特定的申报财产义务，也没有申报境外存款的义务，因而不能成为本罪的主体。

4. 主观要件。本罪在主观上是故意，即行为人明知自己的境外存款应当申报而故意隐瞒不报。隐瞒境外存款罪是故意犯罪，这种故意表现为先有在境外存款的行为，并且明知国家的申报规定，然后有意隐瞒拒不申报。不是出于故意隐瞒，而是对国家的申报规定不明知，在主观无过错的情况下没有申报的，或者由于客观上的原因未及时申报的，都不能构成此罪。隐瞒不报境外存款的动机是多种多样的，有的是掩盖非法收入，有的是出于对国家的不信任，但无论是何种动机，都不影响隐瞒境外存款罪的成立。

根据刑法第395条第2款的规定，犯隐瞒境外存款罪的，处二年以下有期徒刑或者拘役；情节较轻的，由其所在单位或者上级主管机关酌情给予行政处分。

---

① 载《最高人民检察院公报》1999年第6期。

【疑难指导】

一、将存款存储于外资在我国境内设立的金融机构是否属于在境外存款

上面提到，本罪所说“境外”，是指我国大陆地区以外，是一个地域概念。另外，根据我国《商业银行法》及其他金融法律法规规定，外国金融机构或者组织在我国大陆地区设立的银行或其他金融机构，其设立和经营都必须符合我国法律规定，接受我国有关主管部门的监督管理。因此，不论金融机构的资本来源是中国还是外国，只要设立在我国大陆地区以外的，都应视为“境外”；国家工作人员存储于设立在我国大陆地区以外的各国或地区的存款，都应视为“在境外的存款”。相反，即使资本来源于国外，但只要是设立在我国大陆地区的金融机构，就不应视为境外金融机构，国家工作人员存储于设立在我国大陆地区的外资银行、外国银行分行，也不应视为“在境外的存款”。

二、“存款”是否包括人民币

本罪所说的“存款”包括外汇是没有疑问的，但是否也包括人民币却有不同看法。笔者认为这里存款的货币种类没有限制，应当包括人民币。首先，从法律规定上来看，刑法第 395 条对于存款的性质并没有加以限制；其次，人民币也可以在境外存储，如香港、澳门等；最后，国家工作人员隐瞒境外存储人民币的行为，同样侵犯了我国的廉政制度。

三、隐瞒境外存款罪与非罪的界限

（一）注意从主体上区分罪与非罪的界限

根据刑法的规定，本罪是以违反国家规定的申报境外存款的特定义务为前提的。2017 年中共中央办公厅、国务院办公厅发布的《领导干部报告个人有关事项规定》第 2 条规定，本规定所称领导干部包括：（1）各级党的机关、人大机关、行政机关、政协机关、审判机关、检察机关、民主党派机关中县处级副职以上的干部（含非领导职务干部，下同）；（2）参照《公务员法》管理的人民团体、事业单位中县处级副职以上的干部，未列入参照《公务员法》管理的人民团体、事业单位的领导班子成员及内设管理机构领导人员（相当于县处级副职以上）；（3）中央企业领导班子成员及中层管理人员，省（自治区、直辖市）、地（市、州、

盟）管理的国有企业领导班子成员。上述范围中已退出现职、尚未办理退休手续的人员适用该规定。第4条规定，领导干部应当报告下列收入、房产、投资等事项：(1) 本人的工资及各类奖金、津贴、补贴等；(2) 本人从事讲学、写作、咨询、审稿、书画等劳务所得；(3) 本人、配偶、共同生活的子女为所有权人或者共有人的房产情况，含有单独产权证书的车库、车位、储藏间等（已登记的房产，面积以不动产权证、房屋所有权证记载的为准，未登记的房产，面积以经备案的房屋买卖合同记载的为准）；(4) 本人、配偶、共同生活的子女投资或者以其他方式持有股票、基金、投资型保险等的情况；(5) 配偶、子女及其配偶经商办企业的情况，包括投资非上市股份有限公司、有限责任公司，注册个体工商户、个人独资企业、合伙企业等，以及在国（境）外注册公司或者投资入股等的情况；(6) 本人、配偶、共同生活的子女在国（境）外的存款和投资情况。该规定所称"共同生活的子女"，是指领导干部不满18周岁的未成年子女和由其抚养的不能独立生活的成年子女。所称"股票"，是指在上海证券交易所、深圳证券交易所、全国中小企业股份转让系统等发行、交易或者转让的股票。所称"基金"，是指在我国境内发行的公募基金和私募基金。所称"投资型保险"，是指具有保障和投资双重功能的保险产品，包括人身保险投资型保险和财产保险投资型保险。实践中应当严格按照国家有关财产申报的规定，对本罪在认定时注意从主体上严格区分罪与非罪。

（二）注意从数额上区分罪与非罪的界限

根据刑法的规定，只有隐瞒不报的境外存款数额较大的，才能构成隐瞒境外存款罪；数额没有达到"较大"的，不能以犯罪论处。根据1999年9月16日发布施行的《最高人民检察院关于人民检察院直接受理立案侦查案件立案标准的规定（试行）》的规定，隐瞒境外存款折合人民币数额在30万元以上的，应予立案。[1] 此外，构成本罪，并不要求其境外存款必须是非法所得。这里的境外存款的数额，既可以是合法所得，也可以是违法犯罪所得。

（三）注意从情节上区分罪与非罪的界限

刑法第395条第2款规定："国家工作人员在境外的存款，应当依照国家规定

① 载《最高人民检察院公报》1999年第6期。

申报。数额较大、隐瞒不报的，处二年以下有期徒刑或者拘役；情节较轻的，由其所在单位或者上级主管机关酌情给予行政处分。”可以看出，国家工作人员隐瞒不报的境外存款，即使数额较大，但情节较轻的，也不能以犯罪论处，而是由其所在单位或者上级主管机关酌情给予行政处分。这里的“情节较轻”是指以下几种情形：（1）数额虽然较大，当刚刚达到定罪标准或略高于定罪标准，本人又有悔改表现的；（2）明显属于合法收入而暂存境外的；（3）经教育或督促改变错误做法及时向有关部门申报、如实交代的；等等。实践中应注意根据立法精神，从情节上区分罪与非罪，防止打击面过宽。

四、隐瞒境外存款罪与逃汇罪的界限

根据刑法第190条的规定，国有公司、企业或者其他国有单位，违反国家规定，擅自将外汇存放境外，或者将境内的外汇非法转移到境外，情节严重的，构成逃汇罪。逃汇罪与隐瞒境外存款罪在形式上有相似之处，有时不易掌握二者的界限。实践中，可以从以下几方面区分隐瞒境外存款罪与逃汇罪。

（一）犯罪主体不同

本罪的犯罪主体是国家工作人员，单位不能成为本罪主体；逃汇罪的犯罪主体则是单位，即国有公司、企业或者其他国有单位，自然人不能单独成为逃汇罪的犯罪主体。

（二）客观表现不同

本罪在客观上表现为国家工作人员在境外有数额较大的存款，应当申报而隐瞒不报的行为。逃汇罪在客观上表现为单位逃汇的行为，具体有两种表现：（1）擅自将外汇存放境外。即国有单位违反国家规定，将其外汇收入或者使用的外汇私自存放在境外。（2）将境内的外汇非法转移到境外。即国有单位违反国家规定，未经外汇管理机关批准，擅自将其在境内的外汇通过携带、邮寄等方式转移到境外。

（三）犯罪故意不同

本罪和逃汇罪都是故意犯罪，但其故意内容不同：本罪行为人的动机主要是隐瞒非法所得，逃避国家机关的监督；逃汇罪行为人的动机在于逃避国家对外汇的管理，非法使用自己控制的外汇，以谋取本单位的利益。

【办案依据】

一、刑法规定

第三百九十五条第二款 国家工作人员在境外的存款，应当依照国家规定申报。数额较大、隐瞒不报的，处二年以下有期徒刑或者拘役；情节较轻的，由其所在单位或者上级主管机关酌情给予行政处分。

二、司法解释

《最高人民检察院关于人民检察院直接受理立案侦查案件立案标准的规定（试行）》[①](1999年9月16日，高检发释字〔1999〕2号)

（十）隐瞒境外存款案（第395条第2款）

隐瞒境外存款罪是指国家工作人员违反国家规定，故意隐瞒不报在境外的存款，数额较大的行为。

涉嫌隐瞒境外存款，折合人民币数额在30万元以上的，应予立案。

① 载《最高人民检察院公报》1999年第6期。

第十三章 私分国有资产罪

【立案追诉标准】

私分国有资产案（刑法第396条第1款）

涉嫌私分国有资产，累计数额在10万元以上的，应予立案。

《最高人民检察院关于人民检察院直接受理立案侦查案件立案标准的规定（试行）》①（1999年9月16日）

【犯罪构成及刑事责任】

私分国有资产罪，是指国家机关、国有公司、企业、事业单位、人民团体，违反国家规定，以单位名义将国有资产集体私分给个人，数额较大的行为。构成本罪需要具备以下四个要件。

1. 客体要件。本罪侵犯的客体是单位公务行为的廉洁性和国家财产所有权。本罪侵犯的对象是国有资产。

2. 客观要件。客观方面表现为违反国家规定，以单位名义将国有资产集体私分给个人，数额较大的行为。具体包括三个基本要素。

（1）违反国家规定。即违反全国人民代表大会及其常务委员会制定的法律和决定，国务院制定的行政法规、规定的行政措施、发布的决定和命令。这是构成本罪的前提条件。

---

① 载《最高人民检察院公报》1999年第6期。

（2）以单位的名义将国有资产集体私分给个人。这是由单位负责人或者单位决策机构集体讨论决定，将国有资产私分给单位所有职工，至少是单位大多数职工。如果只是单位内几个负责人私分，或者在少数单位员工中私分，应属贪污行为。

根据《意见》规定，国有公司、企业违反国家规定，在改制过程中隐匿公司、企业财产，转为职工集体持股的改制后公司、企业所有的，对其直接负责的主管人员和其他直接责任人员，以私分国有资产罪定罪处罚；改制后的公司、企业的管理人员或者少数职工持股，改制前公司、企业的多数职工未持股的，以贪污罪定罪处罚。①

（3）数额较大。这里所谓数额较大，原则上应理解为集体私分国有资产的总额较大，而非指每一个人所分数额较大。换言之，由于单位职工众多，因而按人头私分的结果，每一个人所分数额即便并不大，但私分总额大者，仍应成立这里的数额较大。根据1999年9月16日发布施行的《最高人民检察院关于人民检察院直接受理立案侦查案件立案标准的规定（试行）》的规定，涉嫌私分国有资产，累计数额在10万元以上的，应予立案。②

3. 主体要件。本罪主体是国家机关、国有公司、企业、事业单位、人民团体。本罪是单位犯罪，但根据法律规定只处罚私分国有资产的直接负责的主管人员和其他直接责任人员。

4. 主观要件。本罪在主观方面是直接故意犯罪。行为须有明知是国有资产而故意违反国家规定，将其集体私分给个人的确定故意。如疏忽大意地误将国有资产当作企业资金加以集体私分者，不能成立本罪，情节严重者，可按有关渎职犯罪处理。

根据刑法第396条的规定，犯本罪，对其直接负责的主管人员和其他直接责任人员，处三年以下有期徒刑或者拘役，并处或者单处罚金；数额巨大的，处三年以上七年以下有期徒刑，并处罚金。

---

① 刘为波：《〈关于办理国家出资企业中职务犯罪案件具体应用法律若干问题的意见〉的理解与适用》，载中华人民共和国最高人民法院刑事审判第一、二、三、四、五庭主办：《刑事审判参考》（总第77集），法律出版社2010年版，第113页。

② 载《最高人民检察院公报》1999年第6期。

司法机关、行政执法机关违反国家规定，将应当上缴国家的罚没财物，以单位名义集体私分给个人的，依照前款的规定处罚。

【疑难指导】

一、如何理解和认定“国有资产”

（一）“国有资产”与“国有财产”的关系

本罪的犯罪对象仅限于“国有资产”，根据1999年《最高人民检察院关于人民检察院直接受理立案侦查案件立案标准的规定（试行）》的规定，“国有资产”，是指国家依法取得和认定的，或者国家以各种形式对企业投资和投资收益、国家向行政事业单位拨款等形成的资产。①

在刑法中，在使用了“国有资产”这一概念的同时，还使用了“国有财产”的概念，因此，正确理解和认定“国有资产”，要特别注意“国有资产”和“国有财产”的区别。首先可以肯定，立法者在不同条文中分别使用这两个概念，清楚地表明了立法者的态度，即国有财产与国有资产是两个不同概念。在经济学上，财产（property）和资产（asset）有严格的分野。财产，是指物质财富以及与物质财富有直接关系的其他权益（如债权、知识产权等）的总和。一般来说，财产具有相对静态的意义。只有当财产作为生产要素进入商品生产领域中，具有增值要求时，才被称为资产。因此，资产具有鲜明的商品交换特征，是相对动态的概念。资产又可以区分为广义和狭义两种：广义的资产在内涵和外延上与财产相同，泛指资产的权利主体所有的各种形态的物质财富。狭义的资产，指资产的权利主体为取得一定的经济效益而投入到经营性活动中的各种形态的资产。根据资产与财产在内涵上的差异，国有资产也有广义与狭义之分，广义的国有资产与国有财产等同，泛指我国境内外属于全民所有（即国有所有）的各种形态的财产。狭义的国有资产，是指国家投入到生产经营领域内的各种形态的资产。刑法条文中的国有资产只能作狭义的理解，否则就无法解释刑法为什么对同一概念使用两个不同术语。国有资产的内容十分丰富，但是作为本罪犯罪对象的国有资产主要是国家

---

① 载《最高人民检察院公报》1999年第6期。

机关、国有公司、企业、事业单位、人民团体使用管理的固定资产、流动资产、金融性资产，并不能涵盖国有资产的全部类型。国有资产中的无形资产不存在被私分的问题。草原、滩涂、矿藏等资源性资产，通常也不存在被私分的问题。

（二）变卖报废物品和废旧物品的收益是否属于“国有资产”

报废物品是指已经严重损害或者修理费用超过其自身价值，因而在生产经营中无法得到利用的生产设备、工具等物品。这些物品通常不能再行创造其他价值，但其本身尚具有一定的交换价值，因此可以通过变卖、转让等方式获取财产价值。而废旧物品是指本身已经过了有效使用期限或在生产经营中的使用价值已经利用殆尽的物品，如单位中的废旧报纸杂志、废旧的办公用品。这类废旧物品一般通过变卖，仍旧可以获取一定的财产价值。此类物品本来的财产形态，即完好的生产设备、工具或新购的办公用品等，属于生产经营中的国有资产。而变卖后的收益只不过是这些物品通过交换后实现的另一种价值形态，性质上和它本来的财产性质应当是一致的，所以仍然属于国有资产。

（三）折旧完毕的财产是否属于“国有资产”

这些财产一般经过一定的折旧年限，在账面上的资产额已经为零。但由于这些财产本身还具有一定的使用价值与交换价值，因此仍旧可以通过转让或变卖等方式，实现一定的财产价值。这类物品通过转让、变卖等方式后实现的财产价值只不过是原财产的一种价值变体，性质上并无二致，因而属于国有资产。

（四）私分受贿的赃款如何认定

司法实践中经常有这样的案件，行为人以单位名义或者自己收受了别人的行贿款，然后将行贿款在账外设账，私自存放在单位。之后，单位领导集体研究决定将该款作为福利、奖金发给单位的职工。笔者认为在这样的案件中，区别的关键在于犯罪对象的性质。因为私分国有资产罪的犯罪对象只能是国有资产，而来自于行贿人的行贿款通常不具备这样的性质，即便用来行贿的行贿款是公款，也是受贿罪或单位受贿罪在前，事后的私分行为只能看作对受贿赃款的处理，只能在量刑上体现，不能影响定性。

二、“违反国家规定”的理解和认定

刑法规定私分国有资产的行为首先必须是违反国家规定的行为，但对于它违反的是哪些国家规定，并无明确列举，也没有任何司法解释予以说明。笔者认为，“违反国家规定”，是指违反全国人民代表大会及其常务委员会制定的法律和决定，国务院制定的行政法规、规定的行政措施、发布的决定和命令。不应把范围局限于有关国有资产方面的法律法规，而应包括所有法律、法规、规章、制度。另外，“违反国家规定”，是否包括地方性法律、法规、规章、制度。笔者认为，对于“违反国家规定”的理解，应当严格按照刑法第 96 条的规定进行理解。刑法第 96 条规定：“本法所称违反国家规定，是指违反全国人民代表大会及其常务委员会制定的法律和决定，国务院制定的行政法规、规定的行政措施、发布的决定和命令。”按照刑法总则指导刑法分则的一般原理，上述关于“违反国家规定”的定义，应当适用于刑法分则中所有“违反国家规定”的规范，包括私分国有资产罪的规范。如果对刑法第 96 条作扩大的解释，无疑会不当地扩大私分国有资产罪的成立范围。

三、“以单位名义”和“集体私分给个人”的理解和认定

（一）“以单位名义”

“以单位名义”是指由单位决策层或有决策权的负责人决定，或者单位成员集体表决通过私分国有资产，体现了单位的意思和意志。并非所有单位成员的行为都可以冠以“单位名义”，关键在于“单位名义”是否体现了单位的意志。只有体现了单位意志，才有集体私分国有资产给个人的行为。其主要表现形式有：（1）单位决策层集体决定；（2）单位有决策权的负责人决定；（3）经人提议，单位成员集体表决通过。在这三种形式中，前两种人在法律上能代表单位，所以其职务行为也是以单位名义实施的。除了第二种形式自己提议自己决定，其他两种都要有一个提议者，而且在我国目前体制下，决定或表决要真正冠以“单位名义”还需要对国有资产负有管理职责的主管人员首肯。所以私分国有资产行为实际上也是这些自然人主观上希望或放纵的结果。

（二）“集体私分给个人”

就一般意义而言，集体是指由许多个人组成的一个整体。可见，集体是一个同个人相对的概念。笔者认为，这里“集体”通常是指国有单位中包括单位决策层在内的所有人或者大部分工作人员组成的整体。考虑到本罪是单位犯罪，因此

私分国有资产行为的决定往往是由单位的领导决策层作出的，单位中的其他工作人员一般不知道这一决策过程或不了解所分财物的性质，所以本罪中的“集体”是指分得财物时的集体性，而并不是私分决定作出时的集体性。因此在实际私分过程中，只要私分行为代表了单位的意志，且单位中的大部分工作人员分得了财物，即使其中的某些工作人员未参与这一决策过程或不了解所分财物的性质，并不影响“集体”的认定。而且设立本罪是为了防止国有单位中的领导人员和其他工作人员共同私分国有资产，从而更好地保护国有资产的保值、增值。实践中要注意，通常情况下，这里的“集体”理解为国有单位中的所有人或者绝大多数人，但是也不可过于机械地理解这一概念，如果虽然在比例上是少数，但是绝对数量较大的，笔者认为仍符合本罪的立法宗旨，可以认定符合本罪构成。需要结合具体的案情进行具体分析。另外，在私分时，可能是平均分配，也可能是按照不同标准进行分配。直接负责集体私分的主管人员和其他直接责任人员，是否分得财物或分得多少，不影响本罪的成立。

司法实践中还出现了某单位领导集体研究决定将国有资产一部分分给本单位职工，另一部分分给其他单位的案件，对此该如何认定，尤其是能否将分给外单位的那部分认定为私分国有资产存在争议。笔者认为，刑法只是对私分国有资产罪的主体规定为单位犯罪，以单位的名义，并没有对私分的范围是否限于本单位作规定。无论本单位的国有资产分给了本单位职工还是外单位职工，都是对国有资产管理秩序的侵害，也造成了国有资产的流失，只要符合私分国有资产罪的其他构成要件，都应当认定为私分国有资产罪。

四、本罪主体的理解和认定

（一）本罪是单位犯罪还是自然人犯罪

目前多数人认为，本罪是单位犯罪，而不是自然人犯罪。笔者也赞成这种观点，理由是：第一，刑法第 396 条规定：“国家机关、国有公司、企业、事业单位、人民团体，违反国家规定，以单位名义将国有资产集体私分给个人……”这就说明，集体私分国有资产罪的主体是特殊主体，即国家机关、国有公司、企业、事业单位、人民团体，个人不能独立构成本罪。第二，牟利性不是单位犯罪的必备条件，不可否认，单位犯罪一般是为了谋取单位的非法利益，但并不是所有的单位犯罪都是为了谋取本单位的利益，从修订后的刑法看，有些单位犯罪其主观上不要求谋取利益，如单位非法出借枪支罪等。第三，从单位犯罪处罚原则的规定看，刑法第31条规定：“单位犯罪的，对单位判处罚金，并对其直接负责的主管人员和其他直接责任人员判处刑罚。本法分则和其他法律另有规定的，依照规定。”这就是说，如果刑法分则和其他法律规定单位不适用两罚原则的，就不能对单位判处罚金，而只能追究单位有关责任人员的刑事责任。第四，从私分国有资产罪的主观目的来看，是以单位名义，以单位分配的形式将国有资产分发给个人，而不是为单位整体谋取利益，故并不要求对单位判处罚金。第五，经集体研究决定或者由负责人决定后实施犯罪行为是构成本罪的根本特征。

（二）单位的分支机构或内设部门能否成为本罪的主体

实践中常常发生单位的分支机构或内设部门私分国有资产的行为，对此行为的定性，有人认为根据刑法第396条的规定，私分国有资产罪的犯罪主体必须是国家机关、国有公司、企业、事业单位、人民团体，而上述单位内部设立的科、室等机构是单位的职能部门，无可自由支配的国有资产，不能成为本罪的主体。其中一种观点认为，这种私分国有资产的行为应认定为个人行为，应以贪污罪追究个人的刑事责任。另一种观点认为，分支机构、内设部门私分国有资产的行为在客观上表现为全部人员或大部分人员分到了款物，而且在内部具有公开性，这些特征不符合贪污罪的客观表现，根据罪刑法定原则，对此行为不宜以犯罪论处。[①]

笔者认为上述两种观点过于机械地理解了单位的概念。我国刑法规定的单位犯罪并不要求单位必须具有法人资格，不具有法人资格的组织也可以构成单位犯罪。所谓单位就是依法成立的一种组织，也包括该组织依法成立的分支机构和内设部门。《单位犯罪解释》规定，以单位名义实施犯罪，违法所得归单位所有的，也是单位犯罪；以单位的下属部门（内部职能部门）或者分支机构名义实施犯罪，违法所得亦归单位的下属部门（内部职能部门）或者分支机构所有的，亦应认定为单位犯罪；不能因为单位的下属部门（内部职能部门）或者分支机构没有可供

---

① 朱慈蕴：《公司法人人格否认法理研究》，法律出版社1997年版；李僚义、李恩民：《中国法人犯罪的罪与罚》，中国检察出版社1996年版。

执行罚金的财产，就不将其认定为单位犯罪而按照个人犯罪处理。否则，就站在了注重刑事责任承担能力而不是根据犯罪意志判断犯罪主体的错误立场。从上述规定的精神可以看出，单位的分支机构、内设部门是可以构成单位犯罪主体的。该解释对单位犯罪的本质认识是：只要某组织以自己名义实施犯罪行为，并且犯罪所得归该组织所有的，也就是说不是归某个人或某几个人所有的，应当认定为单位犯罪。单位分支机构、内设部门按照一定程序私分国有资产给部门内部人员，完全符合这一本质要求。这样的规定符合本罪避免国有资产的流失，重点打击那些损公肥私、集体私分国有资产行为的立法本意。我国刑法之所以规定单位犯罪，不称其为法人犯罪，也是为了能包括不具有法人资格的有关组织的犯罪行为。

（三）“直接负责的主管人员”及“其他直接责任人员”的认定

单位犯罪中“直接负责的主管人员”，是在单位实施的犯罪中起决定、批准、授意、纵容、指挥等作用的人员，一般是单位的主管负责人，包括法定代表人。“其他直接责任人员”，是在单位犯罪中具体实施犯罪并起较大作用的人员，既可以是单位的经营管理人员，也可以是单位的职工，包括聘任、雇用的人员。应当注意的是，在单位犯罪中，对于受单位领导指派或奉命而参与实施了一定犯罪行为的人员，一般不宜作为直接责任人员追究刑事责任。因此，本罪的“直接负责的主管人员”是指国有单位中对集体私分国有资产起决定、批准、授意、纵容、指挥等作用的人员；“其他直接责任人员”是指将国有资产集体私分并起较大作用的人员。在司法实践的具体认定中，还应注意：

1. 在区分是本罪的“直接负责的主管人员”还是“其他直接责任人员”时，应当根据行为人在本罪中的实际地位和作用进行判断，而不能片面地根据其在单位中的职务地位的高低来判断。

2. 无论是“直接负责的主管人员”还是“其他直接责任人员”，行为人在主观上一定要对“国有资产”和私分行为具有主观认识，如果国有单位中某个领导主观上不明知所分的“国有资产”性质，或者没有认识到私分行为的性质，则不应认定其为“直接负责的主管人员”或“其他直接责任人员”。

3. 应当将单位业务、事业的组织、管理、监督行为同犯罪的组织、管理、监督行为区分开来，不能认为在国有单位中凡是具有组织、管理、监督职责的人员都是犯罪的直接责任人员。

4. 对本罪的“直接负责的主管人员”和“其他直接责任人员”，应当根据其在单位犯罪中的地位、作用和犯罪情节，分别处以相应的刑罚。主管人员与直接责任人员，在个案中，不是当然的主、从犯关系，有的案件，主管人员与直接责任人员在实施犯罪行为中的主从关系不明显的，可不分主、从犯。但具体案件可以分清主、从犯，且不分清主、从犯，在同一法定刑档次、幅度内量刑无法做到罪刑相适应的，应当分清主、从犯，依法处罚。

此外，目前司法实践中还存在不少国有控股、参股公司，以单位名义集体私分单位财产的案件，对此如何处理存在争议。因为私分国有资产罪的主体只能是国有单位，而其犯罪对象也只能是国有资产，但是上述案件的国有控股、参股公司并非刑法意义上的国有企业，并且其私分的是含有国有资产的混合财产，因此从构成要件上无法满足私分国有资产罪的要求。同时刑法分则也没有相关罪名可以适用，处于法无明文规定的状态。但是这类行为确实给国有资产造成了重大损失，因此需要立法机关及时弥补，以适应司法实践的需要。

五、乱发财物和私分国有资产犯罪的界限

乱发财物是指单位违反国家规定，超越权限，擅自提高和扩大工资、补贴标准及范围，以奖金、津贴、补助等名义发放或变相发放现金、食品和生活用品等。其资金来源是单位合法占有的资金，数额较小；发放钱物的形式是在单位财务的账面上发放，其性质属于违反财经纪律的行为。私分国有资产罪，则是指国家机关、国有公司、企业、事业单位、人民团体违反国家规定，以单位名义将国有资产集体私分给个人，数额较大的行为，私分国有资产累计数额在10万元以上的，作为构成犯罪的起点，数额较小的不以犯罪论处，其性质属于违反刑法的经济犯罪行为。两者之间最显著的区别在于所发放的资金、物品是否为国家所有，如为单位资金，即为违反财政纪律，不构成犯罪；如为国有资产，则构成私分国有资产。目前，个别行业、部门尤其是效益较好的单位，往往巧立名目，发放各种超标准的补贴、奖金，笔者认为只要明显违反国家规定，累计数额达10万元以上即构成私分国有资产罪，但具体处理起来亦不能一概而论。一个十几名职工的单位私分10万元应该按犯罪处理，而一个上万名职工的企业，私分10万元人均尚不足百元，明显不宜按犯罪处理。再者一个单位一次或两次且间隔时间较短即私分国资几十万元理应按犯罪处理，而另一单位次数较多，且时间跨度较大，五六年的时间才私分国资累计达几十万元，亦不宜按犯罪处理。所以认定本罪还要根据私分的次数、时间跨度、人均数额等具体情况具体对待。

六、私分国有资产罪与贪污罪的共同犯罪的界限

如何界分私分国有资产罪与贪污罪的共同犯罪，是司法实践中常见的疑难问题。笔者认为，正确区分两罪要着重从以下几方面考量。

（一）主观意志和犯罪目的不同

贪污罪主观上体现的是少数自然人的意志，具有将公共财产非法占有的犯罪目的。而私分国有资产罪主观上体现的是单位的意志，且具有非法将国有资产为单位谋利的目的。

（二）犯罪主体不同

贪污罪的犯罪主体是自然人，即国家工作人员，而私分国有资产罪的犯罪主体只能是国有单位。尽管刑法第396条规定对“直接负责的主管人员和其他责任人员”判处有期徒刑或者拘役，但这并不表明自然人就可以成为单位犯罪的主体，在单位犯罪中，自然人是以单位犯罪的责任者身份，而不是以犯罪主体的身份来承担刑事责任的。（上文已有专门论述）

（三）行为方式不同

首先，贪污罪的共同犯罪通常具有秘密性，往往是单位的个别领导或者财务人员，在别人不知情的情况下，秘密占有公共财物。因此，除犯罪参与人之外，别人的领导或者其他职工对此往往一无所知。而私分国有资产罪，由于参与决策者往往是抱着给大家谋福利的想法，所以该罪从决策到分配的过程具有一定的公开透明度，而且分配时也有一定预设的透明的规则。其次，贪污罪的共同犯罪在侵吞公共财物时是以几个人名义，而私分国有资产罪在犯罪时则是以单位名义。最后，在犯罪所得的归属上，贪污罪的共同犯罪所占有公共财物是只归共同参与犯罪几个人所得。而私分国有资产罪则将私分的国有资产集体分给了包括决策团体的单位一定层级的，甚至是全部或者绝大多数的职工。

（四）犯罪对象及社会危害不同

贪污罪的犯罪对象是公共财物，而私分国有资产罪的犯罪对象则是国有资产，两者的界分已在上文探讨，这里不再赘述。此外，通常情况下，私分国有资产罪的行为人是抱着利用职权便利为大家谋点福利的想法，其主观恶性相对较轻；而贪污罪的共同犯罪的行为人是利用职权便利为参与者谋私利，其主观恶性较重。

（五）犯罪数额及刑罚不同

根据1999年9月16日《最高人民检察院关于人民检察院直接受理立案侦查案件立案标准的规定（试行）》的规定，“涉嫌私分国有资产，累计数额在10万元以上的，应予立案”。[①] 即私分国有资产罪追究刑事责任的起点是10万元，这里的10万元是指集体私分国有资产的总额，而不是指国有单位每一个人所分得的数额。在一段时间内连续私分国有资产的，应以累计的数额计算，即使每次私分的总额不够10万元，但累计数额超过10万元的，就应该认定犯罪。而根据《贪污贿赂解释》的规定，贪污罪的起点数额为3万元，具有以下情形的，起点数额为1万元：的来源（1）贪污救灾、抢险、防汛、优抚、扶贫、移民、救济、社会捐助等特定款物的；（2）曾因贪污、受贿、挪用公款受过党纪、行政处分的；（3）曾因故意犯罪受过刑事追究的；（4）赃款赃物用于非法活动的；（5）拒不交待赃款赃物去向或者拒不配合追缴工作，致使无法追缴的；（6）造成恶劣影响或者其他严重后果的。在刑罚方面，犯贪污罪最高可以被判处死刑，而犯私分国有资产罪，对其直接负责的主管人员和其他直接责任人员，处三年以下有期徒刑或者拘役，并处或者单处罚金；数额巨大的，处三年以上七年以下有期徒刑，并处罚金。

在区分私分国有资产罪和贪污罪的共同犯罪的问题上，司法实践中还有一个常见的难点问题。一些犯罪分子假借集体私分之名，实则为少数人谋取非法利益，为自己或单位某几个人谋取较大利益，单位其他职工获得较少利益，其比例悬殊。笔者认为对于这种情况要综合上面的要素进行判断。其最关键的还是要考察行为人主观上是抱着为大家谋福利的想法，少数人决定给多数人获益，还是行为人借私分之名，行个别人占有公共财物之实。同时，从客观上看，如果在私分之前，

---

① 载《最高人民检察院公报》1999年第6期。

由单位领导集体研究，根据参与私分人员的级别、工龄、行政职级、业务等级、工作贡献等名义制定出不同档次，全体私分人员都是按照此计算方法计算出具体数额，即使拿最高档次的人与拿最低档次的人之间数额悬殊，也应以私分国有资产罪来认定。反之，如果私分前没有制定统一的标准，也未经单位集体研究决定，而是由主管人员或直接责任人员一手操纵，将国有资产私分时，主管人员或直接责任人的数额与其他职工数额悬殊，其他职工也并不明知此种情况；或者是对其他职工的私分制定了标准，而主管人员或直接责任人在标准之外，又私分了数额较大的国有资产或公共财产的，可以推定主管人员或直接责任人是以私分的形式来掩盖其个人利用职务之便，侵吞、占有国有资产的目的，应认定为贪污罪。

实践中有一类案件争议较大，一个单位就是多个人，其中很多还担任职务，经集体研究私分了国有资产是定贪污罪还是私分国有资产罪。例如，拥有 13 名职工的某公司开发的某楼盘竣工。肖某多次向佟某提议用小金库内款项发放奖金，佟某遂决定根据销售业绩发放。之后，肖某制作销售业绩名单，提出每人分得明细，佟某签批后，由财务部门下发，佟某分得 15 万元，王某、刘某、李某、肖某各分得 10 万元，会计、出纳各分得 7 万元。对该案如何定性有两种意见，一种意见认为他们构成贪污罪的共同犯罪，另一种意见认为该案应定性为私分国有资产罪。笔者同意后一种意见。该案佟某是抱着给大家谋福利、发奖金的想法，而且从决策到分配的过程具有一定的公开透明度。而且私分时是以单位名义，在主观上和客观上符合私分国有资产罪的特征，应当构成私分国有资产罪。

【办案依据】

一、刑法规定

第三百九十六条 国家机关、国有公司、企业、事业单位、人民团体，违反国家规定，以单位名义将国有资产集体私分给个人，数额较大的，对其直接负责的主管人员和其他直接责任人员，处三年以下有期徒刑或者拘役，并处或者单处罚金；数额巨大的，处三年以上七年以下有期徒刑，并处罚金。

司法机关、行政执法机关违反国家规定，将应当上缴国家的罚没财物，以单位名义集体私分给个人的，依照前款的规定处罚。

二、司法解释

《最高人民检察院关于人民检察院直接受理立案侦查案件立案标准的规定（试行）》[①]（1999年9月16日，高检发释字〔1999〕2号）

（十一）私分国有资产案（第396条第1款）

私分国有资产罪是指国家机关、国有公司、企业、事业单位、人民团体，违反国家规定，以单位名义将国有资产集体私分给个人，数额较大的行为。

涉嫌私分国有资产，累计数额在10万元以上的，应予立案。

【指导性案例】

最高人民检察院指导性案例第73号某县图书馆及赵某、徐某某单位受贿、私分国有资产、贪污案[②]

（最高人民检察院第十三届检察委员会第四十二次会议决定，2020年7月16日发布）

（参见本书贪污罪章）

---

① 载《最高人民检察院公报》1999年第6期。

② 载最高人民检察院，https：//www. spp. gov. cn/jczdal/202007/t20200721_ 473570. shtml，2022年6月17日访问。

第十四章　私分罚没财物罪

【立案追诉标准】

私分罚没财物案（刑法第396条第2款）

涉嫌私分罚没财物，累计数额在10万元以上，应予立案。

《最高人民检察院关于人民检察院直接受理立案侦查案件立案标准的规定（试行）》[①]（1999年9月16日）

【犯罪构成及刑事责任】

私分罚没财物罪，是指司法机关、行政执法机关违反国家规定，将应当上缴国家的罚没财物，以单位名义集体私分给个人的行为。构成本罪需要具备以下四个要件。

1. 客体要件。本罪侵犯的客体是复杂客体，即国家工作人员职务行为的廉洁性和国家对罚没财物的所有权。本罪的犯罪对象是罚没财物。这里罚没财物包括：(1) 司法机关、行政执法机关追缴、没收的违法犯罪所得的赃款、赃物及其犯罪工具等。例如贪污赃款、走私的财物、犯罪用的汽车、赌资等。(2) 行政执法机关依据有关法律、法规，对公民、法人组织的行政罚款。如环保部门对污染环境、限期不改的企业施以行政罚款，交管部门对违背交通法规、违章驶车的车主所施以的交通行政罚款，等等。(3) 法律、法规授权的机构依据有关法律、法规，对

---

① 载《最高人民检察院公报》1999年第6期。

违背有关行政法律秩序的公民、法人组织的罚款。例如国家文物管理部门授权文物所在地的文物管理机构，对参观文物时毁坏文物者所处以的罚款。此类罚没财物，依据2000年国务院《违反行政事业性收费和罚没收入收支两条线管理规定行政处分暂行规定》规定，均当折价上缴国家财政，拒不上缴而擅自留作单位自用者，属行政违法行为；拒不上缴而又集体加以私分者，构成本罪行为。

2. 客观要件。本罪在客观方面表现为行为人违反国家规定，将应当上缴国家的罚没财物以单位名义集体私分给个人的行为。具体包括以下几个要素。

（1）违反国家规定。即违反全国人民代表大会及其常务委员会制定的法律和决定，国务院制定的行政法规、规定的行政措施、发布的决定和命令。这是构成本罪的前提条件。

（2）以单位的名义将应当上缴的罚没收入集体私分给个人。即由单位负责人或者单位决策机构集体讨论决定，将应当上缴的罚没收入私分给单位所有职工，至少是单位大多数职工。如果只是单位内几个负责人私分，或者在少数单位员工中私分，应属贪污行为。具体又可将这一行为划分为两个阶段：一是截留罚没财物，即将应当上缴国家的罚没财物不予上缴，而留在本单位。截留的财物必须是应当上缴的罚没财物。二是私分，即以单位名义集体私分给个人。这里私分的标的，既可以是应当上缴国家的罚没的款项，也可以是应当上缴的罚没的物品；私分的方式既可以是按人头均分，也可以是依其职位、职称、工作业绩、岗位的不同有所侧重的私分；私分的次数，既可以是一次性地集体私分，也可以是持续性地集体私分。上述两个阶段的行为必须同时具备，方可构成本罪。如果只有截留行为，并没有私分行为，则不能构成本罪。

（3）数额较大。根据1999年9月16日《最高人民检察院关于人民检察院直接受理立案侦查案件立案标准的规定（试行）》的规定，涉嫌集体私分罚没财物，累计数额在10万元以上的，应予立案。①

3. 主体要件。本罪主体是单位，即司法机关、行政执法机关。司法机关即法院、检察院、公安机关、国家安全机关等。行政执法机关即海关、工商管理机关、

① 载《最高人民检察院公报》1999年第6期。

税务机关、卫生行政部门、商检部门、环境保护部门等。自然人不能构成本罪，但本罪处罚的则是单位的直接负责的主管人员和其他直接责任人员。

由法律、法规授权的机构依据有关法律、法规对违背有关行政法律秩序的公民、法人组织施以行政罚款者，由于其既非司法机关，又非行政执法机关，因而此类机构如有集体私分罚没财物行为者，原则上不能构成本罪，可给予有关行政违法处理。

4. 主观要件。本罪在主观方面表现为故意，即上述单位明知罚没财物应依照有关国家规定，上缴国库，但仍以单位名义集体私分给个人的行为。

根据刑法第396条第1款的规定，国家机关、国有公司、企业、事业单位、人民团体，违反国家规定，以单位名义将国有资产集体私分给个人，数额较大的，对其直接负责的主管人员和其他直接责任人员，处三年以下有期徒刑，并处或者单处罚金或者拘役；数额巨大的，处三年以上七年以下有期徒刑，并处罚金。

【疑难指导】

一、私分罚没财物罪与非罪的界限

（一）注意从客观上区分本罪与非罪

根据刑法的规定，构成本罪在客观上必须是行为人违反国家规定，将应当上缴国家的罚没财物予以截留，以单位名义集体私分给个人。如果只有截留行为没有私分行为，如将截留的罚没财物存入银行私分利息，将截留的罚没财物用于单位基本建设，购买办公用品、交通工具、通信设备等，均不能以私分罚没财物罪论处。

有的司法机关、行政执法机关将罚没的计算机、摩托、汽车等交付个人使用，既未正式过户给个人，也未正式分配给个人。对此应具体情况具体分析处理：（1）凡属大面积地或持续而长期地将此罚没财物私分个人长期使用，且任随个人处置或带回家私用者，此类情况，其虽无所有权之名，但已有所有权之实，对此单位，可以考虑以本罪论罪；（2）凡属偶尔私分部分罚没财物给部分职工使用，或虽然是大面积地调拨私人使用，但主要作为公家配发给个人的办公用品使用者，不宜按本罪定性处理，而宜按一般行政违法处理。

（二）注意从数额上区分本罪与非罪

刑法规定，构成本罪必须达到数额较大，数额较小的，不能以犯罪论处。根据《最高人民检察院关于人民检察院直接受理立案侦查案件立案标准的规定（试行）》的规定，涉嫌集体私分罚没财物，累计数额在10万元以上的，应予立案。[①]

（三）注意从主体上区分本罪与非罪

刑法规定本罪的主体是特殊主体，即司法机关、行政执法机关。但是构成本罪，只追究单位直接负责的主管人员和其他直接责任人员的刑事责任。单位犯罪中“直接负责的主管人员”，是在单位实施的犯罪中起决定、批准、授意、纵容、指挥等作用的人员，一般是单位的主管负责人，包括法定代表人。“其他直接责任人员”，是在单位犯罪中具体实施犯罪并起较大作用的人员，既可以是单位的经营管理人员，也可以是单位的职工，包括聘任、雇用的人员。应当注意的是，在单位犯罪中，对于受单位领导指派或奉命而参与实施了一定犯罪行为的人员，一般不宜作为直接责任人员追究刑事责任。因此，对于私分罚没财物的单位其他成员，不以犯罪论处。

二、私分罚没财物罪与贪污罪的界限

本罪和贪污罪在犯罪构成上有相似之处，有时不易区分二者的界限。两者的主要区别有以下几方面。

（一）犯罪主体不同

本罪的主体是单位，贪污罪的主体是自然人。

（二）犯罪对象不同

本罪的犯罪对象是应当上缴国家的罚没财物；贪污罪的犯罪对象是公共财产。

（三）客观表现不同

本罪在客观上表现为以单位名义集体私分应当上缴国家的罚没财物，对本单位人员来说，该行为是公开的；贪污罪在客观上表现为利用职务上的便利侵吞、窃取、骗取或者以其他手段非法占有公共财物，是纯粹的个人行为，是一种不公开的行为。即使是单位少数人以私分的形式贪污，也是在不公开的形式下进行的，并非以单位的名义进行。

---

① 载《最高人民检察院公报》1999年第6期。

三、私分罚没财物罪与私分国有资产罪的界限

二者的区别主要表现在以下两方面。

（一）犯罪主体不同

本罪的主体只能是司法机关、行政执法机关；私分国有资产罪的主体可以是任何国家机关，而且国有公司、企业、事业单位、人民团体也可以成为私分国有资产罪的犯罪主体。

（二）犯罪对象不同

本罪的犯罪对象只能是应当上缴国家的罚没财物；私分国有资产罪的犯罪对象则是罚没财物以外的任何形式的国有资产。

四、私分罚没财物罪与挪用公款罪的界限

两罪都是从贪污罪中分离出来的独立的犯罪。两罪在犯罪对象和犯罪主观方面都有相似之处，容易混淆。二者的主要区别有两点。

（一）犯罪行为不同

本罪的犯罪行为是以单位名义集体私分罚没财物归个人所有的行为；而挪用公款罪的犯罪行为是利用职务之便，擅自挪用公款归个人使用的行为。前者是集体私分的行为，后者是私自挪用的行为，是两种不同的行为表现。

（二）犯罪目的不同

私分罚没财物罪的犯罪目的是个人非法占有应上缴国库的罚没财产；而挪用公款罪的犯罪目的是使用公款，没有占有全部公款的所有权，准备使用后归还。

如果行为人以单位名义暂借罚没财物给个人使用，使用结束后必须归还，情节严重的，属于挪用公款犯罪行为，可以定为挪用公款罪。如果行为人是以单位的名义暂借罚没财物给个人，使罚没财物流入个人之手，长期占有，实际上是以单位的名义集体私分罚没财物归个人所有，应定为私分罚没财物罪。

【办案依据】

一、刑法规定

第三百九十六条 国家机关、国有公司、企业、事业单位、人民团体，违反国家规定，以单位名义将国有资产集体私分给个人，数额较大的，对其直接负责

的主管人员和其他直接责任人员，处三年以下有期徒刑或者拘役，并处或者单处罚金；数额巨大的，处三年以上七年以下有期徒刑，并处罚金。

司法机关、行政执法机关违反国家规定，将应当上缴国家的罚没财物，以单位名义集体私分给个人的，依照前款的规定处罚。

二、其他法规

《中华人民共和国刑事诉讼法》（2018年10月26日）

第二百四十五条　公安机关、人民检察院和人民法院对查封、扣押、冻结的犯罪嫌疑人、被告人的财物及其孳息，应当妥善保管，以供核查，并制作清单，随案移送。任何单位和个人不得挪用或者自行处理。对被害人的合法财产，应当及时返还。对违禁品或者不宜长期保存的物品，应当依照国家有关规定处理。

对作为证据使用的实物应当随案移送，对不宜移送的，应当将其清单、照片或者其他证明文件随案移送。

人民法院作出的判决，应当对查封、扣押、冻结的财物及其孳息作出处理。

人民法院作出的判决生效以后，有关机关应当根据判决对查封、扣押、冻结的财物及其孳息进行处理。对查封、扣押、冻结的赃款赃物及其孳息，除依法返还被害人的以外，一律上缴国库。

司法工作人员贪污、挪用或者私自处理查封、扣押、冻结的财物及其孳息的，依法追究刑事责任；不构成犯罪的，给予处分。

三、司法文件

《最高人民检察院关于人民检察院直接受理立案侦查案件立案标准的规定（试行）》[①]（1999年9月16日，高检发释字〔1999〕2号）

（十二）私分罚没财物案（第396条第2款）

私分罚没财物罪是指司法机关、行政执法机关违反国家规定，将应当上缴国家的罚没财物，以单位名义集体私分给个人的行为。

涉嫌私分罚没财物，累计数额在10万元以上，应予立案。

① 载《最高人民检察院公报》1999年第6期。

主要参考文献

一、著作类

1. 陈国清主编:《新型受贿犯罪的认定与处罚》，法律出版社 2007 年版。

2. 王俊平、李山河:《受贿罪研究》，人民法院出版社 2002 年版。

3. 中华人民共和国最高人民法院刑事审判第一、二、三、四、五庭主办:《刑事审判参考》(总第 77 集)，法律出版社 2010 年版。

4. 张穹主编:《修订刑法条文实用概说》，中国检察出版社 1997 年版。

5. 刘家琛主编:《新刑法条文释义》，人民法院出版社 1997 年版。

6. 中国社会科学院语言研究所词典编辑室编:《现代汉语词典》，商务印书馆 1979 年版。

7. 夏征农编:《辞海》，上海辞书出版社 1989 年版。

8. 中国社会科学院语言研究所词典编辑室编:《现代汉语词典》(修订本)，商务印书馆 1996 年版。

9. 中华人民共和国最高人民法院刑事审判第一庭、第二庭编:《刑事审判参考》(2002 年第 6 辑)，法律出版社 2003 年版。

10. 孙国祥:《经济刑法原理与适用》，南京大学出版社 1995 年版。

11. 中华人民共和国最高人民法院刑事审判第一庭编:《刑事审判参考》(2000 年第 5 辑)，法律出版社 2000 年版。

12. 郭立新、杨迎泽主编:《刑法分则适用疑难问题解》，中国检察出版社 2000 年版。

13. 龚培华、肖中华:《刑法疑难争议问题与司法对策》，中国检察出版社 2002 年版。

14. 祝铭山主编:《中国刑法教程》，中国政法大学出版社 1998 年版。

15. 高铭暄:《刑法专论》（下编），高等教育出版社 2002 年版。

16. 童伟华:《受贿罪的构造》，兰州大学出版社 2004 年版。

17. 杨敦先、苏惠渔、刘生荣、胡云腾:《新刑法施行疑难问题研究与适用》，中国检察出版社 1999 年版。

18. 杨兴国:《贪污贿赂罪法律与司法解释应用问题解疑》，中国检察出版社 2002 年版。

19. 刘志远主编:《新型受贿犯罪司法指南与案例评析》，中国方正出版社 2007 年版。

20. 高铭暄:《新中国刑法学研究综述》，河南人民出版社 1986 年版。

21. 赵长青、张翔飞、廖忠洪:《贿赂罪个案研究》，四川大学出版社 1991 年版。

22. 孙国祥:《贪污贿赂犯罪疑难问题学理与判解》，中国检察出版社 2003 年版。

23. 杨兴国:《贪污贿赂犯罪认定精解精析》，中国检察出版社 2011 年版。

24. 郑广宇:《贪污贿赂渎职侵权罪案定罪证据解析》，中国检察出版社 2002 年版。

25. 张穹:《中国经济犯罪罪行论》，大地出版社 1989 年版。

26. 黄太云:《中华人民共和国刑法释义与适用指南》，红旗出版社 1997 年版。

27. 肖扬:《贿赂犯罪研究》，法律出版社 1994 年版。

28. 刘守芬:《刑法学概论》，北京大学出版社 2000 年版。

29. 屈学武:《刑法各论》，社会科学文献出版社 2005 年版。

30. 杨春洗、杨敦先:《中国刑法学》，北京大学出版社 1994 年版。

31. 刘光显、张泗汉:《贪污贿赂罪的认定与处理》，人民法院出版社 1996 年版。

32. 李文燕主编:《贪污贿赂犯罪证据调查与运用》，中国人民公安大学出版社 2002 年版。

33. 中华人民共和国最高人民法院刑事审判第一庭编:《刑事审判参考》（1999 年第 3 辑），法律出版社 1999 年版。

34. 朱慈蕴：《公司法人人格否认法理研究》，法律出版社 1997 年版。

35. 李僚义、李思民：《中国法人犯罪的罪与罚》，中国检察出版社 1996 年版。

二、论文类

1. 张明楷：《论受贿罪中的“为他人谋取利益”》，载《政法论坛》2004 年第 5 期。

2. 朱建华：《受贿罪“为他人谋取利益”要件取消论》，载《现代法学》2001 年第 4 期。

3. 江礼华：《论国家工作人员范围的界定》，载《中央检察官管理学院学报》1998 年第 4 期。

4. 孙谦、尹伊君：《国家工作人员职务犯罪论》，载《法学研究》1998 年第 4 期。

5. 郝守才：《我国刑法中国家工作人员的界定标准》，载《河南省政法管理干部学院学报》2002 年第 4 期。

6. 贾宇、舒洪水：《论刑法中“国有公司”及“受委派从事公务的人员”之认定》，载《法学评论》2002 年第 3 期。

7. 陈正云：《认定国家工作人员职务犯罪若干问题研究》，载《政法论坛》1999 年第 4 期。

8. 李晓明：《我国刑法中“国家工作人员”的再研究》，载《湖北警官学院学报》2002 年第 3 期。

9. 万海富等：《认定新型贪贿行为难在何处》，载《检察日报》2005 年 3 月 9 日。

10. 中华人民共和国最高人民法院刑事审判第二庭：《国企改制中贪污罪的认定及处理》，载《人民法院报》2005 年 7 月 25 日。

11. 吴飞飞：《贪污贿赂犯罪的共同犯罪认定》，载《中国检察官》2015 年第 9 期。

12. 高劼玮：《对多次挪用同一账户内公款的犯罪数额应如何认定》，载《法制博览》2017 年第 8 期。

13. 罗开卷：《反复挪用同笔公款的数额认定》，载《人民法院报》2013 年 3

月28日。

14. 王振勇、王为明:《办理挪用公款案件应注意的问题》，载《刑事司法指南》2000年第2期。

15. 郑广宇:《挪用公款罪相关实务问题探析》，载《人民检察》1999年第9期。

16. 赵庚:《非国家工作人员受贿罪研究》，中国政法大学2011年硕士学位论文。

17. 田野:《非国家工作人员受贿罪研究》，西南政法大学2010年硕士学位论文。

18. 王作富、陈兴良:《受贿罪构成新探》，载《政法论坛》1991年第1期。

19. 熊琦:《刑法解释中文本、法益与罪刑法定原则的博弈——兼论“解释熵值”在受贿罪中的应用》，载《法学》2017年第10期。

20. 刘明祥:《论受贿罪中的“为他人谋取利益”》，载《华中科技大学学报（社会科学版）》2004年第1期。

21. 朱景晖:《论受贿罪中的“为他人谋取利益”》，载《鄂州大学学报》2004年第3期。

22. 臧冬斌:《试析受贿罪中的“为他人谋取利益”》，载《中共郑州市委党校学报》2004年第4期。

23. 黄菊:《受贿罪中“为他人谋取利益”构成要件研究》，中国政法大学2010年硕士学位论文。

24. 潘君泽等:《涉房受贿案件的数额认定》，载《人民司法》2006年第11期。

25. 谢杰等:《如何界定交易型受贿犯罪数额计算的基准时间》，载《检察日报》2007年11月5日。

26. 张名训:《新型受贿案件法律适用若干问题》，载《中国刑事法杂志》2007年第6期。

27. 夏思杨:《对交易型受贿有必要规定价格比》，载《检察日报》2007年8月10日。

28. 韩耀元、邱利军:《适用“两高意见”须注意十二个问题》，载《检察日报》2007 年 7 月 13 日。

29. 王思海：《“优惠价”购房与受贿犯罪的认定》，载《上海法制报》2006 年 6 月 20 日。

30. 罗曼：《“干股”受贿数额认定问题的探讨——一宗干股受贿案引发的对干股受贿数额认定的思考》，载《法制与社会》2007 年第 1 期。

31. 张志平：《认定“干股”受贿须注意三个要点》，载《检察日报》2007 年 7 月 20 日。

32. 李蕴辉、尹永政：《受贿罪未遂问题浅探》，载《中央政法管理干部学院学报》1999 年第 5 期。

33. 夏强、任继鸿：《也谈受贿罪的既遂与未遂标准》，载《杭州商学院学报》2003 年第 1 期。

34. 薛进展：《论商业贿赂的范围及其数额认定》，载《华东政法大学学报》2007 年第 3 期。

35. 刘华：《〈关于办理受贿刑事案件适用法律若干问题的意见〉的学习与理解》，载《上海审判实践》2007 年第 7 期。

36. 薛进展：《若干新型受贿犯罪刑法适用问题研究》，载《经济刑法》2008 年第 2 期。

37. 李怀胜：《合作投资型受贿若干问题探析》，载《人民检察》2006 年第 16 期。

38. 王鹏辉：《合作投资型受贿司法认定的问题研究》，兰州大学 2017 年硕士学位论文。

39. 张玉娟：《交易型受贿案件“明显偏离市场价格”的司法认定》，载《检察日报》2007 年 8 月 26 日。

40. 李德民：《非正式组织和非权力性影响力》，载《中国行政管理》1997 年第 9 期。

41. 张永恒：《充分发挥领导者的非权力影响力》，载《理论视野》2005 年第 6 期。

42. 张猛：《检察官称利用影响力受贿罪仍有三点须明确》，载《检察日报》2010 年 4 月 9 日。

43. 孙建民:《如何理解〈刑法修正案（七）〉中的“密切关系的人”?》，载《检察日报》2009 年 5 月 5 日。

44. 韩耀元、王文利:《如何理解利用影响力受贿罪》，载《中国监察》2009 年第 23 期。

45. 单民等:《利用影响力受贿罪若干疑难问题研究》，载《当代法学》2011 年第 5 期。

46. 杨兴培:《刑法实质解释论与形式解释论的透析和批评》，载《法学家》2013 年第 1 期。

47. 王江华:《当前行贿犯罪法律适用问题研究》，载《检察实践》2002 年第 4 期。

48. 吴访非、曲明:《关于行贿罪中“不正当利益”的界定》，载《法学杂志》2004 年第 4 期。

49. 邹志宏:《论行贿罪中不正当利益的界定》，载《人民检察》2002 年第 3 期。

50. 梁志慧:《论行贿罪中的“不正当利益”之认定》，载《无锡职业技术学院学报》2007 年第 1 期。

51. 刘梅梅:《对有影响力的人行贿罪的认定》，安徽大学 2017 年硕士学位论文。

52. 田凯:《介绍贿赂罪司法疑难问题探究》，载《河南社会科学》2004 年第 1 期。

53. 于乾龙、金宝良、刘艳玉:《论介绍贿赂罪的界定》，载《辽宁经济》2002 年第 4 期。

54. 刘伟:《一人公司单位犯罪主体资格的否认》，载《环球法律评论》2007 年第 5 期。

55. 王大军:《单位行贿罪若干问题研究》，郑州大学 2007 年硕士学位论文。

图书在版编目（CIP）数据

贪污贿赂罪立案追诉标准与疑难指导／缪树权著；国家检察官学院职务犯罪研究所编．—北京：中国法制出版社，2022.7

刑法常见罪名立案追诉标准与疑难指导／缪树权主编

ISBN 978-7-5216-2765-7

Ⅰ．①贪… Ⅱ．①缪… ②国… Ⅲ．①贪污贿赂罪-立案-标准-中国②贪污贿赂罪-认定-标准-中国 Ⅳ．①D924.392.4

中国版本图书馆 CIP 数据核字（2022）第 121096 号

策划编辑：陈兴　谢雯　　责任编辑：谢雯　　封面设计：周黎明

贪污贿赂罪立案追诉标准与疑难指导

TANWU HUILUZUI LI'AN ZHUISU BIAOZHUN YU YINAN ZHIDAO

著者/缪树权

编者/国家检察官学院职务犯罪研究所

经销/新华书店

印刷/三河市紫恒印装有限公司

开本/730 毫米×1030 毫米　16 开　　印张/ 20.75　字数/ 277 千

版次/2022 年 7 月第 1 版　　2022 年 7 月第 1 次印刷

中国法制出版社出版

书号 ISBN 978-7-5216-2765-7　　定价：79.00 元

北京市西城区西便门西里甲 16 号西便门办公区

邮政编码：100053　　传真：010-63141600

网址：http：//www.zgfzs.com　　**编辑部电话：010-63141802**

市场营销部电话：010-63141612　　**印务部电话：010-63141606**

（如有印装质量问题，请与本社印务部联系。）